Frank Wittig

Die weiße Mafia

Frank Wittig

DIE WEISSE MAFIA

Wie Ärzte und die Pharmaindustrie
unsere Gesundheit aufs Spiel setzen

Bibliografische Information der Deutschen Nationalbibliothek:
Die Deutsche Nationalbibliothek verzeichnet diese Publikation in der Deutschen National-
bibliografie; detaillierte bibliografische Daten sind im Internet über
http://d-nb.de abrufbar.

Für Fragen und Anregungen:
frankwittig@rivaverlag.de

Originalausgabe
2. Auflage 2013
© 2013 by riva Verlag, ein Imprint der Münchner Verlagsgruppe GmbH
Nymphenburger Straße 86
D-80636 München
Tel.: 089 651285-0
Fax: 089 652096

Umschlaggestaltung: Maria Wittek
Umschlagabbildungen: istockphoto
Satz: Georg Stadler, München
Druck: GGP Media GmbH, Pößneck
Printed in Germany

ISBN Print 978-3-86883-271-6
ISBN E-Book (PDF) 978-3-86413-272-8
ISBN E-Book (EPUB, Mobi) 978-3-86413-273-5

Weitere Informationen zum Thema finden Sie unter:

www.rivaverlag.de

Beachten Sie auch unsere weiteren Verlage unter
www.muenchner-verlagsgruppe.de

Inhalt

Aus dem »Eid des Hippokrates«

»Ich schwöre und rufe Apollon, den Arzt, und Asklepios und Hygeia und Panakeia und alle Götter und Göttinnen zu Zeugen an, dass ich diesen Eid und diesen Vertrag nach meiner Fähigkeit und nach meiner Einsicht erfüllen werde. [...]

Ich werde ärztliche Verordnungen treffen zum Nutzen der Kranken nach meiner Fähigkeit und meinem Urteil, hüten aber werde ich mich davor, sie zum Schaden und in unrechter Weise anzuwenden. [...]

In alle Häuser, in die ich komme, werde ich zum Nutzen der Kranken hineingehen, frei von jedem bewussten Unrecht und jeder Übeltat [...]

Wenn ich diesen Eid erfülle und nicht breche, so sei mir beschieden, in meinem Leben und in meiner Kunst voranzukommen, indem ich Ansehen bei allen Menschen für alle Zeit gewinne; wenn ich ihn aber übertrete und breche, so geschehe mir das Gegenteil.«

gewidmet

Archibald Leman Cochrane (†)
und allen Medizinerinnen und Medizinern, die sich
der evidenzbasierten Medizin verpflichtet fühlen

Vorwort

»Die weiße Mafia.« Sie finden, das hört sich reißerisch an? Ich finde das auch. Mafia bedeutet immerhin: organisiertes Verbrechen. Es hat definitiv etwas Ungeheuerliches, der Medizin zu unterstellen, sie sei mafiös organisiert. Und zwar gerade dort, wo es um zentrale Weichenstellungen geht: bei wissenschaftlichen Studien, die die Wirksamkeit von Medikamenten beweisen sollen; bei der Einführung von Produkten oder bei der Formulierung von Leitlinien für die medizinischen Zünfte. Und das, wo kein anderer Teil unserer Gesellschaft so sehr die Flagge der Ethik vor sich herträgt wie die Medizin.

Gibt es das tatsächlich: unsinnige, ja schädliche medizinische Interventionen – seien es chirurgische Eingriffe oder Produkte der pharmazeutischen Industrie –, die uns nur verordnet werden, weil Industrie und Mediziner Profit damit machen? Auch wenn Sie und ich das lieber nicht glauben möchten: Das gibt es. Und es sind keine Ausrutscher oder Ausnahmen. Es sind nicht einige wenige »schwarze Schafe im weißen Kittel«. Der Wahnsinn hat Methode. Es geschieht auf breiter Front. Und bei näherer Betrachtung ist das gar nicht überraschend. Oder finden Sie es wirklich so erstaunlich, dass die gewaltige Summe von 280 Milliarden Euro, die wir jährlich in unser Gesundheitssystem pumpen, eine Menge krimineller Energie auf den Plan ruft?

Dabei ist der innere Kreis der weißen Mafia, der Kreis der wirklich vorsätzlich Kriminellen, die, von Profitgier getrieben, nutzlose und schädliche Medizin in Anschlag bringen, sicher nicht sehr groß. Es finden sich dort Vertreter aus den Chefetagen börsennotierter Unternehmen, die anordnen, Angaben über schädliche Nebenwirkungen zu verheimlichen, um den wirtschaftlichen Erfolg ihrer Produkte nicht zu gefährden. Zu den Paten dieser Mafia gehören aber auch zynische Funktionäre der medizinischen Selbstverwaltung und der Wissenschaft. Angesehene Leute, für die eine enge Verzahnung mit der ausschließlich profitorientierten Industrie unverzichtbarer Bestandteil ihres Karrieremodells ist. Doch dieser innere Zirkel der weißen Mafia könnte nicht die verhängnisvolle Macht über unser Gesundheitssystem erlangen, gäbe es da nicht die große Zahl von Profiteuren, Kollaborateuren und Mitläufern, die das mafiöse System stützen. »Die weiße Mafia« mag reißerisch klingen, doch angesichts der empörenden und unheilvollen Verhältnisse in unserem Gesundheitssystem ist dieser Titel angemessen.

Seit mehr als zehn Jahren arbeite ich als Journalist zum Thema »medizinische Überversorgung«, vor allem für Beiträge in Wissenschafts- und Gesundheitsmagazinen und längere Dokumentationen auf Feature-Sendeplätzen in den TV-Sendeanstalten der ARD. Zu überflüssigen Operationen, überflüssigen Medikationen, überflüssigen Vorsorgemaßnahmen und den Profiten, die damit erwirtschaftet werden. Millionen von Menschen haben diese Beiträge gesehen. Dennoch haben sich die mafiösen Verhältnisse in unserem Gesundheitssystem weiter verschärft. Die Manipulation des medizinischen Systems und die Desinformation der Öffentlichkeit werden heute professioneller und skrupelloser betrieben denn je.

Dennoch bin ich überzeugt davon, dass wir eine Chance haben, das zu ändern. Überflüssige Medizin muss in einem breiten gesellschaftlichen Diskurs thematisiert werden. Das Thema muss heraus aus dem »Immer mal wieder ein Aufreger«-Status: »Im Ernst? Grippeimpfung fast wirkungslos?« »Was haben die gesagt? Die Knieoperation ist Hightechschamanismus? Keine Wirkung abgesehen von ein bisschen Placebo?« »Ehrlich? Gebärmutteroperationen, die gar nicht nötig sind? Geldschneiderei? Empörend!« Und auf die Empörung folgen Ratlosigkeit und dann der Übergang zum Alltagsgeschäft. Das muss sich ändern. Wir brauchen eine Debatte über die Medizinwende. Weil uns die medizinische Überversorgung schadet und weil für diese Überversorgung enorme Mittel verschwendet werden. Mittel, die wir andernorts – zum Beispiel in der Pflege – dringendst benötigen.

Dafür habe ich dieses Buch geschrieben. Es schildert Missstände, von denen Sie zum Teil vielleicht schon gehört haben. Aber ich habe versucht, diese Missstände in größere Zusammenhänge einzuordnen. Nur so wird das System erkennbar, das diese Entgleisungen des medizinischen Betriebes verursacht. Dabei stütze ich mich auf wissenschaftliche Studien. Auf Dokumente, die einige Personen sicher nicht gerne in diesem Buch veröffentlicht sehen. Das Buch beinhaltet Aussagen von Experten, von Insidern, persönliche Schicksale von (Beinahe-)Opfern und weitere »Geschichten«, auf die ich bei meinen Recherchen gestoßen bin. All das, um das Wirken der weißen Mafia in unserem Gesundheitssystem möglichst vielschichtig darzustellen.

Am Ende des Buches stehen Tipps für Sie, wie Sie Ihr Risiko, Opfer der weißen Mafia zu werden, verringern können. Und einige Vorschläge für Änderungen in unserem Gesundheitssystem. Änderungen, die es der weißen Mafia in Zukunft schwerer machen könnten, uns auszubeuten und uns mit überflüssiger Medizin zu schaden. Und ganz am Ende werde ich Sie um Ihre Hilfe bitten, die Debatte über die Medizinwende in unserem Land anzuschieben.

1. Meister der Überversorgung

Der Klassiker: Orthopädie

Eine Operation, die in Deutschland jedes Jahr 70 000-mal durchgeführt wird: ein Nonsenseingriff? An sich vollkommen wirkungslos. Der Ertrag – etwas weniger Knieschmerzen – nur ein Placeboeffekt? Das hört sich krass an. Ist aber durch eine exzellente Studie belegt. Eine Studie, über die schon häufiger in den Medien berichtet wurde. Vielleicht haben auch Sie schon davon gehört. Die Studie von Bruce Moseley.[1] In Fachkreisen kennt sie jeder. Obwohl sich die Orthopäden immer noch hartnäckig weigern, Konsequenzen für ihr medizinisches Handeln daraus zu ziehen. Schließlich macht die Zunft mit diesem Eingriff etwa 150 Millionen Euro Umsatz im Jahr. Ein prima Geschäft. Das lässt man sich nicht gerne kaputt machen. Die Rede ist von der endoskopischen Knorpelglättung im Knie.

Die Knorpelglättung ist ein Eingriff, der mit einem plausiblen Konzept aufwartet: Knorpelflächen im Knie sind Gleitschichten, die für die Beweglichkeit des Kniegelenks eine wichtige Rolle spielen. Optimalerweise sind diese Gleitflächen so glatt wie ein frisch gepelltes Ei. Doch bei uns Zweibeinern werden diese nur wenige Quadratzentimeter großen Gleitlager arg strapaziert. Arthrose im Kniegelenk, also der Verschleiß des Knorpels, ist daher ein weitverbreitetes Problem. Es beginnt damit, dass die Oberfläche der Knorpelschichten rau wird. Und wenn Sie Knieschmerzen haben und Ihr Orthopäde Ihnen erzählt, dass die Knieschmerzen durch die beschädigte Knorpelschicht verursacht werden, dann glauben Sie ihm das. Das mechanische Konzept leuchtet sofort ein. Und warum sollte Ihr Orthopäde Ihnen etwas anderes erzählen als die medizinische Wahrheit?

Auf Tauchstation im Knie

Die Standardtherapie, wie sie auch in den medizinischen Leitlinien der zuständigen Fachgesellschaft vorgeschrieben ist (DGOOC, Deutsche Gesellschaft für Orthopädie und Orthopädische Chirurgie), lautet: Glätten und Spülen. Und zwar mit Hightechmedizin. Das Glätten wird sehr elegant mit einem Endoskop vorgenommen: Das nur dreieinhalb Millimeter dünne Endoskop mit einer Fräse an der Spitze wird in das Gelenk geschoben. Die Fräse raspelt über die Oberfläche, entfernt Unebenheiten und glättet das Gleitlager. Mit einer Endoskopkamera – das Bild erscheint auf einem Monitor über dem OP-Tisch – überwacht der Orthopäde seinen Eingriff. Anschließend wird gespült, um freien Knorpel aus dem Gelenk zu entfernen. Am Ende zeugen nur noch zwei kleine Einschnitte am Knie von der Prozedur. Und viele Patienten haben weniger Schmerzen. Klasse, oder?

Ein Mann hat dieser beliebten Methode den Nimbus genommen: Dr. Bruce Moseley. In seiner Zunft ein angesehener Mann. Er war Orthopäde der amerikanischen Basketball-Nationalmannschaft. Wahrscheinlich die höchste Position, die man in seiner Fachdisziplin auf unserem Globus erklimmen kann. Er hat seine epochale Studie am Baylor College of Medicine in Houston durchgeführt. Veröffentlicht hat er sie im *New England Journal of Medicine*, einer der drei bedeutendsten medizinischen Fachzeitschriften der Welt. Er wollte in seiner Studie prüfen, wie viel vom offensichtlichen Erfolg der Therapie jeweils auf das Konto des Glättens oder Spülens geht. Vielleicht käme man ja auch nur mit einer der beiden Prozeduren aus. Spülen ohne vorheriges Fräsen zum Beispiel könnte durchaus Sinn machen, wenn die Schmerzen nur von freien Knorpelstückchen im Gelenk verursacht würden. Also sollte die Studie zwei »Arme« haben: Spülen und Glätten. Die Idee, die zwei Jahre später Orthopäden rund um den Globus in Angst und Schrecken versetzen sollte, kam von Moseleys Assistentin. Sie sagte: »Warum machen wir nicht auch gleich einen Placeboarm?« Ihr Chef fand die Idee gut.

Die Macht des Placebos

Der Placeboeffekt spielt bei fast allen medizinischen Eingriffen eine Rolle. Das suggestive Potenzial des in strahlendes Weiß gekleideten Fachmanns, das Gefühl »Jetzt kümmert sich jemand um mein Problem«, das überzeugende Konzept der medizinischen Behandlung: All das bewirkt, dass unser Gehirn ein positives Ergebnis erwartet. Und da das Gehirn so komplex mit dem ganzen Körper verschaltet ist, sind die erstaunlichsten Placebowirkungen möglich. Vor allem bei der Behandlung von Schmerzen ist die Macht des Placebos groß. Man hat im 2. Weltkrieg Schwerverletzte von ihren Schmerzen befreit, indem man ihnen – mangels echter Schmerzmittel – eine Kochsalzlösung injizierte. Mit dem Hinweis, es sei Morphium.

Jetzt fragen Sie sich vielleicht: Wie um Himmels willen bewerkstelligt man bei einem endoskopischen Eingriff eine Placebokontrolle? Bei einer Medikamentenstudie ist das leicht. Man hat zwei Gruppen von Probanden. Eine der Gruppen bekommt ein wirkungsloses Medikament. Das ist das Placebo, eine Pille ohne Wirkstoff. Die Probanden wissen nicht, zu welcher Gruppe sie gehören. Die Studienteilnehmer können den Unterschied beim Pillenschlucken ja nicht schmecken. Aber bei einer Operation? Bruce Moseley sah darin kein Problem. Die Patienten erhielten eine lokale Narkose. Der Scheineingriff wurde – wie der echte Eingriff auch – hinter einem Vorhang durchgeführt. Die Knie bekamen in beiden Gruppen zwei originalgetreue Hautschnitte, die in der echten OP als echter Zugang für die Endoskope dienten. Um die Spülung zu simulieren, wurde hinter dem Vorhang ein wenig im Wassereimer geplätschert. Und die Mediziner ruckelten beim Scheineingriff auch ordentlich am Bein der Patienten. Die Placebogruppe erlebte also genau das Gleiche wie die Patienten, die tatsächlich operiert wurden. Um die Illusion perfekt zu machen, liefen auf dem Monitor über der Placebooperation Bilder, die bei einer echten Knorpelglättung von der Endoskopkamera aufgenommen worden waren.

Natürlich wussten die Patienten nicht, ob sie zu der Placebo- oder zu der echten OP-Gruppe gehörten. Die Studie ist verblindet, sagt der Fachmann. Nur mit placebokontrollierten und verblindeten Studien kann man die suggestive Kraft von medizinischen Behandlungen enttarnen und die echte medizinische Wirksamkeit einer Prozedur oder eines Medikaments zeigen. Prinzipiell mussten die Patienten selbstverständlich informiert sein und der Teilnahme an der Studie zugestimmt haben. Die Patienten wurden zwei Jahre lang nachuntersucht. Überprüft wurden drei Aspekte: die Beweglichkeit des Knies, der Schmerzmittelverbrauch und die Einschätzung der Schmerzpatienten zum Erfolg des Eingriffs. Das Ergebnis hatte keiner erwartet. Ein Hammer: Es gab keinen Unterschied zwischen Placebo und echter Operation! Eine bittere Pille für die Knorpelglätter.

Die Knorpelglättung im Kniegelenk ist Hightechschamanismus. Eine gewisse Schmerzlinderung erfolgt ganz offensichtlich allein durch das »Tamtam« um die minimalinvasive Operation. Die suggestive Kraft geht hier nicht – wie bei »Naturschamanen« – von gemurmelten Beschwörungen, magischen Gegenständen und rituellen Tänzen aus. Hightechschamanen beeindrucken mit medizinischen Apparaturen, ihrem weißen Kittel und der Aura des überlegenen Spezialistentums. Die Sinnlosigkeit der Knorpelglättung wurde 2008 von einer weiteren Studie bestätigt.[2] Seitdem kann sich die Fachwelt nicht mehr mit dem »Eine Studie ist keine Studie«-Argument aus der Affäre ziehen.

Die Reaktion der Fachleute

Der erste Orthopäde, den ich mit dem Ergebnis der Studie konfrontierte, war der orthopädische Chirurg Dr. M. Er war mir von der Fachgesellschaft, der DGOOC, als Kniefachmann empfohlen worden und operierte damals an den Münchner Schön-Kliniken. Für meine Fernsehdokumentation *Betrifft: Überflüssige Operationen* für den Südwestrundfunk hatte er uns gerade liebevoll seine Kunst vorgeführt. In gestochen scharfen Bildern aus dem Kniegelenk seines Patienten hatten wir gesehen, wie der Fräskopf des Endoskops über den Knorpel geraspelt war. »Ich hab die Fräse selbst weiterentwickelt. Die Operation mache ich ein paar Hundert Mal pro Jahr«, hatte Dr. M. erklärt. Und der Stolz in seiner Stimme war nicht zu überhören gewesen.

Als Dr. M. zum Interview vor der Kamera steht, erinnert mich sein grüner Mundschutz an die Maske eines Bankräubers. Ich erlaube mir an dieser

Stelle bewusst diesen Vergleich angesichts dessen, was der Orthopäde sagte, als ich ihn auf die Moseley-Studie ansprach. Dr. M. erklärte verdächtig umständlich: «Der Rückschluss aus der Moseley-Studie kann natürlich nicht dergestalt lauten, dass man also die Botschaft rüberbringt: Alle Arthroskopien am Kniegelenk bei älteren Patienten mit Schmerzen sind überflüssig und sinnlos. Das stimmt in dieser Ausprägung natürlich nicht.«

Was für eine Missachtung des Anspruchs der Patienten auf eine ehrliche und dem medizinischen Wissen entsprechende Aufklärung und Behandlung! Was für eine Kaltschnäuzigkeit, sich hier mit einem billigen Wortspiel aus der Verantwortung zu stehlen! Denn: Die Frage war nicht, ob »alle Arthroskopien am Kniegelenk bei älteren Patienten mit Schmerzen sinnlos sind«. Eine Arthroskopie ist zunächst eine Gelenkspiegelung. Also eine Untersuchung. Und natürlich ist es nicht »generell sinnlos und überflüssig«, bei Patienten mit Knieschmerzen das Knie zu untersuchen. Da drinnen kann ja weiß Gott was los sein. Moseleys Studie aber zeigte, dass die weltweit jährlich vielhunderttausendfach vorgenommene Knorpelglättung im Knie in der Regel sinnloser Hokuspokus ist. Darum geht es. Und darum, dass sich eine ganze Zunft von Medizinern schamlos mit dieser Nonsens-OP bereichert. Dr. M. weiß das ganz genau. Aber auf diesen Sachverhalt, auf diesen Skandal konnte der Kniespezialist natürlich nicht wirklich eingehen. Also startet er das Verwirrspiel mit der Arthroskopie, um die es gar nicht ging. Doch was hätte er dazu auch sonst sagen sollen? Vielleicht: »Okay, das Knorpelglätten ist in aller Regel Quatsch. Hier, nehmen Sie meinen Kittel, meinen Mundschutz, meine tolle Knorpelfräse. Ich sattele um auf Krankenpfleger.«

Mit einem Wortspiel abgemeiert

Ich frage den Orthopäden mit der grünen Maske vor dem Mund, ob die Studie denn nicht wenigstens in den Leitlinien seiner Fachgesellschaft erwähnt werden müsste. Jede Krankheit, die in das »Revier« der Fachgesellschaft gehört, wird in diesen Leitlinien besprochen. Es wird festgelegt, wie korrekt diagnostiziert und behandelt wird. Die neuesten wissenschaftlichen Studien sollten die Grundlage dieser Anleitungen sein. »Evidenzbasiert« lautet das Stichwort. Ich habe die Leitlinie zur »Gonarthrose« vor dem Dreh durchgelesen. Die jüngste dort erwähnte Studie war zu diesem Zeitpunkt 20 Jahre alt. Die Leitlinien würden ja regelmäßig überarbeitet, sagt Dr. M. Ich solle doch im nächsten Frühjahr mal wieder reinschauen. Dann würde ich die Moseley-Studie sicher darin finden. Natürlich habe ich im nächsten Frühjahr nachgesehen. Und in den folgenden vier Jahren immer mal wieder. Sie ahnen es: Die Moseley-Studie wurde weiterhin mit keinem Wort erwähnt.

Der zweite Orthopäde, mit dem ich über die Moseley-Studie spreche, etwa zwei Jahre später, ist Professor Robert E. Von der Moseley-Studie fehlt in den Leitlinien, wie gesagt, jede Spur. Robert E. ist – wie man so sagt – ein »hohes Tier« in seiner Fachgesellschaft, der DGOOC. Genaueres möchte ich auch hier nicht sagen, denn er ist eigentlich ein sympathischer Mann und hat mir für einen Fernsehbeitrag zu Problemen mit orthopädischen Implantaten interessante Details erklärt. Nach dem Dreh für das SWR-Wissenschaftsmagazin *Odysso* – meine journalistische »Heimatredaktion« – sitzen wir noch eine Viertelstunde zusammen und plaudern, während das Kamerateam die Lampen abbaut und das technische Equipment zusammenräumt. Ich frage Professor E., was er zur Moseley-Studie sagt.

Das soldatische Knie

Er erklärt mir, es gebe ja auch Kritik an der Studie. Die Schmerzpatienten seien Veteranen gewesen. Ehemalige Soldaten mit einem Durchschnittsalter von 52 Jahren. Ob diese Ergebnisse auf die Normalbevölkerung übertragen werden könnten, sei fraglich. Macht also das Marschieren das soldatische Knie prinzipiell zu einem medizinischen Unikum? Funktioniert das Gelenk eines Soldaten anders als das Knie eines Patienten, der nicht gedient hat? Professor E. lächelt ein wenig säuerlich und schüttelt dann andeutungsweise den Kopf. Ich habe das Gefühl, er weiß, wie lächerlich diese Argumentation ist.

Dann unternimmt er – halbherzig – einen weiteren Versuch, die Ehre seiner Kollegen zu retten: Wirkungslos sei die Knorpelglättung ja nicht. Die

Patienten bekämen dadurch doch eine gewisse Schmerzlinderung. Wenn auch nur aufgrund des Placeboeffekts. Aber das müsse man dennoch als einen Erfolg der Behandlung akzeptieren. Ich signalisiere Professor E., dass mich diese Argumentation betroffen macht: »Aber ich kann doch nicht solch einen Eingriff an 70 000 Patienten machen, der außerdem unser Gesundheitssystem jährlich mit 150 Millionen Euro belastet, nur für ein bisschen Placeboeffekt. Wenn ich einem Patient eine wirkungslose Zucker-pille als Placebo gebe, weil ich merke, er will unbedingt ein Medikament für ein Zipperlein, und diese Pille kostet das Gesundheitswesen 1 Euro 50, dann mag das im Einzelfall okay sein. Ein – wenn auch minimalinvasi-ver – chirurgischer Eingriff ohne medizinische Wirkung ist nicht okay! Nach geltender Gesetzeslage ist das Körperverletzung. Und Diebstahl am Gemeinwesen. Und was ist mit dem Risiko, mit der medizinisch sinnlosen Operation eine Infektion in das Kniegelenk zu tragen? Ein schlimmes Ri-siko, das schon viele Patienten zum Krüppel – entschuldigen Sie den Aus-druck – gemacht hat.«

Raubritter im weißen Kittel

Meine sehr persönliche und durchaus emotional vorgetragene Anklage brachte die bis dahin noch fast makellose medizinische Fassade von Profes-sor E. zum Einstürzen. Ich werde nie vergessen, was er dann tat. Es war et-was Unvorsichtiges. Vielleicht dachte er, ich sei nicht mehr im Dienst, weil die Kamera schon ausgeschaltet und abgebaut war. Er senkte seine Stimme, lehnte sich etwas in meine Richtung, sah mir eindringlich in die Augen und sagte: »Wissen Sie, Herr Wittig, was mich bei uns auch manchmal ankotzt, das ist das hier.« Und er blickte auf seine rechte Hand, die er so bewegte, als würde er Geld zählen.

Für mich war das eine Offenbarung. Eines der wichtigsten Erlebnisse in meinem Berufsleben. Ein Ranghoher aus den Reihen der Kritisierten sagt: Ja, Sie haben recht mit Ihrer Kritik. Das ist für einen Mediziner wirklich eine atypische Aussage. Sonst gilt in dieser Branche eine eiserne Regel: »Keinen Zweifel aufkommen lassen, dass wir das Richtige tun. Bei uns sind die Patienten gut aufgehoben. Uns können sie uneingeschränkt vertrauen.«

Und Professor E. – falls er diese Zeilen lesen sollte – wird sich wünschen, er hätte den Schein gewahrt, anstatt vor meinen Augen virtuelle Scheine zu zählen. Er wird sich wünschen, er hätte nicht davon abgelassen, die sinnlose Knorpelglättung zu verteidigen.

An uns Journalisten, die wir kritisch über Medizin berichten – zumindest mir geht es nach wie vor so –, nagt nämlich bei aller Sorgfalt in der Recherche immer auch ein heimlicher Zweifel: »Na, Frank«, höre ich die Stimme des heimlichen Zweifels sagen, »Verschwörungstheorie? Biste mal wieder einer dunklen Machenschaft auf der Spur?« Und dann wird die Stimme gemein. Sie kennt sich nämlich aus in unserem Geschäft: »Na klar! Womit sonst willst du deine Zuschauer/Leser ködern? Only bad news are good news. Ein anständiger Aufreger: Was anderes kommt gar nicht in die Tüte! Aber triffst du damit auch wirklich die Verhältnisse?« Ich werde Professor E. immer dankbar sein. Zumindest an dieser Stelle hat er meinen letzten heimlichen Zweifel vertrieben. Er hat die Zugbrücke runtergelassen, ich durfte in die Burg schauen, und was musste ich sehen? Raubritter!

Leitlinie verschwunden

Das wäre eine gute Stelle, um aus dem Thema auszusteigen. Aber ich muss die Geschichte noch ein Stück weiter erzählen. Im Dezember 2011 wollte ich wieder in die Leitlinien der DGOOC schauen. Vielleicht haben sie den Moseley jetzt, zehn Jahre nach Veröffentlichung der Studie, ja doch zumindest erwähnt. Sie, liebe Leserinnen und Leser, können das übrigens auch überprüfen. Die Leitlinien der medizinischen Fachgesellschaften sind im Internet zu finden. Die Gurus der Urologen, Gynäkologen, Onkologen – was immer Sie gerade brauchen – erklären in diesen Leitlinien, wie eine sachgerechte Diagnose und Therapie der Krankheiten auf ihrem Gebiet aussieht. Wir werden die Macht und die Funktion der Fachgesellschaften und der von ihnen formulierten Leitlinien später kritisch vertiefen. Hier genügt zunächst eine einfache Feststellung: Die gesamte Leitlinie zur »Gonarthrose« (der Fachbegriff für Knieverschleiß), in der auch zum Knorpelglätten geraten wird, war plötzlich verschwunden.

Ich gehe auf die Website der DGOOC, finde da immer noch Prof. Robert E. in verantwortungsvoller Position, seine E-Mail-Adresse und einen weiteren für das Thema »Knie« ausgewiesenen Orthopäden, den ich nicht näher charakterisieren möchte. Ich könnte theoretisch alle meine Gesprächspartner und Informanten beim Namen nennen. Aber die Karrieren der Herren könnten dadurch Schaden nehmen. Und das ist nicht mein Ziel. Im Zweifelsfall gehören sie ja sogar noch zu den Guten in ihrer Zunft, denn sie haben mir ehrliche Einblicke in die Verhältnisse in ihrem »Revier« gegeben. An beide Orthopäden stelle ich per Mail die Anfrage, wo denn die Leitlinie zur Behandlung der Gonarthrose geblieben sei.

Professor Robert E., der zwei Jahre zuvor noch mit Abscheu virtuelle Geldscheine gezählt hatte, mailt mir nach wenigen Tagen, das sei nicht sein Fachgebiet. Dazu könne er nichts sagen. Von Orthopäde X höre ich wochenlang nichts. Doch dann, als ich schon beschlossen hatte, die nächsten Tage mal »nachzuhaken«, ruft er mich an. Es war schon Abend. Ich war zu Fuß auf dem Weg vom Bahnhof nach Hause, als mein Smartphone klingelte. Und dann führte ich eines der erstaunlichsten Telefonate meines Lebens.

Ein bizarres Telefonat mit einem Orthopäden

»Frank Wittig.«

»Hallo, hier ist Orthopäde X von der Klinik Y. Erinnern Sie sich: Sie haben mir eine E-Mail geschickt und nach der Leitlinie zur Gonarthrose gefragt.«

»Ja, ich erinnere mich. Schön, dass Sie zurückrufen.«

»Wissen Sie eigentlich, dass Sie da in ein Wespennest stechen?«

»Ja? Das höre ich gerne! Hat es vielleicht mit der Moseley-Studie zu tun?«

Er zögert. »Ja, die deutschen Orthopäden haben die größten Schwierigkeiten damit, die Ergebnisse dieser Studie anzunehmen.«

»Den Eindruck habe ich auch.«

Dann beschließe ich zu testen, ob Orthopäde X mir wirklich etwas sagen will. Zugleich will ich ihm signalisieren, dass ich mich in der Materie schon etwas auskenne: »Das fängt schon beim *wording* im Umgang mit der Moseley-Studie an. Ich habe das Gefühl, die Orthopäden haben sich geeinigt, in diesem Zusammenhang von der Arthroskopie zu sprechen – also nicht vom Knorpelglätten, sondern nur von der Besichtigung des Kniegelenks per Endoskopie. Um dann zu sagen, dass die Moseley-Studie den Sinn der Arthroskopie nicht widerlegt hätte. Das ist doch ein Ablenkungsmanöver.«

Kurzes Schweigen auf der anderen Seite. Dann kommt der Satz: »Das kann ich Ihnen bestätigen.«

Dieser Satz gehört zu der Kategorie der Zweifelkiller.

»Aber Herr X. Man kann doch nicht 70 000 Patienten pro Jahr mit einer Operation behandeln, die sich in einer exzellenten Studie als sinnlos erwiesen hat. Immer weiter operieren. Das ist doch …« Ich suche nach einem Wort, das nicht zu hart klingt. Schließlich möchte ich das Gespräch nicht gefährden, will Orthopäde X nicht verschrecken. »… das ist doch unanständig.«

Und dann sagt er den Satz: »Aber Herr Wittig, das machen doch alle!«

Ich bin für einen Moment sprachlos. Eigentlich hätte es mich nicht überraschen sollen. Denn ich berichte ja seit Jahren über überflüssige Medizin. Trotzdem. Auf so eine flächendeckende Bankrotterklärung der medizinischen Moral war ich nicht gefasst. »Herr X. Ich finde das interessant. Würden Sie das eventuell vor der Kamera wiederholen? In unserem Wissenschaftsmagazin im SWR-Fernsehen?«

»Ich bin doch nicht verrückt!«

»Herr X: Ich sage Ihnen vollen Quellenschutz zu, und wir anonymisieren Sie komplett. Auch Ihre Stimme tauschen wir aus. Das ist normalerweise kein Stilmittel in unserem Magazin. Das machen eher die Kollegen der investigativen Politmagazine. Aber wenn Sie solche Aussagen machen, bekomme ich dafür sicher das Okay der Redaktionsleitung.«

»Das muss ich mir überlegen.«

Und dann hebt Orthopäde X zu einer Erklärung an, die zum Schrägsten gehört, was ich in meinem Leben je gehört habe.

Dann müssen Sie die Orthopäden auch beschäftigen

»Herr Wittig, Sie müssen sich das auch mal von dieser Seite aus überlegen: Für die Bevölkerung ist doch der leichte Zugang zu medizinischer Versorgung ein Vorteil. Also, wenn es viele Orthopäden gibt, ist das prinzipiell gut. Aber Sie müssen diese Orthopäden dann natürlich auch beschäftigen ...«

Was hat der Mann da gerade gesagt? Viele Orthopäden versprechen im Ernstfall leichten Zugang zur medizinischen Hilfe. Aber weil es insgesamt nicht genügend ehrliche Arbeit für diese große Zahl von Orthopäden gibt, müssen sie an der Bevölkerung auch überflüssige Eingriffe vornehmen dürfen! Ich muss an dieser Stelle nicht weiter ausführen, dass diese schräge Logik falsch ist. Die Fachärzte lassen sich überwiegend in den Städten nieder. Da ist das Leben interessanter und das Geschäft lukrativer. Die Versorgung »in der Fläche« wird immer schlechter. Aber selbst wenn die überflüssigen Orthopäden – oder um welche Fachrichtung es auch immer gehen mag – sich verstärkt um die Landbevölkerung kümmern würden, um dieser im Ernstfall »einen leichteren Zugang zur medizinischen Versorgung zu ermöglichen« – den Kunden sinnlose Behandlungen als medizinische Leistung zu verkaufen, das ist Zynismus pur. Aber Orthopäde X meint das ernst. Das höre ich an seiner Stimme. Und mehr noch, er deutet ziemlich unmissverständlich an, dass das in der Medizin ein gängiges Muster ist: »Das machen doch alle.« Mit welchem Selbstverständnis schauen solche Mediziner morgens in den Spiegel? Sagen sie sich vielleicht: »Ich hab ja Frau und Kinder: Wie soll ich denen denn sonst ein bisschen Wohlstand bieten?« Oder: »Mal nicht so kleinlich. In der Regel tragen die Operierten ja keinen Schaden davon.« Oder sagen sie einfach nur: »Das machen doch alle.« Ich schüttele ungläubig den Kopf.

Hierzu noch ein kleines Zitat von Edmund Neubauer. Er ist Professor an der Universität Witten-Herdecke und leitet dort das Institut für Forschung in der Operativen Medizin. Er befasst sich also professionell mit Studien in der Chirurgie. Als ich ihn zur Qualität der Moseley-Studie befrage, erklärt er, das sei eine exzellente Studie. Und: »Ich wundere mich auch ein bisschen darüber. Warum ändern wir nicht die arthroskopische Therapie, wenn eine Studie nachgewiesen hat, dass die Operation keinen Effekt zeigt? Es ist berechtigt, diese Frage zu stellen. Das hat vielleicht etwas mit den Vergütungssystemen in unserem Gesundheitswesen zu tun.«

Jetzt habe ich die Geschichte von den deutschen Orthopäden und der Moseley-Studie so weit erzählt, wie es derzeit möglich ist. Wir verlassen nun die Orthopädie. Aber wir werden noch einmal zu ihr zurückkehren. Zurückkehren müssen, denn die Orthopädie ist besonders reich an Beispielen für überflüssige chirurgische Interventionen.

Nachtrag

Auf der Website der DGOOC ist eine neue Leitlinie für die Behandlung der Gonarthrose angekündigt.[3] Bis Ende 2012 soll sie fertig sein. Sehen Sie doch einmal nach, wie weit die Moseley-Studie Eingang in die aktuellen Empfehlungen der Fachgesellschaft gefunden hat.

Gynäkologen: ganz vorne mit dabei

Leider stoßen wir auch in der Gynäkologie vielfach auf diese unfassbaren Verhältnisse. Die Frauenheilkunde ist ganz vorne mit dabei, wenn wir über das Thema »systematische Überbehandlung« sprechen. Oder wollen wir es etwas deutlicher »ökonomisch motivierte Operationen« nennen? Oder schlicht: »Geldschneiderei«? Es ist ein besonderer Umstand, der Frauen – vor allem Frauen nach den Wechseljahren – zu bevorzugten Opfern von chirurgischer Überbehandlung werden lässt: Die Organe, um die es hier geht – Eierstöcke und Gebärmutter –, sind nicht überlebenswichtig. In den Augen vieler Gynäkologen sind sie nach der Menopause offenbar sogar überflüssig. Das scheint die Hemmschwelle für eine Explantation zu senken.

Wenn ich für unser Wissenschaftsmagazin im Südwestrundfunk über diese »Schattenseite der Medizin« berichte, ist es oft ein aufwendiger Arbeitsschritt, Opfer der überflüssigen Prozeduren oder medikamentösen Behandlungen zu finden. Opfer, die auch bereit sind, mit ihrer privaten, bisweilen auch intimen Geschichte vor die Kamera zu gehen. Es gibt Kollegen, die »rollen mit den Augen«, wenn sie davon hören. Und sagen Sätze wie: »Nicht schon wieder eine Patientengeschichte.« Doch damit die kritischen Inhalte wirklich bei Zuschauern oder Lesern ankommen, sind diese Berichte persönlich Betroffener in meinen Augen unverzichtbar. Schließlich ist es eine Sache, einen Fachmann oder eine Fachfrau sagen zu hören: »Ja, es wird bei uns zu häufig operiert.« Es ist allerdings eine ganz andere Sache, einer Frau zu begegnen, deren Gynäkologe bei ihr beginnenden Gebärmutterkrebs diagnostizierte. Der sie zur sofortigen Operation drängte, weil jeder Tag des Wartens unverantwortbar und mit schlimmsten Risiken verbunden sei. Und dann von dieser Frau zu hören, dass sie zu zwei weiteren Gynäkologen ging, die ihr beide einen völlig unauffälligen Befund bescheinigten.

Männliche Gynäkologie?

Doch bevor wir ein solches Beinaheopfer treffen, besuchen wir zwei Gynäkologinnen, die seit Jahrzehnten auf die Geldschneiderei in ihrer Disziplin hinweisen. Sie erlauben uns, einen Blick hinter die Kulissen der Gynäkologie zu werfen, und helfen uns zu verstehen, wie Gynäkologen ticken. Dass es hier – wie in jeder Disziplin – auch gute und ehrenhafte Medizinerinnen und Mediziner gibt, muss ich nicht extra erwähnen. Auch wenn mich Zweifel bedrängen, dass die Guten hier in der Mehrheit sind, wenn ich höre, was Dr. Edith Bauer mir erzählt.

Dr. Bauer ist Gynäkologin und Psychotherapeutin. Sie hat Hunderte Beratungsgespräche mit Frauen geführt, die von ihren Gynäkologen schlimme Diagnosen und gravierende Behandlungsempfehlungen bekommen hatten. Solche Beratungen werden unter anderem von Frauengesundheitszentren angeboten,[4] die bewusst ein Gegengewicht zur Deutungshoheit der männlich geprägten Gynäkologie darstellen wollen. Sie fragen sich vielleicht: »Männlich geprägte Gynäkologie« – was will er denn damit sagen? Medizin ist Medizin. Und krank ist krank. Und wenn operiert werden muss, muss eben operiert werden, egal, ob ein Arzt oder eine Ärztin die Diagnose stellt. Aber so einfach ist es nicht. Dr. Edith Bauer, viele Jahre Mitglied im Vorstand des AKF (Arbeitskreis Frauengesundheit in Medizin, Psychotherapie und Gesellschaft e. V.), kann zum Thema »der Gynäkologe« und »die Gynäkologin« manch »schöne Geschichte« erzählen.

Ich besuche sie in ihrem geschmackvoll eingerichteten Haus in Strausberg bei Berlin. Der Kameramann richtet mit seinem Assistenten ein schönes Bild für das Interview ein, inszeniert im unscharfen Hintergrund ein kleines Stillleben auf einem Tisch, das zu der damenhaften Mittsechzigerin passt. Ich frage Frau Dr. Bauer, warum es einen »Arbeitskreis Frauengesundheit« geben muss. Wo es doch die medizinische Fachgesellschaft DGGG (Deutsche Gesellschaft für Gynäkologie und Geburtshilfe) gibt. Da ist die Frauengesundheit doch sicher mit dabei?

Nicht *Gynäkologie,* sondern *Der Gynäkologe*

Dr. Bauer blickt mich durch ihre Brille prüfend an, als überlege sie, ob ich die Frage ernst meine. Dann erzählt sie eine Geschichte, die ein helles Licht auf die Mentalität deutscher Gynäkologen wirft. Zusammen mit weiteren Gynäkologinnen stellte sie Anfang der 90er-Jahre in der DGGG einen Antrag: Das zentrale Organ der im Jahr 1885 gegründeten Fachgesellschaft heißt *Der Gynäkologe.* Was vor 120 Jahren durchaus nicht verwundert haben mag. Schließlich durften Frauen damals nicht studieren, folglich gab es keine Gynäkologinnen. Inzwischen aber gibt es zahlreiche Frauen in diesem Beruf. Deshalb sei es an der Zeit, dem Fachorgan einen anderen Titel zu geben. »Gynäkologie«, lautete der Vorschlag in dem Antrag. Wieder macht Edith Bauer eine kleine Pause und blickt mich ernst an. »Denken Sie, wir wären damit durchgekommen?«, ist ihre rhetorische Frage. »Keine Chance! Der Antrag wurde von der mehrheitlich männlichen Kollegenschaft glatt abgebügelt.«

Wenn Sie, lieber Leser, liebe Leserin, jetzt sagen: »Na ja, das war vor 20 Jahren. Das hat sich inzwischen sicher auch geändert«, dann schauen Sie doch bitte im Internet mal nach, wie der Titel der zentralen Publikation der DGGG heute heißt.

Der Gynäkologe ist offenbar stolz auf seine Tradition. Und es scheint fast, als würden ihn Frauen in dieser seiner Disziplin stören. Zumindest wenn sie seinen Beruf ausüben. Als Patientinnen schätzt er sie sehr. Obwohl »schätzen« vielleicht auch nicht ganz der richtige Ausdruck ist. Man verbindet ihn mit »wertschätzen«. Und zwar im Sinne von Achtung entgegenbringen. Doch wenn Dr. Bauer über ihre Erfahrungen aus der Frauenberatung berichtet, hört sich das nicht nach Wertschätzung durch die Gynäkologen an:

»Bei den Frauen, die bei mir waren, war das in über 90 Prozent der Fälle so, dass ich sagte: Es gibt im Moment überhaupt keinen zwingenden Grund für die angeratene Operation. Was mir allerdings auffiel: dass es doch mehrheitlich Patientinnen waren, die bei männlichen Gynäkologen waren.« Tatsächlich ergab schon in den 1990ern eine Schweizer Studie, dass männliche Gynäkologen doppelt so häufig zur Gebärmutterentfernung überweisen wie weibliche Frauenärzte. Außerdem widerfährt Ärztinnen und Juristinnen die Operation nur halb so oft wie Patientinnen anderer Berufsgruppen. Warum wohl?

Bei den Gynäkologen herrsche normatives Denken vor, sagt Dr. Edith Bauer. Wenn die zum Beispiel eine Andeutung einer Gebärmuttersenkung feststellen, heiße das in der Regel: »Lassen Sie das besser gleich machen. Sonst bekommen Sie Probleme damit.« »Probleme« heißt im Wesentlichen Inkontinenz. Dabei können Frauen einer weiteren Senkung der Gebärmutter und der Gefahr der Inkontinenz auch mit Beckenbodengymnastik entgegenwirken. Auch bei Frauen in fortgeschrittenem Alter, die beim Beckenbodentraining vielleicht nicht mehr so erfolgreich sind, gibt es konservative – also erhaltende – Methoden. Etwa mit Hormonsalben.

»Normatives Denken«, wie Edith Bauer es nennt, beschert der Gesundheitsindustrie generell viel Kundschaft. Fachgesellschaften definieren diese Normen – meist »Grenzwerte« genannt – und bestimmen damit, wie viele behandlungsbedürftige Patienten sie haben. Fassen sie die Grenzwerte strenger, haben sie von heute auf morgen mehr Patienten. Deshalb ist »normatives Denken« in der westlichen, gewinnorientierten Medizin so weit verbreitet, wie wir an vielen Beispielen sehen werden.

Die Gebärmutter: ein gefährdetes Organ

»Dass die Gebärmutterentfernung so häufig gemacht wird, hat vor allem einen Grund: Der Eingriff gilt als einfach und komplikationsarm«, sagt Dr. Edith Bauer vollkommen ruhig. Mir kommt es vor, als habe die Gynäkologin in den Jahrzehnten ihrer Berufstätigkeit so viel über die Geldschneiderei so vieler Kolleginnen und Kollegen nachgedacht und diskutiert, dass sich ihre Emotionalität zu diesem Thema erschöpft hat. »Die Gebärmutter ist für die Gynäkologen ein Fortpflanzungsorgan«, erklärt mir Dr. Bauer weiter. »Und nach den Wechseljahren hat sie in deren Augen keine Funktion mehr. Also, warum sollte man sie nicht entfernen, wenn sich irgendwelche Unregelmäßigkeiten zeigen.«

Also: Operieren, weil es einfach ist. Rausnehmen, weil das Organ »entbehrlich« ist. Auch wenn die Gebärmutter nach den Wechseljahren tatsächlich keine Funktion mehr hätte, widerspricht ein überflüssiger Eingriff nicht nur jeder medizinischen Ethik, sondern ist nach geltender Gesetzeslage Körperverletzung. Erschwerend kommt hinzu, dass es längst Studien gibt, die die These vom überflüssigen Organ widerlegen. So zeigt eine Studie aus Schweden für Frauen, deren Gebärmutter vor ihrem 50. Lebensjahr entfernt wurde, ein deutlich höheres Risiko, wegen einer Herzkranzgefäßerkrankung, eines Schlaganfalls oder wegen Herzversagen in ein Krankenhaus eingeliefert zu werden.[5] Der Grund liegt darin, dass die Gebärmutter auch nach den Wechseljahren den Stoffwechsel beeinflussen kann. Selbst nach der Menopause gibt sie offenbar noch Hormone ab, die eine schützende Wirkung haben. Ehrlich gesagt, ist das medizinische Wissen über diese Zusammenhänge noch sehr begrenzt. In einer weiteren Studie wurde nachgewiesen, dass nach einer Gebärmutterentnahme das Risiko für Harninkontinenz um 20 Prozent steigt.[6] Das ist unter anderem deshalb »interessant«, weil die Vermeidung von Harninkontinenz zu den Argumenten gehört, mit denen Gynäkologen häufig versuchen, Frauen zu einer Gebärmutterentfernung zu überreden.

Die Hysterektomie – der Fachbegriff für das Entfernen der Gebärmutter – ist übrigens eines der wenigen Beispiele für Geldschneiderei, die durch kritische Berichterstattung zumindest vorübergehend zurückgedrängt wurden. In den 90er-Jahren schrieb beispielsweise meine Kollegin Eva Schindele das Buch *Pfusch an der Frau – krank machende Normen, überflüssige Operationen, lukrative Geschäfte.*[7] Und die Gynäkologin Dr. Barbara Ehret-Wagener vom Internationalen Zentrum für FrauenGesundheit in Bad Salzuflen kritisierte das »Geschäftsgebaren« ihrer Kollegen so harsch, dass es öffentliche Diskussionen gab und die Zahl der Hysterektomien von 130 000 pro Jahr auf deutlich unter 100 000 zurückging. Doch mittlerweile hat die Zahl der Eingriffe die alten Höchststände sogar überschritten.

Überholte Lehrmeinungen und Operationswut

Im September 2005 bekommt die Gynäkologin Dr. Barbara Ehret-Wagener auf dem Kongress des Deutschen Ärztinnenbundes eine Auszeichnung mit dem Titel »Mutige Löwin« verliehen. Für ihr Auftreten »gegen überholte Lehrmeinungen und Operationswut«. In der Laudatio heißt es: »Sie hat sich als Gynäkologin besonders eingesetzt für eine sinnvolle Begrenzung von Operationen und operativen Eingriffen an Frauen …

Dr. Ehret-Wagener hatte offensichtlich schon in der Zeit ihrer fachärztlichen Ausbildung kritisch beobachtet, dass an manchen Kliniken nicht immer zum Besten der Patientinnen gearbeitet wurde. Dass außerdem die männlichen Kollegen eine verbreitete Ansicht vertraten, wonach das weibliche Geschlechtsorgan ›Gebärmutter‹ nach Erreichen der nichtfertilen Lebensphase einfach überflüssig sei und entfernt werden könne. Das sei ohnehin die beste Karzinom-Prävention … Später, in ihrer Arbeit in der Reha-Klinik Bad Salzuflen, wurde die Kollegin aufmerksam auf die Folgen dieses Eingriffs. Lernte, auf die Verlustempfindungen Betroffener zu hören, ließ sich ein auf die Schilderungen des sogenannten Posthysterektomie-Syndroms.

Als ich für einen Beitrag über schonende Operationsverfahren bei Gebärmuttermyomen in das Internationale Zentrum für FrauenGesundheit nach Bad Salzuflen komme, treffe ich die Geschäftsführerin Dr. Barbara Ehret-Wagener. Obwohl schon deutlich über 70, engagiert sich die große, weißhaarige, vital wirkende Gynäkologin noch immer für das Thema Frauengesundheit. Und noch immer prangert sie die Geldschneiderei in ihrer Disziplin mit klaren Worten an:

»Es sieht so aus, dass zwei Drittel der Gebärmutterentfernungen medizinisch nicht indiziert sind, das bedeutet, dass sich jährlich 80 000 bis 90 000 Frauen den Strapazen einer Gebärmutterentfernung überflüssigerweise unterziehen.« Der Grund für diesen überschießenden Fleiß in der Fachdisziplin der Frauenärzte? Die gynäkologische Chirurgie ist ein Zweig der Gesundheitsindustrie. Und die hat zunächst das Ziel, das bei jeder Industrie im Vordergrund steht: Geld zu verdienen. Dr. Barbara Ehret-Wagener formuliert es so: »Ich bin mir ziemlich sicher, dass, wenn die Operationen wegen gutartiger Erkrankungen wegfielen, ziemlich viele deutsche Kliniken schließen müssten.«

Wie behandelt man Myome?

»Gutartige Erkrankungen«? Von welchen medizinischen Problemen ist da eigentlich die Rede? In den weitaus meisten Fällen werden Myome von den Gynäkologen als Grund für die Hysterektomie ins Feld geführt. Myome sind gutartige Wucherungen in der Muskelschicht der Gebärmutter. Sie sind äußerst verbreitet. In Europa sind mehr als zehn Prozent der Frauen im gebärfähigen Alter davon betroffen. Allerdings: Solange Myome keine Beschwerden bereiten, wie Blutungsstörungen oder Schmerzen, gibt es keinen Grund für eine Operation. Und auch wenn sie zu einer Belastung werden, ist das noch lange kein Argument, gleich die ganze Gebärmutter zu entfernen. Myome können beispielsweise mit einer »heißen Schlinge« aus dem Uterus geschält werden.

Doch diese organerhaltende Operation hat aus ökonomischer Sicht einen gravierenden Nachteil: Sie wird nur mit 900 Euro vergütet. Eine Gebärmutterentfernung bringt mit 3300 Euro mehr als das Dreifache. Dreimal dürfen Sie raten, welche Direktive die Klinikleitung normalerweise an ihre gynäkologischen Chirurgen abgibt, wie sie die Frauen hinsichtlich der Behandlung von Myomen beraten sollen.

Ein weiterer Grund, weshalb die Gebärmutterentfernungen in den letzten Jahren wieder deutlich zugenommen haben, sieht Dr. Barbara Ehret-Wagener in der minimalinvasiven Chirurgie. Der Eingriff kann heute endoskopisch vorgenommen werden (wie das Knorpelglätten, Sie erinnern sich). Zwei kleine Schnitte in der Bauchdecke fallen auch kosmetisch kaum ins Gewicht. Wird der Eingriff durch die Scheide vorgenommen, bleiben außen gar keine Spuren der Operation. Das senkt die Hemmschwelle offenbar und hilft bei den »Verkaufsgesprächen«, die Kundinnen von diesem Service zu überzeugen.

Bevor ich jetzt eine weitere bizarre Geschichte über einen geplanten Raubüberfall eines Gynäkologen auf seine Patientin erzähle, möchte ich eine Zwischenbemerkung machen. Die Gebärmutter soll hier nicht mystifiziert werden. Als unentbehrlich für die weibliche Identität. Auch nicht als medizinisch unverzichtbares Organ, ohne das der Frau sofort Krankheit und Siechtum drohen. Denn es gibt natürlich auch echte »Indikationen«, also medizinische Gründe für eine Hysterektomie. Gebärmutterkrebs etwa oder schwere Blutungsstörungen. Und wer die Vorstellung verbreitet, ohne dieses Organ sei ein zufriedenes und gesundes Leben nicht mehr möglich, der läuft Gefahr, Trauer und Verlustgefühle, die sich auch nach einer notwendigen Operation einstellen können, unnötig zu bestärken und zu vertiefen.

Aber dass Zigtausende dieser Operationen ohne einen triftigen Grund vorgenommen werden, dass Frauenärzte dieses Organ so häufig als Objekt zur persönlichen Bereicherung missbrauchen, ist ein bitterböser Skandal. Meine dringende Bitte: Wenn Ihr Gynäkologe zu einem solchen Eingriff rät, holen Sie sich eine Zweitmeinung ein. So wie es Jutta W. intelligenterweise getan hat.

»Lassen Sie sich schnellstmöglich operieren!«

Auf die Geschichte von Jutta W. bin ich im Internet gestoßen. Auch dort, im Informationsangebot des Frauengesundheitszentrums, war Jutta W. anonymisiert. Auf meine Anfrage beim Management des Internetportals hat sie mir ihre Kontaktdaten zukommen lassen. Wir telefonierten, und nach einer kurzen Bedenkzeit hat sie eingewilligt, mit ihrer Geschichte vor die Kamera zu gehen.

Als wir Jutta W. am Drehtag in ihrem schönen Haus in Würzburg besuchen, hat sie sich eine Freundin eingeladen. Im ersten Moment kommt mir das seltsam vor, aber dann denke ich: Na klar, drei fremde Männer bei sich in die Wohnung zu lassen – da gibt die Bekannte doch ein Gefühl der Sicherheit. Dabei ist Jutta W. eine toughe Frau. Sie ist klein, hat dunkle kurze Haare. Und mit ihrer sportlichen Erscheinung, ihrem fränkischen Akzent und ihrem heiter-burschikosen Auftreten ist sie mir sofort sympathisch.

Jutta W. war noch vor wenigen Jahren im »höheren Management« beim Bahnlogistiker Schenker beschäftigt. Nach ihrem Ausstieg aus dem gut dotierten ersten Job erfüllt sie sich einen Traum. Sie gründet einen medizinischen Fachverlag, spezialisiert auf Fragen der Frauengesundheit. Und so etwas hätte ein guter Gynäkologe gewusst. Ein guter Arzt spricht mit den Menschen, die sich ihm anvertrauen, nicht nur über Medizinisches. Wichtiges aus dem ganz normalen Leben hilft einem Mediziner, seine Patienten zu verstehen. Hilft auch, medizinische Symptome einzuordnen. Jutta W.s Gynäkologe wusste offenbar nichts vom Engagement seiner Kundin in Sachen Frauengesundheit. Sonst hätte er nicht versucht, sie »auf den OP-Tisch zu ziehen«.

Jutta W. war bei ihm zur jährlichen Vorsorgeuntersuchung. Zunächst schien alles normal. Doch als sie die schriftlichen Ergebnisse abholt, erklärt ihr Gynäkologe plötzlich, sie sei ernsthaft krank: Der Verlegerin ist die Empörung, die diese Erinnerung immer noch bei ihr auslöst, jetzt deutlich anzumerken. »Er sagte, ich habe dieses Krankheitsbild, diese schwere endozervikale Dysplasie, die ja eine Vorstufe zum Gebärmutterhalskrebs ist. Und er hat mir dabei massiv geraten, schnellstmöglich und sofort einen operativen Eingriff vornehmen zu lassen. Mit dem Hinweis, dass dabei auch die Entfernung der Gebärmutter in Betracht zu ziehen sei. Außerdem erklärte der Gynäkologe, er hätte gerade Belegbetten frei, er könne mir sofort einen Termin geben und ich solle mich gleich entscheiden.« Belegbetten sind Krankenhausbetten, in denen Fachärzte »kleinere« Eingriffe durchführen können. Die Betten dieses Gynäkologen waren offensichtlich nicht ausgebucht. Unter ökonomischer Perspektive ein Missstand, denn nur voll ausgelastete Belegbetten versprechen den maximalen Gewinn.

Die Medizinverlegerin sagt, ihr sei sofort der Verdacht gekommen, dass das nicht mit rechten Dingen zugehe. »Es hat mich so sehr an ein Verkaufsgespräch erinnert, da wurde ich misstrauisch.« Aber natürlich ist in so einem Fall auch immer die Angst mit dabei. Was, wenn doch … Als Profi auf dem Gebiet Frauengesundheit sucht sie eine Zweitmeinung und besucht einen anderen Gynäkologen. Um ganz sicherzugehen, auch noch einen dritten. Beide bestätigen ihren Verdacht: unauffälliger Befund. Keine Dysplasie, kein Krebsrisiko. Als Jutta W. das erzählt, glaube ich die Fassungslosigkeit zu spüren, die dieses Erlebnis in ihr auslöste.

»Auch die Zyste am Eierstock, die mein Gynäkologe schon vor Jahren bei mir angeblich entdeckt hatte – und operieren wollte –, fanden die beiden anderen Gynäkologen nicht. Dass der Arzt mich so anlügt …« Jutta W. schaut mich an und ich warte darauf, dass sie den Satz beendet. Aber da kommt nichts mehr. Die Ungeheuerlichkeit ist ausgesprochen. Der Gynäkologe, zu dem Frauen auch aufgrund der »intimen Untersuchungssituation« ein besonders vertrauensvolles Verhältnis haben können sollten, dieser Arzt lügt sie frech an, um ein paar Hundert Euro mehr zu verdienen. Er war bereit, unter Vorspiegelung falscher Tatsachen die

Frau, die sich ihm anvertraute, in Angst und Schrecken zu versetzen, um dann ein gesundes Organ aus ihrem Körper zu entfernen. Was mag er sich dabei denken, wenn er Frauen auf diese Weise als Objekte medizinischer Wertschöpfung missbraucht? Denkt er auch: »Das machen doch alle«?

Nachtrag: Eierstöcke entfernt

Der *Aqua-Qualitätsreport 2011*, der vom Institut für angewandte Qualitätsförderung und Forschung im Gesundheitswesen GmbH im Auftrag des Gemeinsamen Bundesausschusses erstellt wurde, hat neben einer Vielzahl von chirurgischen Eingriffen auch die Entfernung der Eierstöcke in deutschen Krankenhäusern statistisch ausgewertet.[8] In Bezug auf die Behandlungen von Zysten kommt der Report zu dem Schluss, dass in 15,8 Prozent der Fälle (2899 Frauen) dieser Eingriff ohne pathologischen Befund durchgeführt wurde. Die Eierstöcke selbst waren also nicht erkrankt und hätten nicht entfernt werden müssen. Die Abwägung für oder gegen die vollständige Entnahme kann in einzelnen Fällen schwierig sein. Deshalb definiert das Institut bei diesem Eingriff eine Schwelle von 20 Prozent der Eierstöcke, die ohne pathologischen Befund entnommen worden sein dürfen. Doch in 224 Krankenhäusern – so der Bericht – wird selbst diese Schwelle überschritten. Das ist erschreckend. Einer der vielen Gründe, weshalb das erschreckend ist: Frauen ohne Eierstöcke sterben früher. Eierstöcke haben (auch noch nach der Menopause) eine schützende Funktion im Körper: Ohne Eierstöcke, das ist aus anderen Studien bekannt, steigt das Risiko für Lungenkrebs, Schlaganfall und Herzinfarkt.[9]

Auf Seite 142 moniert der *Aqua-Qualitätsreport*, »dass etwa zehn Prozent der Frauen unter 40 Jahren trotz benigner (gutartiger) Diagnose die Eierstöcke entfernt wurden«. Hier geht es um gutartige Wucherungen, die operiert werden könnten, ohne die Eierstöcke zu entnehmen. Und das Institut definiert ganz klar das Qualitätsziel, bei möglichst vielen Frauen die Eierstöcke zu erhalten. Auch hier kann die Diagnose in einzelnen Fällen schwierig sein und man wird die Zahl der letztlich unnötigen Eierstockentfernungen nicht auf null bringen können. Doch zehn Prozent – zumal bei

Frauen im gebärfähigen Alter – sind eindeutig zu viel. Der *Qualitätsreport* empfiehlt: »Deshalb ist es wichtig, dass die Entscheidung für einen operativen, möglicherweise mit der Entfernung eines Eierstocks verbundenen Eingriff gerade bei jüngeren Frauen sehr sorgfältig getroffen bzw. nach erfolgter Operation entsprechend überprüft wird.«

Kampf ums Herz

Stent: Überflüssiger Maschendraht für Milliarden Euro

Ein Stent ist ein wundersames kleines Ding. Ein Röhrchen aus Drahtgeflecht. Als filigranes Stützkorsett kann er in verengte Blutgefäße gepflanzt werden, vorzugsweise in Herzkranzgefäße, um einen drohenden Herzinfarkt zu verhindern. Das sagen zumindest viele Kardiologen oder Radiologen, die mit dieser eleganten Technik viel Geld verdienen. Ein Stent wiegt im Schnitt kaum ein halbes Gramm. Der Materialwert des Maschendrahts, sei es nun eine Nickel-Kobalt-Legierung, eine Platinlegierung oder ein Polymer: 30 Cent? Berechnen wir die kunstvolle Bearbeitung des Materials und Gelder für Forschung großzügig, kommen wir auf einen Wert von vielleicht zehn Euro. Unser Gesundheitssystem kostet er aber – je nach Größe und Ausführung – zwischen 200 und 2000 Euro. Das sind Gewinnspannen! Und wir sprechen zunächst nur von dem Stückchen Drahtgeflecht. Das Einpflanzen schlägt noch mal mit 1500 Euro zu Buche. 330 000-mal pro Jahr wird in Deutschland ein Stent eingesetzt. Häufig »prophylaktisch«. Um einem möglichen Herzinfarkt vorzubeugen. Auch bei Patienten, die vollkommen ohne Symptome sind. Doch das ist Unsinn. Das haben Studien wiederholt gezeigt.

Die aktuellste Studie kommt aus den USA und wurde im Fachmagazin *Archives of Internal Medicine*[10] veröffentlicht. Sie stellt dem medizinischen Shootingstar, dem Stent, ein vernichtendes Urteil aus: Bei der Behandlung der sogenannten stabilen koronaren Herzkrankheit – des wichtigsten Einsatzgebietes des Stents – würden in den USA jedes Jahr sechs bis acht

Milliarden Dollar verplempert. In Deutschland kostet diese medizinisch wertlose Überversorgung mit Stents nach vorsichtigen Schätzungen jährlich etwa eine Milliarde Euro. Mich würde es nicht wundern, wenn die Studie hierzulande – ebenso wie die Moseley-Studie zur sinnlosen Knorpelglättung im Knie – schlicht ignoriert würde. Die zuständige wissenschaftlich medizinische Fachgesellschaft, die Deutsche Gesellschaft für Kardiologie, DGK, hat sich schon in früheren Leitlinien geweigert, kritische Studienergebnisse zum prophylaktischen Stenten ernst zu nehmen. Im Jahr 2008 hatte beispielsweise die Courage-Studie ergeben, dass der Maschendraht bei der stabilen koronaren Herzkrankheit keine Vorteile gegenüber der rein medikamentösen Behandlung zeigt. Die Fachgesellschaft mit der Deutungshoheit über kardiologische Sachverhalte spricht sich trotzdem nach wie vor für die wirtschaftlich interessantere Behandlung, das Stenten, aus.[11] Das Stenten ist wie eine Lizenz zum Gelddrucken. Ein solches Geschäft lässt man sich nicht einfach so von wissenschaftlichen Erkenntnissen kaputt machen.

Berlin-Mitte. Eines der renommiertesten Krankenhäuser in Deutschland. Wir sind mit dem Kamerateam im Katheterlabor. Die Atmosphäre ist ähnlich wie bei der endoskopisch durchgeführten Knorpelglättung, die wir in München miterlebt haben. Auch hier wird »elegant operiert«. Während bei einer »richtigen« Operation in der Regel ganz schön Blut fließt und das reichliche Rot auf den Kitteln, den Handschuhen und den Lappen am Boden nicht selten den Eindruck eines Gemetzels vermittelt, ist es hier im Katheterlabor fast clean. Nur ein paar Blutspritzer dort, wo der Kardiologe mit dem Katheter an der Leiste in eine große Ader eintaucht. Minimalinvasive Medizin eben.

Die Atmosphäre: easy und clean

Kein Anästhesist, der Narkose oder Vitalfunktionen überprüft, kein Assistenzarzt, der beim Schneiden und Nähen hilft, keine Schwester, die chirurgisches Werkzeug reicht. Wenn überhaupt, ist da neben dem Kardiologen ein Assistent oder eine Assistentin, die per Joystick den Patienten unter der Röntgenkamera hin- und herfährt. Damit die Röntgenkamera immer genau dort filmt, wo der Katheter in Aktion ist. Die Atmosphäre im Katheterlabor ist schon fast privat. Hier in Berlin steht am Kathetertisch nur der Kardiologe – nennen wir ihn Professor Anton Groß. Sein Patient »Herbert Klein« ist sogar wach und liegt vor ihm auf dem Tisch. Die Situation wirkt eher wie eine Besprechung und nicht wie ein Eingriff am Herzen.

Es klingt wie Small Talk, als Professor Groß fragt: »Alles klar, Herr Klein? Sie machen doch noch Sport oder wie war das?« Herr Klein hat nur ein leichtes Beruhigungsmittel bekommen und scheint ebenso entspannt wie der Kardiologe. »Ja, ich jogge regelmäßig. Von dem Katheter spüre ich kaum was.« Professor Anton Groß schiebt gerade den kaum 2 Millimeter dünnen Katheterschlauch quer durch den Körper von Herbert Klein. Durch eine Hauptschlagader. Herbert Klein hat weißes, akkurat geschnittenes Haar, ist 65 Jahre und will seinen Ruhestand genießen. Beim Joggen hat er allerdings schon einige Male ein Gefühl der Enge am Herzen gehabt. Deshalb will er wissen, wie fit sein Herz ist. Professor Groß – das wird mir erst später klar – hat genau diesen Patienten sorgfältig für unsere Fernsehaufnahmen ausgesucht. Der Professor schaut nicht zum Patienten. Er blickt konzentriert auf eines der Displays, die anderthalb Meter vor ihm auf der anderen Seite des Kathetertisches aufgehängt sind. Hier verfolgt er auf dem Röntgenbild, wie sich der Katheter quer durch den Rumpf von Herbert Klein in Richtung Herz bewegt.

Auf dem Röntgenbild ist der Katheter gut zu sehen. Als dunkler Strich markiert er das Blutgefäß, in dem er zum Herzen taucht. Sonst sind nur undeutliche Schemen zu erkennen. Abgesehen von der Wirbelsäule, die sich wie ein Stapel grauer Tonnen senkrecht durch die Bildmitte zieht. Die weichen Organe bieten dem Röntgenlicht kaum Widerstand, werfen nur ganz zarte Schatten. Zumindest ein Laie sieht nur wabernde Nebelschleier. Der Fachmann dagegen, der die Anatomie hier aus dem Effeff beherrscht, erkennt die Konturen der Organe. Professor Groß weiß: Die Katheterspitze ist jetzt direkt über dem Herzen, an der richtigen Stelle für den nächsten Schritt.

»Wir geben jetzt das Kontrastmittel rein. Das wird sich ein bisschen warm anfühlen.« Auf dem Röntgenbild quillt aus dem Katheter eine dunkle Flüssigkeit. Mit dem Blut wird das Kontrastmittel in die Gefäße gespült und auf dem Display ist für einen Herzschlag lang das Bild der Herzkranzgefäße sichtbar. Ein mit Kontrastmittel gefülltes und deshalb dunkles Leitungsnetz, das den Herzmuskel mit Sauerstoff und Nahrung versorgt. Dann ist das Kontrastmittel weitergeflossen, hat sich verdünnt, »in Rauch« aufgelöst. Auf dem Display sind nur die Nebelschleier und der dunkle Katheter geblieben. Dreimal wird die Prozedur wiederholt. Um die Kranzgefäße, die sich wie ein dreischaufeliges Hirschgeweih um den Herzmuskel verzweigen, aus allen Richtungen abzubilden.

Professor Groß nimmt mein Kamerateam und mich mit in einen Nebenraum, in dem ein halbes Dutzend große Monitore stehen. Natürlich ist der Film von der »Koronarangiografie« – also von der Darstellung der Herzkranzgefäße – auf Festplatte gespeichert. Der Kardiologe wählt aus den kurzen Sequenzen die Bilder mit der besten Darstellung und zeigt uns die neuralgischen Stellen in den Versorgungsbahnen. Unser Kardiologe legt die Stirn in Falten. Eine Engstelle missfällt ihm offenbar besonders. Hier hat das Blutgefäß über eine Strecke von einem knappen Zentimeter kaum noch die halbe Dicke. Professor Groß scheint seine Bedenken bedächtig hin und her zu bewegen. Dann sagt er mit kritischer Miene:

Ist es eine relevante Enge?

»Hier sehen wir eine Enge. Aber die Frage ist: Ist es eine relevante Enge? Da der Patient ohne Beschwerden Sport treiben kann, muss die Versorgung an dieser Stelle ausreichend sein. Man könnte hier einen Stent setzen. Aber ich glaube, es ist besser zu warten. Und wenn sich Beschwerden einstellen sollten, können wir noch einmal nachschauen.«

Ich bin schwer enttäuscht. Ich war mir sicher, dass wir hier im Herzlabor das Stenten würden filmen können. Das Aufdehnen der Engstelle mit einem Ballon. Und das Einsetzen des Stents. Der ist von Fabrik ab zu einem nur einen Millimeter dicken Geflecht zusammengefaltet. Der Maschendraht wird im Katheter zur aufgedehnten Engstelle geschoben und dann ebenfalls mit einem Ballon aufgefaltet und in das Gefäß gepresst, um die sogenannte Re-

stenose – die »Wiederverengung« des Gefäßes – zu verhindern. So zumindest die Theorie. Um das zu zeigen, war ich nach Berlin gekommen. Unter
anderem, weil ein Kardiologe mir am Telefon gesagt hatte: »Der Groß, der
stentet doch, was das Zeug hält.« Der Kardiologe hatte noch einige weitere kritische Anmerkungen zum Umgang seiner Zunft mit dem teuren Maschendraht gemacht. Leider erklärte er auf meine Frage, ob er das auch vor
der Kamera sagen würde: »Ich bin doch nicht verrückt. Ich habe Familie.«

Professor Groß ist ein schlauer Fuchs. Als Koryphäe seiner Zunft hat er
den Braten gerochen. Er hat geahnt, dass ich einen kritischen Beitrag zum
überflüssigen Stenten machen möchte. Schließlich ist Deutschland »Weltmeister im Stenten«. Dabei zeigen internationale Vergleiche nicht, dass wir
bezüglich der Sterblichkeit davon profitieren würden. In den letzten Jahren hatte es in der Wissenschaft und in den Medien wiederholt kritische
Stimmen zum Stenten gegeben. Da hat sich unser Berliner Kardiologe für
den Fernsehtermin einen geeigneten Kunden ausgesucht, an dem er nach
reichlicher Überlegung seine »defensive Haltung« demonstrieren konnte.
»Ich bin keiner von denen, die immer gleich einen Stent setzen, nein, damit
muss man verantwortungsvoll umgehen«, so seine Geste.

Am Ende war ich mit dem Drehtag aber dennoch sehr zufrieden. Denn
bei unserem Gespräch sagte er vor der Kamera auf die Frage, ob wir in
Deutschland vielleicht zu viel stenten: »Ja, das glaube ich sehr. Viele Kardiologen sehen eine enge Stelle und haben sofort den Reflex, einen Stent zu
setzen. Auch wenn die Patienten gar nicht davon profitieren.«

Der historische Aufstieg der Kardiologen

Die Kardiologen waren lange Zeit Dienstleister für die Herzchirurgie. Mit
dem Kontrastmittel Bilder von den Herzkranzgefäßen anfertigen: Das war
ihr wichtigster Job. Damit die Chirurgen sehen, ob und wo sie mit einem
Bypass verengte oder gar verschlossene Gefäße überbrücken müssen. Ein
Bypass ist einfach eine Umgehungsleitung. Ein Stück einer körpereigenen
Ader der Patienten – meist aus einem Bein – wird vor und nach der Engstelle auf das Kranzgefäß genäht. Und schon fließt das Blut wieder unge-

hindert. Bis 1977 war das die einzige Möglichkeit, eine Enge oder gar einen Verschluss zu überbrücken. Doch dann erfand der deutsche Kardiologe Roland Andreas Grüntzig den Katheter mit Ballon. Ein Meilenstein. Die Herzmedizin sollte von nun an nicht mehr die alte sein. Jetzt wurden die Kardiologen zu »interventionellen« Kardiologen. Sie nahmen selbst Eingriffe vor. Der Kampf ums lukrative Herzgeschäft war eröffnet.

Mit dem Ballon wurde die Engstelle von innen her aufgedehnt. Was für eine geniale Idee! Sie hatte nur einen Schönheitsfehler: die »Restenose« – schon nach sechs Monaten waren die meisten Gefäße wieder zugewuchert. Man tüftelte an Alternativen, mit Fräsen etwa, aber das Problem blieb. Trotzdem wurde die »Ballondilatation« weiter betrieben. Weil es so ein schicker, kleiner und lukrativer Eingriff war.

Um es ganz deutlich zu sagen: Bei einem Infarkt kann der Ballon Leben retten. Aber die oft und gerne geübte prophylaktische Gefäßerweiterung konnte in Studien nie den Nachweis erbringen, dass die so Behandelten einen Überlebensvorteil hatten. So stand das prophylaktische, das vorbeugende Aufdehnen mit dem Ballon immer in der Kritik. Es musste also ein Fortschritt her. Die nächste Stufe bildete der *drug-eluting balloon*. Er war mit einem Zellgift beschichtet. Gegen das Wiederzuwuchern der Engstelle, die Restenose. Wieder ein plausibles Konzept, das man den Kunden ein paar Jahre lang gut verkaufen konnte. Leider konnten auch hier in Langzeitstudien keine echten Vorteile für die Patienten gezeigt werden.

Das entwickelte sich zum Muster: Die jeweils neueste Technik schien überzeugend und wurde zunächst als Durchbruch gefeiert. Wenn nach einigen Jahren Langzeitstudien zeigten: Das Konzept ist zwar gut. Doch es bringt nichts, sagten die Kardiologen. »Ja, Moment, das war die alte Technik. Wir haben jetzt was ganz Neues. Das funktioniert super.« So wurde in den Neunzigern der Stent eingeführt. Die Gefäßstütze. Wieder ein plausibles Konzept. Tatsächlich konnte man die Rate der Restenosen damit auch senken. Aber wieder zeigten Langzeitstudien: Das bringt nix. Die so Behandelten lebten nicht länger als Patienten, die nur mit Medikamenten (Blutdrucksenkern, Betablockern …) behandelt wurden. Die Kardiologen sagten wieder: »Moment mal, wir haben ja längst was Neues. Das funktioniert super.«

Diesmal war es der *drug-eluting stent*. Wie zuvor der Ballon wurde jetzt der Stent mit einem Zellgift beschichtet. Gegen das Zuwuchern. Es kommt mir ein bisschen so vor wie die Geschichte von Hase und Igel. Nur dass der Igel in dieser Version der Geschichte nicht sagt: »Ich bin schon da!« Sondern: »Ich bin schon wieder weg.« Zuletzt haben auch die beschichteten Stents keinen Vorteil gegenüber der Behandlung nur mit Medikamenten gezeigt. Stent plus Medikamente bringt nicht mehr als Medikamente allein. Ein Grund: Der beschichtete Stent erzeugt häufiger Blutgerinnsel und steigert das Risiko für einen Schlaganfall.[12]

Hase und Igel: »Ich bin schon wieder weg«

Der Hase – die Wissenschaft – kommt mit dem vernichtenden Ergebnis der Langzeitstudie an. Aber der Igel ist schon wieder weg. Er experimentiert mit neuen Materialien. Der letzte Schrei: Stents aus resorbierbaren Polymeren. Also aus Kunststoffen, die sich langsam auflösen. Stellt sich nur die Frage: Wie soll ein nicht mehr vorhandener Stent das Wiederzuwuchern des Gefäßes verhindern? Lassen Sie mich hier einen kühnen Verdacht aussprechen: Er soll es gar nicht verhindern. Warum auch? Die Restenose ist doch nichts anderes als ein erneuter Grund für den Kardiologen, sich als Retter anzubieten. Man könnte das Ganze auch als ein »nachhaltiges Geschäftsmodell« bezeichnen. Im Gegensatz dazu wäre eine Heilung ja kontraproduktiv.

Wenn die besagte Engstelle aber schon mit Maschendraht ausgekleidet ist, sieht das nicht so gut aus, wenn man da einen zweiten Stent reinsetzt. Obwohl auch das gemacht wird. Der Direktor einer kardiologischen Uniklinik sagte mir vor Kurzem, es sei in der Literatur ein Fall beschrieben, bei dem der Patient 67 Stents bekommen hatte. Selbst wenn pro Sitzung drei Stents implantiert wurden, sprechen wir hier von einem Geschäftsvolumen in der Größenordnung von 100 000 Euro. Dafür hätte es locker drei Bypassoperationen gegeben. Und die verschaffen den Patienten über viele Jahre Beschwerdefreiheit. Aber der Verdienst für die Klinik ist beim exzessiven Stenten deutlich höher. Der gleiche Kardiologe sprach übrigens auch von den Polymerstents, die sich selbst auflösen. Er sagte mit leuchtenden Augen: »Das ist toll. Da haben Sie wieder jungfräuliche Gefäße.« Mit den resorbierbaren Stents wird das Einsatzgebiet der koronaren Gefäßkrankheit für die Kardiologen vollends zum Paradies.

Das Spiel wird weitergehen. Bei der zuständigen medizinischen Fachgesellschaft, der DGK, Deutsche Gesellschaft für Kardiologie – Herz- und Kreislaufforschung e.V., heißt es im maßgeblichen Positionspapier zum aktuellen Stentmodell in der Zusammenfassung: »Der Einsatz von DES *(drug-eluting stents)* führt im Vergleich zu unbeschichteten Stents (BMS) zu einer Reduktion erneuter Revaskularisationen, während sich die klinischen Endpunkte wie Tod oder Myokardinfarkt nicht ändern.«[13] Auf Deutsch: weniger Zuwucherungen durch den beschichteten Stent. Aber die Patienten leben dadurch keinen Tag länger. Eine explizite Empfehlung, auf die weithin geübte Praxis des prophylaktischen Stentens zu verzichten, konnte ich in den Leitlinien nicht finden.

In der *Stuttgarter Zeitung* stand es – mit Bezug auf die Metaanalyse, die die Sinnlosigkeit des prophylaktischen Stentens gezeigt hatte – so: »Während Ärzte nach außen hin das Loblied auf die evidenzbasierte Medizin (wissenschaftlich begründete Medizin, Anm. vom Autor) singen, nehmen sie oft in Wahrheit nur die Studien zur Kenntnis, die ihre eigenen Vorlieben unterstützen. Und sie ignorieren das, was ihrem eigenen Vorgehen widerspricht oder unpopulär erscheint«, so der Mediziner vom Albany Medical Center im Staat New York. »Natürlich verdienen Ärzte wie Kliniken mehr an den invasiven Verfahren – alle Anreize fördern die Verwendung von mehr Stents.«[14]

Sorry, das war sinnlose Flickschusterei

Es ist nicht zu erwarten, dass die zuständige Deutsche Kardiologische Gesellschaft nach 35 Jahren erfolgloser prophylaktischer Gefäßaufdehnung sagt: »Sorry, Leute, das war eine Sackgasse, wir haben hier sinnlos zig Milliarden versenkt. Das war Flickschusterei. Das war Kosmetik und keine Behandlung der koronaren Herzkrankheit. Das Grundproblem der Erkrankung können wir mit Gefäßaufdehnen offensichtlich nicht behandeln. Deshalb hören wir jetzt mit dem Unsinn auf.« Die Kardiologische Gesellschaft hat mit dieser

Behandlung enorm an Bedeutung gewonnen. Als »Interventionelle« sind sie vom Zuarbeiter zum Helden aufgestiegen. Und wer steigt schon gerne freiwillig wieder hinab vom Podest? Da sind wir schon wieder bei einer solchen medizinischen Fachgesellschaft gelandet. Das sind die Wächter der fachspezifischen Wahrheit. Das sind die, die vorgeben, was gemacht werden soll und welches Medikament verschrieben werden soll. Machtvolle Institutionen also. Die wir uns mal etwas näher anschauen sollten.

Zuvor aber noch ein Zitat von unserem Kardiologen aus Berlin. Es zeigt die bittere Konkurrenz zwischen Kardiologen und den Chirurgen im Kampf ums Herz: »Es wird für den Herzchirurgen das bleiben, was mit dem Herzkatheter nicht geht. Und wenn man sich die Zahlen ansieht, dann kann man sagen: Es ist nicht die Frage, ob die Herzchirurgie verschwinden wird, sondern nur, wann.«

Nach heutigem Wissensstand wäre das, was Prof. Groß prophezeit, übrigens fatal. Denn bisher sind es nur Herzchirurgen, die mit ihren Bypässen bei koronarer Herzkrankheit nachweisbar das Leben ihrer Patienten verlängern. Aus der wirtschaftlichen Perspektive einer Klinikleitung stellen sich die Zusammenhänge noch einmal anders dar: Unter der Prämisse der Gewinnmaximierung wird einfach zweifach kassiert. Erst stenten, so lange es geht. Dann Bypass. Damit die Kasse doppelt klingelt.

2. Deutschland: El Dorado der Gesundheitsindustrie

Warum der weißen Mafia der Raubzug in Deutschland so leichtfällt

In keinem Land der Welt existiert ein ideales, fachmedizinisch korrektes, vollkommen gerechtes Gesundheitssystem. Das wird es nach meiner Überzeugung auch nie geben. Denn ein Gesundheitssystem ist eine sehr komplexe Vernetzung medizinischer, wirtschaftlicher, ethischer und weltanschaulicher Aspekte. Ein Beispiel: Wollen wir eine wiederkehrende Krebserkrankung – ein Rezidiv – mit einer Chemotherapie behandeln, die mit einer Wahrscheinlichkeit von 20 Prozent hilft? Auch wenn die Hilfe nur in einem durchschnittlichen »Pausieren« der Krebserkrankung von drei Monaten besteht, ohne dass eine Verlängerung der Lebenszeit erreicht wird? Sind wir bereit, 50 000 Euro auszugeben, um einem Krebspatienten diese drei Monate »progressionsfreies Überleben« zu ermöglichen? Wer muss dafür zurückstecken? Welche Krankheit wird nicht oder weniger intensiv behandelt? Wie viele Pflegekräfte in Altenheimen fehlen dafür? Kann die Politik auf den Preis des Medikaments einwirken? Der Fragenkatalog ließe sich erheblich erweitern. Sie sehen, da gibt es viel zu diskutieren. Und vieles ist am Ende »eine Frage des Standpunkts«. Umso mehr lohnt sich ein Blick auf die Institutionen, die in Deutschland zu einem großen Teil die Entscheidungen in diesen Fragen treffen, und der Versuch zu verstehen, was die leitenden Kriterien für diese Entscheidungen sind.

Die Fallstricke der medizinischen Selbstverwaltung

Wer die Deutungshoheit hat, welche Diagnostik und welche medizinische Therapie die jeweils richtige ist, der hat eine gewaltige Macht im Gesundheitssystem. Der beurteilt, was als fachgerecht gilt, und bestimmt damit über den Inhalt der im Fach maßgeblichen Leitlinien. Der entscheidet über die Aus- und Weiterbildung. Also darüber, mit welchem »Wissen« den Mitgliedern der Zunft die »Festplatte formatiert« wird. Er entscheidet schlicht, was an der medizinischen Basis letztlich gemacht wird. Diese Entscheider sind in Deutschland vor allem die »Wissenschaftlichen Medizinischen Fachgesellschaften«. Ich möchte sie in diesem Buch als Mitwirkende an der medizinischen Selbstverwaltung ansprechen – auch wenn dieser Begriff streng genommen bisher nur für die Krankenkassen und die kassenärztlichen Vereinigungen verwendet wird. Tatsächlich spielt aber, was die medizinische Selbstverwaltung anbelangt, bei den Fachgesellschaften »die Musik«.Drei der Fachgesellschaften haben wir bereits kennengelernt. Und alle drei haben sich auf den ersten Blick nicht unbedingt mit Ruhm bekleckert:

Für die Orthopädie zuständig ist die DGOOC (Deutsche Gesellschaft für Orthopädie und orthopädische Chirurgie). Bei den Kardiologen hat die DGK (Deutsche Gesellschaft für Kardiologie – Herz- und Kreislaufforschung e.V.) als oberstes Gremium das Sagen – eine der größten Gesellschaften mit aktuell über 6400 Mitgliedern. Und die Gynäkologen haben die Deutsche Gesellschaft für Gynäkologie und Geburtshilfe (DGGG). 159 weitere Wissenschaftliche Medizinische Fachgesellschaften gibt es in Deutschland.

Drei gravierende strukturelle Probleme hat dieses System der Fachgesellschaften als oberste Wächter und Lehrer der medizinischen Zünfte, so wie es bei uns etabliert ist:

- Erstens: Verantwortlich für die Bewertung der medizinischen Prozeduren sind diejenigen, die mit den medizinischen Prozeduren Geld verdienen. Man nennt dieses Prinzip: den Bock zum Gärtner machen.

- Zweitens: Diese Struktur ist aufgrund der engen Verflechtung »exzellenter Mediziner« mit der Industrie extrem anfällig für Manipulationen durch die Industrie. Allen voran die Pharmaunternehmen und die Gerätehersteller.
- Drittens: Dieses System wird getragen von »Persönlichkeiten« und wird damit durch persönliche Eitelkeiten an seiner rationalen Weiterentwicklung gehindert. Kritiker nennen es »eminenzbasierte Medizin«, weil hier Eminenzen den Ton angeben. Im Gegensatz zur »evidenzbasierten« (wissenschaftlichen) Medizin.

Schauen wir uns diese drei zentralen Punkte genauer an.

Der Bock als Gärtner

Sie erinnern sich an den Gynäkologen aus dem 2. Kapitel, der seiner Patientin – der Medizinverlegerin – die Gebärmutter entfernen wollte? Sie habe eine Krebsvorstufe und müsse sofort operiert werden. Zwei weitere Frauenärzte erklärten der Verlegerin aber nach eingehender Untersuchung, sie sei vollkommen gesund. Der skrupellose Gynäkologe der Verlegerin wollte sich einfach einen Extraverdienst sichern. Wir sehen hier im Kleinen dieselbe Struktur, wie sie im Großen durch die »Wissenschaftlichen Medizinischen Fachgesellschaften« verkörpert wird: Der Bock ist der Gärtner. Der Gynäkologe ist in Personalunion erstens der Diagnostiker, also der, der sagt, was gemacht werden muss. In diesem Fall: »Gebärmutter raus!« Er ist zweitens der Behandler, also der, der mit dem Eingriff sein Geld verdient. Merken Sie was? Das ist verhängnisvoll! Die Versuchung ist einfach zu groß. In dieser Personalunion ist es so leicht, sich seine eigenen lukrativen Patienten zu generieren. Nur eine zusätzliche Operation, und der niedergelassene Gynäkologe hat am Monatsende 1000 Euro mehr in der Tasche. Oder 1500, wenn es Komplikationen geben sollte.

Bei den Wissenschaftlichen Medizinischen Fachgesellschaften herrscht dasselbe Prinzip. Nur geht es dabei nicht um tausend Euro. Schließlich sprechen wir hier nicht von »Einzelkämpfern«, sondern von der Ausrichtung einer ganzen medizinischen Fachdisziplin. Es geht um Hunderte von

Millionen oder um Milliarden Euro. In den maßgeblichen Leitlinien eine sinnlose Knieoperation als fachgerecht zu beschützen und entsprechende Empfehlungen aufrechtzuerhalten – etwa die Knorpelglättung im Kniegelenk – sichert Hunderten orthopädischen Chirurgen ein finanzielles Standbein. Und erbringt geschätzte 150 Millionen Euro Umsatz im Jahr. Oder: In den Leitlinien der Kardiologen einen strengeren Cholesterinwert zu definieren, um die Bevölkerung angeblich vor Arteriosklerose (»Gefäßverkalkung«) zu schützen, kann über Nacht eine Million neue Patienten erschaffen. (Siehe dazu: »Es ist Cholesterin«, Kap. 8.2: 18 Arztkontakte pro Jahr – das Spiel mit den Grenzwerten.) Was für eine verlockende Perspektive für eine medizinische Fachgesellschaft. Überlegen Sie sich einmal, Sie hätten als Autobauer, als Textilhersteller, als Lebensmittelhändler solche Möglichkeiten, über Ihre Kundschaft zu verfügen. Diese Struktur der medizinischen Selbstverwaltung schafft eine einzigartige Machtfülle in der Gesundheitsindustrie. Im Rechtsstaat gilt aus gutem Grund die Gewaltenteilung: Gesetzgebung, Rechtsprechung und Polizeigewalt sind getrennt. In der Medizin gibt es diese Trennung nicht. Hier werden die Gesetze von denen gemacht, die mit der Durchführung der Gesetze ihr Geld verdienen. Der Willkür sind so Tür und Tor geöffnet.

Die Mediziner, die mit den medizinischen Prozeduren ihr Geld verdienen, entscheiden, was behandlungsbedürftig ist und wie es behandelt werden muss. Was, denken Sie, würde passieren, wenn der Präsident der Kardiologischen Fachgesellschaft seinen Mitgliedern ankündigte, er wolle die katastrophalen Studienergebnisse zum prophylaktischen Stenten gegen den Herzinfarkt in die Leitlinien einpflegen und von dieser Verfahrensweise in Zukunft abraten? Er würde abgewählt! Auch wenn die Fachgesellschaften nach außen wissenschaftliche Seriosität signalisieren – machen wir uns nichts vor: Es sind vor allem Interessenverbände von Berufsgruppen. Und natürlich ist ein solcher Interessenverband zuerst auf die Sicherung seiner Pfründe bedacht. Das wird den Fachgesellschaften auch noch leicht gemacht. Denn es gibt weitere Mächte in diesem Spiel, die darauf aus sind, die Zahl der Kranken zu erhöhen und die Behandlungen auszuweiten: Krankenhäuser, Pharmaindustrie und Gerätehersteller. Und damit wären wir beim zweiten Strukturproblem der Medizinischen Fachgesellschaften.

Die enge Verflechtung mit der Industrie

Für einen Beitrag über geschönte Arzneimittelstudien besuchte ich vor vielen Jahren, als ich mich noch nicht so intensiv mit der kritischen Medizinberichterstattung beschäftigt hatte, den Pharmakologen Prof. S. Herr Prof. S. ist ein gefragter Mann auf seinem Gebiet. Er lehrt Pharmakologie, erstellt pharmakologische Gutachten für eine große Klinikkette und ist heute ordentliches Mitglied der Arzneimittelkommission der Deutschen Ärzteschaft.

Als ich in sein Büro komme, macht er einen sehr dezenten, defensiven Eindruck auf mich und ich frage mich, ob er tatsächlich bereit sein wird, vor der Kamera Klartext zu sprechen, wie er es am Telefon getan hat. Als wir auf die Wissenschaftlichen Medizinischen Fachgesellschaften zu sprechen kommen, überrascht er mich mit einer ausgesprochen pointierten Stellungnahme: »Die Medizinischen Fachgesellschaften können Sie vergessen. Die sitzen doch alle bei der Industrie auf dem Schoß.«

Die obersten Hüter der medizinischen Wahrheit im Klüngel mit den Herstellern der entsprechenden Produkte – wenn das so wäre, wäre es fatal. Schließlich lässt sich nirgendwo so effektiv das medizinische Programm eines ganzen Landes manipulieren wie dort. Nur wenige Mediziner, nämlich die, die eine Leitlinie formulieren, müssen hier von der Industrie für die »richtigen Studien« begeistert werden, um den großen Coup zu landen und das fachmedizinische Treiben »von oben her« auf die gewünschte Linie zu bringen. Die Gefahr der Manipulation ist in der wissenschaftlichen Szene allbekannt und ist immer wieder Gegenstand heftiger Diskussionen und Forderungen. So heißt es im Forum Gesundheitspolitik, einer Initiative von unabhängigen, gesundheitspolitisch engagierten Wissenschaftlern:[15] »Am Verfassen von Leitlinien sollten nur Personen beteiligt sein, die keinerlei Verbindung zur Industrie haben. [...] Dem Argument, die höchst qualifizierten Experten eines Bereiches würden dadurch von der Leitlinienerstellung ausgeschlossen, entgegnen die Autoren: Die als am höchsten qualifiziert geltenden Wissenschaftler seien häufig lediglich die in der Öffentlichkeit sichtbarsten; zudem dürften auch diese Wissenschaftler Stellungnahmen zu Entwürfen abgeben. Entscheidend sei, dass die Verfasser einer Leitlinie unabhängig sind.«[16]

Doch das Gegenteil ist in der Regel der Fall. Das fängt schon auf der Ebene der Organisation der Fachgesellschaften an. Sie werden großteils von der Industrie finanziert. Ganz öffentlich finden Sie beispielsweise auf der Website der Deutschen Hochdruckliga eine Liste von 25 Unternehmen,[17] die diese Wissenschaftliche Medizinische Fachgesellschaft fördern. Natürlich alle aus der einschlägigen Industrie: Oben auf der Liste findet sich der Pharmariese Astra Zeneca. Kein Wunder: Blutdrucksenker stehen im Ranking der umsatzstärksten Pharmazeutika auf Platz zwei. Teil der Liste der Förderer ist auch der Gerätehersteller Omron. Dazu ist es interessant zu wissen, dass diese Medizinische Fachgesellschaft das »Prüfsiegel der Deutschen Hochdruckliga« vergibt. Für Blutdruckmessgeräte. Omron stellt Blutdruckmessgeräte her. Ebenfalls erwähnt wird der Nahrungsmittelmulti Unilever. Mit Functional-Food-Marken wie Becel oder Du darfst hat das Unternehmen Produkte im Wettbewerb, die mit dem Themenfeld Bluthochdruck, Blutfette, Übergewicht (Metabolisches Syndrom) in Verbindung gebracht werden. Das zielt in die Kernkompetenz der Deutschen Hochdruckliga. Die Produkte der Förderer sind Gegenstand der Empfehlungen, die die Hochdruckliga in ihren Leitlinien abgibt. Ich weiß nicht, wie es Ihnen geht. Kennen Sie sonst noch einen Wettbewerb, in dem die Jury öffentlich erkennbar von den Teilnehmern des Wettbewerbs finanziert wird? In meinen Augen ist das eine Farce.

Fachgesellschaften von der Industrie finanziert

Was sich auf der Ebene der Fachgesellschaften abspielt, ist dabei nur ein Spiegelbild der Situation aufseiten der Wissenschaft. Genauer aufseiten der Wissenschaftler, die die Leitlinien formulieren. Das ist nur etwas schwerer zu durchschauen. Während die Fachgesellschaften ihre Sponsoren angeben, ist es in der deutschen Medizin immer noch nicht üblich, dass die Autoren der Leitlinien die Firmen nennen, für die sie (neben ihrer Forschungstätigkeit) arbeiten. Im angloamerikanischen Raum herrscht hier längst eine größere Transparenz. In jeder Studie erklären die Wissenschaftler ihren *conflict of interest*. Ihren Interessenkonflikt. Das ist Standard. Sie führen die Firmen auf – meist Pharmahersteller –, von denen sie finanzielle Zuwendungen bekommen. Für Arzneimittelstudien oder »Beratertätigkeiten«. Die Angabe des Interessenkonflikts erfolgt aus gutem Grund. Diese finanziellen Zuwendungen gefährden die Objektivität. Keiner beißt gern die Hand, die ihn füttert. In Deutschland – wie gesagt – müssen selbst die Autoren der machtvollen Leitlinien diesen Interessenkonflikt nicht darlegen. Ein Unding!

Ein spektakulär entlarvender Vorfall zum Thema Interessenkonflikte von Leitlinienautoren ereignete sich im November 2009. Ein Vorfall, der zeigt, wie frech die Öffentlichkeit von Leitlinienautoren bezüglich ihrer Kontakte zur Industrie belogen wird. Es handelt sich um die Veröffentlichung der *S3-Leitlinie Demenzen*.[18] Nicht weniger als elf medizinische Fachgesellschaften waren an der Ausarbeitung dieser Leitlinie beteiligt. Federführend waren zwei Fachgesellschaften: die Deutsche Gesellschaft für Psychiatrie, Psychotherapie und Nervenheilkunde (DGPPN) und die Deutsche Gesellschaft für Neurologie (DGN). Warum das große Interesse so vieler Fachgesellschaften? Ganz einfach: Demenz ist einer der großen Zukunftsmärkte. In einer alternden Gesellschaft vergrößert sich dieses Anwendungsgebiet für teure Pharmazeutika beständig. Da macht es Sinn, die Verhältnisse auf dem Markt zu definieren. Das ist Leitlinienangelegenheit.

Leitlinienautoren lügen beim Interessenkonflikt

Ab Seite 112 der Demenzleitlinie steht eine lange Liste mit den Angaben der Leitlinienautoren zu ihren Interessenkonflikten. Es waren insgesamt 68 Wissenschaftlerinnen und Wissenschaftler, die sich hier allesamt als unverdächtig vorstellten. Alle 68 Autoren geben an, dass sie keine Interessenkonflikte hätten. Im Klartext, dass keine finanziellen Verbindungen zu den Herstellern der Produkte bestünden, um deren Bewertung es in der Demenzleitlinie unter anderem ging. In einem Insider-Blog im Internet findet sich dazu folgender Kommentar: »Potzblitz! Ein ganzer Bus voller Demenzexperten ohne Verbindungen zur Pharmaindustrie! Wäre in diesem Moment ein Schwarm von 68 blau-rosa karierten Elefanten in V-Formation am Himmel vorbeigezogen, ich hätte ihn mit weniger Verwunderung zur Kenntnis genommen.«[19]

Der Blogger erklärt, dass er sich drei Suchmaschinenanfragen pro Namen gegönnt habe. Und mit dieser flüchtigen Recherche 28 der 68 Leitlinienautoren mit zum Teil intensiven Kontakten zu den einschlägigen Pharmafirmen gefunden hat. Ein Blick auf die neurologischen Kongresse reicht, um die Namen dieser Mediziner auf Rednerlisten der von den Herstellern gesponserten Kongresse und Satellitensymposien zu finden. Im Blog heißt es unter dem Datum 2010–10–19 beispielsweise – und jeder kann diese Angaben selbst im Internet verifizieren:»Sehr informative Satellitensymposien auf der Neurowoche, in der Tat. Da treffen wir Herrn Deuschl, den Sprecher der Steuerungsgruppe der S3-Leitlinien ›Demenzen‹ höchst selbst, als Vorsitzenden einer Veranstaltung von Eisai/Pfizer und einer von Teva/Lundbeck: Man war wohl nicht unzufrieden mit den Leitlinien. Dodel ist dieses Mal nicht nur für Merz unterwegs, sondern daneben auch noch für Eisai/Pfizer, Riepe bleibt Eisai/Pfizer treu, Schulz trifft man wieder bei Merz. Und Diener macht seinem Namen alle Ehre und ist wie immer schwer im Geschäft (Allergan, Bayer, Boehringer Ingelheim, ev3). Um nur einige zu nennen.«

Fast die Hälfte der Wissenschaftler hatte bei den Angaben zu ihren Interessenkonflikten offensichtlich gelogen. Hatten von einem oder von mehreren Herstellern der Produkte, um die es in den Leitlinien geht, finanzielle Zuwendungen erhalten. Bei diesen Zuwendungen geht es nicht nur um Geld. Es geht auch um Renommee, um Auftritte bei Kongressen. Ich vermute, diese Wissenschaftler wollen weder auf das eine noch auf das andere in Zukunft verzichten. Es liegt deshalb der Verdacht nahe, dass sie Leitlinien so formulieren, dass es ihre Beziehungen zur Industrie nicht belastet. Unabhängigkeit sieht anders aus.

Dieser Interessenkonflikt, die Verflechtung der »Experten« mit der Industrie, ist eher die Regel als die Ausnahme. Gestützt wird diese Einschätzung durch die Tatsache, dass natürlich die »qualifiziertesten Fachleute« für die Formulierungen der Leitlinien engagiert werden. Aber wer sind diese »qualifiziertesten Fachleute«? In der Stellungnahme des »Forum Gesundheitspolitik« heißt es dazu treffend: Es »seien häufig lediglich die in der Öffentlichkeit sichtbarsten«. Und wer erreicht diese Sichtbarkeit? Professoren, die Fachvorträge auf großen Kongressen halten. Auf Kongressen, die von den Herstellerfirmen finanziert werden. Und diese Firmen – da können Sie sicher sein – kümmern sich darum, dass auf diesen Kongressen die »richtigen Fachleute« Vorträge mit den »richtigen Inhalten« zum Besten geben. Sichtbarkeit erreichen auch Professoren, die große Drittmittelprojekte durchführen. Also Studien für die Hersteller. Jede Uniklinik wird diese Professoren fördern, sie zu Leitern von Forschungszentren machen. Denn die schaffen Kohle ran. Sie merken: Hier schließt sich der Kreis. Die Wissenschaftler, die mit der Industrie »gut können«, erlangen Renommee. Diese renommierten Wissenschaftler dürfen dann die Leitlinien schreiben, die darüber entscheiden, ob die Industrieprodukte als fachgerechter Standard definiert oder ausgemustert werden. Würden Sie sagen, dass das eine Struktur ist, die für objektive, evidenzbasierte Leitlinien bürgt?

Der innere Kern der weißen Mafia

Natürlich ist das Gegenteil der Fall. Diese tiefe Verflechtung der medizinischen Selbstverwaltung mit den Herstellerfirmen – vor allem mit der pharmazeutischen Industrie – stellt den Kern der weißen Mafia dar. Sie korrumpiert unser Gesundheitssystem in seinen innersten Strukturen. Sie sorgt dafür, dass die Interessen der Industrie maßgeblich in die Formulierungen der Leitlinien einfließen. Sie sorgt dafür, dass Gefahren verharmlost und der Nutzen von Behandlungen übertrieben dargestellt werden. Diese Verflechtung ist mit dafür verantwortlich, dass unsinnige Medikamente und unsinnige medizinische Interventionen weiterhin angewandt werden, auch wenn Studien die Nutzlosigkeit oder Gefährlichkeit dieser Behandlungen nachgewiesen haben. Der gesundheitliche Schaden, der hier entsteht, ist kaum zu überblicken, und die Fehlsteuerung der finanziellen Ressourcen in unserem Gesundheitssystem durch diese mafiöse Struktur ist katastrophal.

In Deutschland bleiben diese Verbindungen intransparent. In den USA nicht. Dort gibt es eine aktuelle Untersuchung, aus der beispielsweise hervorgeht, dass mehr als die Hälfte der Autoren von kardiologischen Leitlinien finanzielle Beziehungen zu den Herstellern haben. Zum Teil halten sie sogar Aktien von den Unternehmen, deren Produkte sie in ihren Leitlinien bewerteten.[20] Es gibt keinen Grund anzunehmen, dass es in Deutschland anders ist. Es gehört zu den vielen bitteren Folgen des intransparenten Gesundheitssystems unseres Landes, dass solche mafiösen Strukturen begünstigt werden. Die Verflechtung der maßgeblichen Mediziner ihrer Disziplin mit der Industrie dürfen bei uns im Dunkeln bleiben.

Und damit kommen wir zum dritten gravierenden Strukturproblem der Wissenschaftlichen Medizinischen Fachgesellschaften.

Die eminenzbasierte Medizin

Die medizinischen Fachgesellschaften werden von Persönlichkeiten geprägt. Von Eminenzen. Herr Professor Sowieso zum Beispiel ist schon seit 15 Jahren in seiner Szene eine Eminenz. Auf seiner Homepage steht eine Liste mit Preisen und Auszeichnungen, deren Länge schwer beeindruckt. Er hatte jahrelang eine Gastprofessur in Harvard inne. Keine Frage, er ist ja auch ein brillanter Redner. Er berät die Bundesregierung, hat große Studien für die Industrie geleitet. Sitzt außerdem in dem und dem Beratergremium, er ist Herausgeber … Lassen wir es gut damit sein. Er ist wirklich ein tüchtiger Mann. Nein, eines noch: Er gehört in Deutschland zu den großen Befürwortern der Nahrungsergänzung mit Vitaminen. Das ist ganz sein Ding. Das hat er auf Tagungen und Kongressen immer wieder vertreten. Hat Powerpoint-Präsentationen mit beeindruckenden Ergebnissen einzelner Studien präsentiert. Hat »beste Verbindungen« zu den Herstellern der Präparate, die ihn als Berater immer gerne heranziehen und großzügig honorieren.

Nun kommt eine unabhängige Forschergruppe, die sich auf Metaanalysen spezialisiert hat, also auf die kritische Auswertung und Zusammenfassung von Einzelstudien, zu dem Schluss, dass zusätzlich zur Nahrung zugeführte Vitamine tendenziell eher schädlich sind. Und dass entsprechende Nahrungsergänzungsmittel das Risiko zu versterben erhöhen (siehe Kapitel 3, Abschnitt »Die Vitaminfalle«).

Unser fiktiver Professor Sowieso ist seit fünf Jahren Präsident seiner Medizinischen Fachgesellschaft und da natürlich für sein Fachgebiet – Nahrungsergänzung – der maßgebliche Fachmann. Können Sie sich vorstellen, dass diese Fachgesellschaft sich unter der Leitung dieses Mannes vom Konzept der Nahrungsergänzung mit Vitaminen verabschiedet? Ich nicht! Er müsste zugeben, dass er einem Irrlicht gefolgt ist. Dass er vielleicht den Einflüsterungen der Hersteller erlegen ist. Er steht mit seinem ganzen Namen für die Sinnhaftigkeit der Vitaminpräparate. Er kann dieses Konzept nicht einfach aufgeben, nur weil ein Fortschritt der medizinischen Erkenntnis zeigt, dass es falsch ist. Sein Lebenswerk wäre zerstört. Und das kränkt die Eitelkeit doch ganz erheblich. Das wird der Professor nicht zulassen. Er wird die Studie ignorieren oder schlechtmachen, wird auf seine eigene Forschung hinweisen. (Im Reagenzglas klappt der Zellschutz durch Vitamine hervorragend!) Auf Kongressen wird er mithilfe neuer Studien der Hersteller zum Gegenangriff übergehen. Und in der Fachgesellschaft wird sich keiner trauen aufzumucken. Denn immer noch ist er der Boss. Die Mitglieder werden der Eminenz nicht an den Karren fahren. Die Gefahr, der eigenen Karriere dadurch heftigen Schaden zuzufügen, ist einfach zu groß.

Supertanker Medizinische Fachgesellschaft

Diese Orientierung an Persönlichkeiten macht die Wissenschaftlichen Medizinischen Fachgesellschaften entscheidungstechnisch zu Supertankern. Reagieren auf aktuellen Erkenntnisfortschritt? Kaum möglich. Zu träge ist das Schiff. Kurskorrekturen brauchen mitunter Jahrzehnte und prinzipielles Umsteuern ist frühestens möglich, wenn der Kapitän von Bord gegangen ist.

Das sind die drei großen Strukturprobleme unserer »Medizinischen Selbstverwaltung«: persönliche Eitelkeiten, systemimmanente Verflochtenheit mit der Industrie und am Eigennutz der Fachrichtung orientierte (und damit auch am persönlichen wirtschaftlichen Vorteil orientierte) Zurichtung der Leitlinien. Stichwort: der Bock als Gärtner. Sie werden vielleicht fragen: »Ja, aber wie soll es denn sonst gehen? Letztlich müssen doch immer die Experten entscheiden, was richtig und was falsch ist.«

Wir werden im Kapitel 10, »Was getan werden müsste«, Alternativen zur »Medizinischen Selbstverwaltung« beleuchten. Am Ende dieses Kapitels nur noch eine Bemerkung: Es gibt eine Qualitätsrangfolge in der evidenzbasierten – der wissenschaftlichen – Medizin. An der obersten Stelle dieser in wissenschaftlichen Kreisen weltweit akzeptierten Rangfolge stehen Metaanalysen wie die tatsächlich existente Vitaminstudie, die von Prof. Sowieso geflissentlich ignoriert wird. Diese Metaanalysen basieren auf Einzelstudien, die nach strengen Kriterien ausgewählt und zusammengefasst werden. Das ermöglicht schlicht die am besten gesicherten Aussagen zu einem medizinischen Sachverhalt. Im Ranking weiter unten stehen Einzelstudien in der Reihenfolge entsprechend den Qualitätsstandards, denen sie genügen. Ganz unten, also mit der geringsten wissenschaftlichen Evidenz, steht in diesem Qualitätsranking – was meinen Sie? – die Expertenmeinung.

Krankenhäuser: Das Geschäft muss brummen

»Berlin, 24. April 2012 – Mit einer klaren Kritik an der zunehmenden Ökonomisierung in Kliniken hat der Präsident der Deutschen Gesellschaft für Chirurgie (DGCH), Professor Dr. med. Markus W. Büchler, den diesjährigen Chirurgenkongress in Berlin eröffnet. In seiner heutigen Eröffnungsrede rief Markus Büchler die Mediziner auf, sich unnötigen Operationen aufgrund wachsenden wirtschaftlichen Drucks zu widersetzen. ›Wir Chirurgen müssen uns für eine ausschließlich patienten- und krankheitsorientierte Chirurgie einsetzen‹, forderte der DGCH-Präsident. …«

Operationen aufgrund wachsenden wirtschaftlichen Drucks

Ich zitiere diese in meinen Augen historische Pressemitteilung hier aus zwei Gründen. Zum einen ist sie ein starker Beleg für das zentrale Thema dieses Buches: Wir werden mit überflüssiger Medizin überzogen. In der Apotheke, beim Facharzt, im Krankenhaus. Überall wird uns unter dem Vorwand, es ginge um unsere Gesundheit, Geld abgeknöpft. Und wenn es wenigstens nur das wäre. Doch wir bekommen dafür in vielen Fällen etwas, was uns im günstigsten Fall nichts bringt, mit etwas Pech aber enorm schadet: überflüssige Leistungen aus dem ganzen Sortiment der Gesundheitsindustrie – von der Vitaminpille bis zum chirurgischen Eingriff. Wie war das noch mit dem Hippokratischen Eid? Der oberste Grundsatz: Nicht schaden! Wie weit muss es mit diesem Medizinbetrug gekommen sein, dass der Präsident der Fachgesellschaft in seiner Eröffnungsrede auf dem Jahreskongress die Chirurgen auffordert, »sich unnötigen Operationen aufgrund wirtschaftlichen Drucks zu widersetzen«?

Außerdem zitiere ich diese Pressemitteilung noch aus einem anderen Grund: Sie macht Hoffnung. Sie zeigt, dass die Mafia die Medizin nicht zu hundert Prozent bestimmt. Sogar im medizinischen Establishment gibt es offenbar rechtschaffene Personen, die sich nicht auf die betrügerischen Machenschaften einlassen wollen, sondern öffentlich dagegen Stellung beziehen. So wie es in diesem Fall Prof. Büchler tut, wenn er gegen die Ökonomisierung der Kliniken wettert.

Als ich für meine SWR-Dokumentation *Betrifft: Überflüssige Operationen* Interviewpartner suchte, war das hartes Brot. In Deutschland war es damals, 2009, kaum möglich, ausgewiesene Fachleute zu finden, die bereit waren, vor der Kamera öffentlich das anzusprechen, was im Fachjargon etwas verniedlichend »Überversorgung« heißt. Die Deutsche Krankenhausgesellschaft sagte mir noch am Drehtag per Handy ab. Plötzlich hatte der Gesprächspartner einen wichtigeren Termin. Das wunderte mich nicht. Warum sollte die Deutsche Krankenhausgesellschaft kritisch gegen Überversorgung Stellung beziehen? Schließlich bringt die sinnlose Überversorgung mehr Umsatz als die einfache fachgerechte Versorgung. Auch kann der Interessenverband der Kliniken nicht die kriminellen Machenschaften seiner Mitglieder kritisieren. Doch selbst von Universitätsinstituten für Gesundheitsökonomie bekam ich Absagen. Ich brauchte etwas länger, um zu verstehen, dass natürlich auch diese Institute gerne Drittmittelprojekte aus der Gesundheitsindustrie annehmen. Beziehungsweise, dass sie ungern das Versiegen dieser Einnahmequelle durch unvorsichtige Äußerungen in der Öffentlichkeit riskieren.

Der österreichische Blinddarm

Ich wurde schließlich in Österreich fündig. Der Buchautor[21] und Krankenhausökonom Dr. Ernest Pichlbauer ist ein unermüdlicher Streiter gegen irrationale Strukturen im Gesundheitssystem. In seiner Kolumne in der *Wiener Zeitung* prangert er regelmäßig Fehlsteuerungen und Absurditäten im österreichischen Gesundheitssystem an. Als ich Dr. Ernest Pichlbauer für unsere Fernsehaufnahmen in einem Wiener Kaffeehaus treffe, erlebe ich ihn als einen gut gelaunten Krankenhausfachmann, der eher eine heitere Perspektive auf die Entartungen des Medizinbetriebs entwickelt hat. Er spricht über auffällige nationale Unterschiede bei den operativen Eingriffen, sozusagen über »nationale Operationskulturen«, und fängt bei seinem eigenen Land an. Er vergleicht Operationszahlen in Europa:

»Da gibt es ein schönes Beispiel aus Österreich. Wir operieren doppelt so viele Blinddärme, wie eigentlich epidemiologisch auftreten können. Jetzt stellt sich die Frage: Haben wir ein wirkliches Epidemieproblem? Sind bei uns die Blinddärme vielleicht leichter entzündbar als überall anders? Oder redet irgendjemand dem Patienten etwas ein?«

Da redet jemand dem Patienten etwas ein! Und dieser Irgendjemand ist der Arzt, der von diesem Eingriff profitiert. Ist es nicht erstaunlich, wie willkürlich die »Operationskulturen« offenbar zu gestalten sind? Es klingt absurd, aber der Blinddarm ist in Österreich das, was die Gebärmutter von Frauen nach der Menopause vielfach in Deutschland ist. Etwas, was man herausschneiden kann, ohne dass den Operierten nachher etwas Lebenswichtiges fehlt. Das macht die überflüssigen Operationen in den Augen vieler Chirurgen offenbar zum Kavaliersdelikt. Ein Delikt, mit dem man ganz schön Kasse machen kann, ohne dass jemand da ist, der mit Kontrolle oder Strafe drohen könnte. Wobei der Krankenhausökonom Dr. Pichlbauer einräumt, dass schwere, risikoreiche Operationen wohl seltener aus Gewinnsucht vorgenommen werden. Mit einem süffisanten Lächeln auf dem Gesicht erklärt er: »Ich gehe jetzt nicht davon aus, dass Herzoperationen plötzlich massiv steigen. Aber die Herzkatheteruntersuchung, da liegt ihr ja in Deutschland ohnehin weltweit an der Spitze. – Ich weiß nicht, doppelt so viele Herzkatheteruntersuchungen wie der europäische Schnitt. Da sieht man schon, dass hier nicht mehr aus medizinischen Gründen vorgegangen wird, sondern um Auslastung zu erreichen. Und das ist eine angebotsinduzierte Nachfrage, die halt nicht diesem Ziel des Patienten entspricht, Gesundung zu erfahren.«

Ich frage nach: »Sondern?« Dr. Pichlbauer hat bei den folgenden Worten einige Mühe, sein Lachen zurückzuhalten:

»In Wirklichkeit erfährt er zuerst mal eine Erkrankung. Und wenn der Arzt diese Erkrankung festgestellt hat, sei sie da oder nicht da, dann erfährt er eine Gesundung auf Basis dieser Erkrankung, die ich – jetzt mal einfach so in den Raum gestellt – als gar nicht gegeben erachtet hätte.«

Angebotsinduzierte Nachfrage

Die Formulierung »angebotsinduzierte Nachfrage« deutet auf einen ganz zentralen Punkt in der Problematik der Übertherapie. Wir müssen sie unbedingt ein wenig vertiefen. In der klassischen Wirtschaftstheorie gibt es die Beziehung von Angebot und Nachfrage. Die beiden Marktkräfte kommen über den Preis zu einem Gleichgewicht: Natürlich wollen die Anbieter möglichst viel Geld für ihre Ware oder Dienstleistung. Zu den hohen Preisen gibt es aber wenig Kunden. Die Kunden wollen möglichst wenig zahlen. Zu Minipreisen will aber kein Anbieter sein Produkt auf den Markt bringen. Also trifft man sich irgendwo in der Mitte. Das ist eine gesunde Sache, die ganz gut funktioniert, wenn auf beiden Seiten Wahlfreiheit besteht und Informationen transparent sind. Informationen über die Produkte und

Informationen über die Bedürfnisse der Kunden. Und normalerweise wissen die Kunden über ihre Bedürfnisse recht gut Bescheid.

Was passiert aber, wenn es diese Transparenz nicht gibt? Wenn die Anbieter ihren Kunden erklären dürfen, was sie, die Kunden, für Bedürfnisse haben?

Etwa: »Sie haben eine gefährliche Mandelentzündung.« »Sie haben eine Blinddarmentzündung.« »Sie haben ein Frühstadium des Gebärmutterkrebses.« »Sie haben behandlungsbedürftige Knorpelerosionen im Kniegelenk.« »Ihre Nasenscheidewand ist zu krumm.« »Sie haben Karies, an sieben Stellen. Da müssen wir mehrere Termine ausmachen.«

Hier gibt es in aller Regel keine Transparenz. Die Patienten nehmen sich normalerweise als »weisungsgebunden« wahr. »Was der Herr Doktor sagt, wird ja wohl stimmen.« Sie werden dem Anbieter in der Regel vertrauen, dass er ihre »Bedürfnisse« richtig einschätzt. Also ihren Krankheitszustand zutreffend beschreibt. Etwas anderes anzunehmen ist eigentlich auch grotesk.

In der Medizin herrschen extrem asymmetrische Marktverhältnisse: Der Anbieter weiß alles und entscheidet, was der Nachfrager – der Patient – benötigt. Es ist wieder diese betörende und gefährliche Machtfülle, die sonst in unserem Wirtschaftssystem nur noch von den Banken und Automechanikern annähernd erreicht wird. Eine Machtfülle, die den Missbrauch so einfach macht. Ganz deutlich formuliert es der Leiter des Fachbereiches Schmerztherapie der orthopädischen Uniklinik Heidelberg, Prof. Marcus Schiltenwolf, in einem Gespräch mit dem *Spiegel*. Der Titel des Beitrags lautet: »Die Medizin verführt die Patienten«. Prof. Schiltenwolf antwortet auf die Frage, warum die Zahl der chirurgischen Eingriffe am Rücken in den letzten Jahren so rasant zugenommen hat:

»Operationen werden einerseits sehr gut bezahlt, und wir haben zu viele Operateure. Gerade in der Orthopädie und in der Neurochirurgie sind immer mehr Leute auf den Rücken spezialisiert. Das hat Folgen: Die Menge der Operationen korreliert ausschließlich mit der Menge der Operateure.«[22]

Die Zahl der Operateure bestimmt die Zahl der Operationen

Ich muss den Satz wiederholen: »Die Menge der Operationen korreliert ausschließlich mit der Menge der Operateure.« Wenn mir jemand erklären würde, die Zahl der Friseurbesuche korreliert ausschließlich mit der Zahl der Friseure oder: Die Zahl der gekauften Strümpfe korreliert ausschließlich mit der Zahl der angebotenen Strümpfe, würde ich denken: ›Schau mal an: interessant, hätte ich nicht gedacht. Wie leicht man sich verführen lässt.‹ Allerdings würde es solche Aussagen nicht geben. Weil in der freien Wirtschaft auf dem Markt eine Balance von Angebot und Nachfrage besteht. Wenn die Zahl der Friseure zu hoch ist, geht der Verdienst runter. Weil die Friseure ihre Kunden nicht in ihren Salon zwingen können.

Die Aussage »Die Menge der Operationen korreliert ausschließlich mit der Menge der Operateure« offenbart, in welch aberwitzigem Ausmaß wir in Deutschland zum Objekt medizinischer Wertschöpfung geworden sind. Es kommt nicht darauf an, ob wir ein medizinisches Problem haben. Es kommt darauf an, wie viele Mediziner in einem Fachgebiet tätig sind. Entsprechend häufig werden medizinische Prozeduren in diesem Fachgebiet durchgeführt. Die Nachfrage generiert man – wenn der echte Krankenstand nicht ausreicht – selbst. Angebotsinduzierte Nachfrage in der Medizin. Ein Irrsinn. Dass dabei Menschen zu Patienten gemacht werden, die eigentlich gesund sind, oder dass sie kränker gemacht werden, als sie sind, ist die eine tragische Seite dieses Skandals. Dass damit zig Milliarden Euro aus den knappen Kassen des Gesundheitssystems in die Taschen der weißen Mafia umgeleitet werden, kommt erschwerend hinzu. Ein großer Teil der permanenten Kostensteigerungen im Gesundheitswesen wird uns durch die Ausweitung der kriminellen Nonsensmedizin beschert.

Alle fünf Jahre ein neues Rechnungssystem? Heute: »DRG«

Der Versuch, ausufernde Krankenhauskosten im Zaum zu halten, scheint eine Sisyphosarbeit zu sein. Schon 1936 gab es in Deutschland den ersten staatlichen Eingriff: die »Preisstopverordnung«. Seitdem sucht die Politik händeringend nach regulierenden Konzepten. Die folgende Liste ist nur ein kleiner Auszug aus diesen Bemühungen. Ich habe lediglich die Konzepte aufgeführt, die das Wort »Krankenhaus« explizit im Titel tragen. Es gibt in dem abgebildeten Zeitraum allerdings wenigstens noch einmal so viele Gesetzesvorhaben, die ebenfalls Auswirkungen auf die Finanzierung von Krankenhäusern haben.

- Krankenhausfinanzierungsgesetz (KHG) (29.6.1972)
- Krankenhaus-Kostendämpfungsgesetz (22.12.1981)
- Krankenhaus-Neuordnungsgesetz (20.12.84)
- Gesetz zur Stabilisierung der Krankenhausausgaben (1996)
- Entwurf eines Krankenhaus-Neuordnungsgesetzes (1997)
- Gesetz zur Einführung des diagnoseorientierten Fallpauschalensystems für Krankenhäuser (Fallpauschalengesetz FPG, 1.1.2003)

Bei einem meiner Besuche beim MDK, dem Medizinischen Dienst der Krankenkassen, hörte ich dazu eine krasse Einschätzung. Mit Bezug auf die wechselnden Abrechnungstechniken und Finanzierungskonzepte für die Krankenhäuser sagte der MDK-Länderchef zu mir: »Es ist eigentlich egal, wie Sie die Finanzierung der Krankenhäuser gestalten. Hauptsache, Sie wechseln das System spätestens alle fünf Jahre.« Wir hatten erst wenige Minuten zuvor darüber gesprochen, dass so ein Systemwechsel unglaublich viel Geld kostet und eine kaum vorstellbare Arbeitslast erzeugt. Mitarbeiter schulen, Software kaufen … Und das in über 2000 Krankenhäusern, die sich auf die Neuerungen einstellen müssen. Also verstand ich nicht, was er damit sagen wollte: »Alle fünf Jahre wechseln.« Er sah meinen fragenden Blick und erklärte dann: »Na ja, nach fünf Jahren kennen die Krankenhäuser alle Tricks, um das neue Abrechnungssystem zu hintergehen.«

Das sind Statements, die Sie als Journalist von »hohen Würdenträgern« aus dem medizinischen System nicht häufig bekommen. Und das ausgerechnet aus den Reihen des MDK, der seiner Arbeit in der Regel am liebsten unter Ausschluss der Öffentlichkeit nachgeht. Der MDK ist nämlich in einer heiklen Mission unterwegs: Er ist der Kettenhund der Krankenkassen. Er kontrolliert die Abrechnungen der Krankenhäuser. Obwohl es hier um die Überprüfung von rund zwei Millionen Krankenhausabrechnungen jedes

Jahr geht, weiß in der Bevölkerung kaum jemand von dieser Einrichtung. Die zwei Millionen Rechnungen sind die 12 Prozent der insgesamt 17,5 Millionen Krankenhausrechnungen jedes Jahr, die den Krankenkassen »am meisten verdächtig« erscheinen. Die Krankenkassen filtern diese zwei Millionen Rechnungen mit einer speziellen Software aus der Sammlung der elektronischen Datenblätter der Krankenhäuser heraus. Die Kassen geben diese Daten an den Medizinischen Dienst, der seinerseits Fachmediziner damit beauftragt, die Rechnungen zu überprüfen. Letztlich geht es darum, ob die angesetzten Behandlungen und die dadurch verursachten Kosten mit den medizinischen Daten auch wirklich zu begründen sind. Das ist freundlich formuliert. In anderen Zusammenhängen würde man sagen: Es geht um Abrechnungsbetrug. Aber hier hat man sich auf die offizielle Sprachregelung geeinigt: »Die Materie ist sehr komplex. Die Mediziner haben viel Arbeit. Da kommen Fehler eben vor.« So sind Kassen und Krankenhäuser öffentlich freundlich zueinander. Tatsächlich streiten sie permanent ums Geld. Denn etwa die Hälfte der überprüften Daten wird als Falschabrechnung reklamiert.[23]

Das falsche Anreizsystem

Das letzte große Reformvorhaben, die Umstellung der Krankenhausfinanzierung auf Fallpauschalen, war finanziell nicht erfolglos. Für die Patienten war es nach meiner Einschätzung aber die schlimmste Reform, die es jemals gab. Was ist passiert? Bis zum Jahr 2003 wurden die Krankenhäuser im Wesentlichen über die Aufenthaltsdauer der Patienten finanziert. Man muss bei den Finanzierungsmodellen immer fragen, welche Anreize sie Kliniken geben, die mit diesen Finanzierungsmodellen arbeiten müssen. Beim alten System war das ganz klar: Je länger die Patienten in der Klinik blieben, desto mehr konnte abgerechnet werden. Das war für die Kliniken eine komfortable Situation. Durch die Belegung der Betten waren die Erträge in gewissen Grenzen gut zu steuern. Dass damit Betten im Schnitt länger als medizinisch nötig belegt wurden, versteht sich von selbst. Das war eben der damals gängige Abrechnungsbetrug. Der Schaden für die Patienten hielt sich aber in Grenzen. Zwei Tage länger als nötig im Krankenhaus verbringen: Selbst wenn die Verpflegung in der Regel miserabel ist – das kann man verkraften.

Aber so konnte es nicht bleiben. Den anderen Mitspielern im Gesundheitssystem gefiel es nicht, dass Geld für sinnlose Liegetage im Krankenhaus versickerte. Und so dachten die Reformer sich diesmal ein Fallpauschalensystem aus bzw. übernahmen dieses aus den USA und modifizierten es. Damit werden seit 2003 (mit einer Übergangszeit) nur noch medizinische Prozeduren bezahlt, die in der Konsequenz einer medizinischen Diagnose anfallen. Das ist unser derzeitiges Abrechnungsmodell: das DRG-(Diagnosis Related Group-)Modell. Die Krankenhäuser sollen nur noch Geld bekommen für medizinisch motivierte Behandlungen. Das hört sich ganz vernünftig an. Ist aber – wie wir gleich sehen werden – verdammt gefährlich.

Diesen Behandlungen sind auch bezahlte Liegetage auf Station zugeordnet. Also Übernachtungen im Krankenhaus. Von 2000 bis 2010 hat sich durch diesen »Kniff« die durchschnittliche Liegedauer in deutschen Krankenhäusern von 9,7 auf 7,8 Tage verkürzt. Das sind 20 Prozent weniger. Wirtschaftlich sicher ein Erfolg. Allerdings hat sich in der Folge dieser Reform ein Begriff etabliert, den es im alten System nicht gab: »blutige Entlassung«. Das hässliche Wort steht für die Tatsache, dass Kliniken ihre Patienten am liebsten spätestens dann entlassen, wenn sie die Liegetage »aufgebraucht« haben, die ihnen nach dem DRG-System zustehen. Möglichst schon früher. Dann steigt der Gewinn. Dass es viele Patienten gibt, die nicht in diese Norm passen, ist ein unschöner Nebenaspekt der Regelung. Die »blutige Entlassung« trifft vor allem ältere Patienten, deren Regenerationskräfte nicht mehr so gut sind wie die der jüngeren. Das ist eine böse Ungerechtigkeit. Einer von mindestens zwei gravierenden Missständen, die auf das Konto des DRG-Systems gehen.

Blutige Entlassung und *upcoding*

Für die Patienten kann es verheerend sein, dass mit dem Fallpauschalenmodell medizinische Leistungen zum Maßstab der Bezahlung gemacht werden. Denn für Krankenhäuser wird mit diesem Finanzierungsmodell ein Anreiz geschaffen, Patienten mit mehr Aufwand zu behandeln, als ihre Erkrankung es eigentlich erfordern würde. Das alte Finanzierungsmodell führte zu unnötig langen Liegezeiten. Das neue Modell führt zu unnötigen Behandlungen. Was wäre Ihnen lieber?

Beim Medizinischen Dienst der Krankenkassen hat man mir erklärt, wie die Krankenhäuser ihren Ertrag maximieren. *Upcoding* heißt das Zauberwort, das dafür sorgt, dass es in den Kassen der Krankenhäuser klingelt. Speziell geschulte Mitarbeiter codieren in den Kliniken die Krankenfälle. Zunächst natürlich nach der Vorgabe der ärztlichen Diagnose. Die Mitarbeiter, die Codierer, ordnen den Diagnosen Gruppen von medizinischen Prozeduren zu, für die es Punkte im DRG-System gibt. Für aufwendigere Behandlungen gibt es natürlich mehr Punkte als für einfachere Prozeduren. Für die Punkte bekommen die Kliniken Geld von den Kassen und für mehr Punkte gibt es natürlich mehr Geld. Ein fataler Anreiz mit bösen Folgen für das Geschäft mit der Codierung: So wird aus einer aufsteigenden Harnwegsinfektion gerne eine akute Blasenentzündung gemacht. Das gibt mehr Punkte. Die Übergänge sind hier ohnehin fließend. Leider passiert das nicht nur auf dem Papier. Denn dann müssten sich täglich Hunderttausende Ärzte, Krankenschwestern und Pfleger am Betrug beteiligen: Weniger behandeln, als in den Unterlagen verzeichnet ist, wäre einfach zu auffällig. Durch das *upcoding* müssen die Patienten dann auch tatsächlich aufwendiger behandelt werden. Mit allen damit verbundenen Risiken.

Bei Osteoporosepatienten mit Schmerzen an der Wirbelsäule beispielsweise reichen jetzt Krankengymnastik und Schmerzmittel nicht mehr aus. Dafür gibt es kaum Punkte. Jetzt ist eine Vertebroplastie die Methode der Wahl. Hier wird mit einer Hohlnadel Knochenzement in die Wirbelkörper gespritzt, um sie zu stabilisieren. Die Operation gilt zwar als einfach und relativ sicher, aber eine Operation an der Wirbelsäule ist immer auch mit einer Schwächung des stützenden Bänderapparates vor Ort verbunden. Und das ist etwas, was gerade Osteoporosepatienten nicht gebrauchen können. Es wird Sie nicht wundern, dass es für diese OP viel mehr Punkte gibt als für die simple Krankengymnastik. 4500 bis 6000 Euro kostet das Einspritzen von Knochenzement die Kasse. *Upcoding* für mehr Kohle. Und das kleine Restrisiko, den betagten Patienten ein Querschnittsyndrom zu verpassen, nehmen die Krankenhäuser in Kauf.

Prof. Ralf Kölbel ist Rechtswissenschaftler an der Universität Bielefeld. Für den AOK-Bundesverband hat er ein Gutachten über die Arbeit des MDK erstellt. Er hat diese Arbeit »aus kriminologischer Perspektive bewertet«.[24] Keine leichte Aufgabe. Vor allem weil es für die Krankenhäuser keine systematische Erfassung dieser Betrugsversuche gibt. Das ist erneut ein Beispiel für die unglaubliche Intransparenz, die im Deutschen Gesundheitssystem in vielen heiklen Zusammenhängen existiert. Hier geht es potenziell um versuchten Abrechnungsbetrug in 800 000 Fällen in jedem Jahr. Was das für die Patienten an Überbehandlung bedeutet, lässt sich nur schwer schätzen. Die Zahl der Fälle, in denen die Überbehandlung strafrechtlich den Tatbestand der Körperverletzung erfüllt, dürfte – vorsichtig geschätzt – im oberen fünfstelligen Bereich liegen. Die finanzielle Seite ist deutlich leichter zu beziffern: Der Medizinische Dienst der Krankenkassen gibt selbst ein jährliches Rückforderungspotenzial von 1,5 Milliarden Euro an.

Keine Sanktionen für betrügerisches *upcoding*

Dabei war mir lange ein kleiner, aber nicht ganz unwichtiger Sachverhalt völlig unverständlich: Diese Fälle werden »im Verborgenen geregelt«. Zwischen den Kassen und den Krankenhäusern. Polizeiliche Ermittlungen? Fehlanzeige. Sanktionen für diese Betrugsversuche, bei denen es ja nicht nur um Geld, sondern auch um die körperliche Unversehrtheit geht? Gibt es nicht! Das Schlimmste, was den Krankenhäusern passieren kann, ist, dass sie von den Kassen die »aufgebohrten Behandlungen« nicht in dem Umfang bezahlt bekommen, wie sie es gerne hätten. Ich frage Sie: Ist es nicht sonnenklar, dass die Krankenhäuser beim nächsten Mal den Betrug wieder versuchen? Möglichst etwas raffinierter. Damit das *upcoding* und die damit verbundene »Überbehandlung« bei der nächsten Kontrolle nicht erkannt werden. Die weiße Mafia ist in Deutschland offenbar eine derartig ehrenvolle Gesellschaft, dass sie Verbrechen im großen Stil begehen darf, ohne dafür belangt zu werden.

Vielleicht lohnt es auch noch einmal, sich ins Gedächtnis zu rufen, dass diese Zahl: 800 000 Fehlabrechnungen bzw. Überbehandlungen, bei der Überprüfung von nur 12 Prozent aller gestellten Rechnungen zustande kommt. In den USA, wo ein DRG-System in Teilen des Gesundheitswesens schon viel länger existiert, werden die Abrechnungen seit Langem gründlicher untersucht. Durchschnittlich 18 Prozent der Rechnungen wiesen »entgeltrelevante Codierungsfehler« auf.[25] Der Bielefelder Kriminologe Prof. Kölbel legt in seinem Gutachten nahe, dass diese Fehler nicht aus Versehen in dieser Größenordnung auftreten, sondern bewusste Manipulationsversuche waren. Der Rechtswissenschaftler schreibt: »Diese Deutung wird durch Befragungen gestützt, in denen nahezu die Hälfte des interviewten Codierpersonals angab, von ihrem Management zu einer grenzwertig erlösmaximierenden Codierung angehalten worden zu sein.«[26] Was sich hinter dieser Formulierung »grenzwertig erlösmaximierend« am Ende exakt verbirgt, ist wieder nur schwer zu schätzen. Aber eines ist sicher: Zum Wohle der Patienten wird es nicht sein.

Dazu noch eine Zahl aus der Pressemitteilung der Deutschen Chirurgischen Gesellschaft zu ihrem Jahreskongress 2012: Der Kongress, auf dessen Eröffnungsveranstaltung der Präsident der Chirurgischen Gesellschaft seine Kollegen aufrief, sich gegen die von Klinikleitungen geforderten, allein wirtschaftlich motivierten Operationen zu wehren. In der Pressemitteilung stand auch: »In den letzten zehn Jahren hat sich die Zahl der behandelten Fälle in deutschen Krankenhäusern um eine Million erhöht.« Das DRG-System hat die »Produktivität« unserer Kliniken offenbar enorm gesteigert.

»grenzwertig erlösmaximierende Codierung«

Die weiße Mafia genießt in unserer Gesellschaft enorme Freiräume. Allerdings ist der rechtliche Hintergrund relativ leicht zu verstehen, der diesem gigantischen Missbrauch in unserem Medizinsystem Vorschub leistet: Den Codierern in den Krankenhäusern, den Gynäkologen, die gesunde Gebärmütter explantieren, und all den anderen, die sich mit unnützen medizinischen Prozeduren schamlos an unserem Gesundheitssystem bereichern, müsste man Vorsatz nachweisen, um rechtlich gegen sie vorgehen zu können. Bewusste Täuschung. Das ist im Einzelfall kaum möglich. Denn: Irren ist menschlich. Darauf können sich die Mediziner im Zweifelsfall immer zurückziehen. Deshalb werden auch Sie, wenn Sie merken sollten, dass Sie Opfer einer geldgierigen Klinik geworden sind, vor Gericht fast immer verlieren. Und deshalb nehmen Gerichte entsprechende Klagen in der Regel gar nicht erst an. Am Ende des Buches möchte ich einige Vorschläge anbieten, wie wir der weißen Mafia mit anderen Strukturen im Gesundheitssystem das Leben schwer machen könnten. Wie das Gesundheitssystem effizienter und patientenorientierter gemacht werden könnte. Aber bis dahin gibt es noch so manchen bitteren Zusammenhang zu beleuchten.

Einen Aspekt zum Thema »Krankenhäuser unter Druck: Das Geschäft muss brummen« möchte ich gerne noch ansprechen. Unter dem Titel »Das Ende der Schweigepflicht« gab es im Mai 2012 im *ZEITmagazin* einen größeren Artikel, in dem Ärzte und Ärztinnen anonym über den wirtschaftlichen Druck in ihren Krankenhäusern berichteten. Und über die Folgen, die sich für die medizinische Versorgung daraus ergeben. Da berichtet ein Wirbelsäulenchirurg von einem relativ jungen Begriff in seiner Disziplin: »Zielleistungsvereinbarungen«. In seinem Krankenhaus, schreibt er, sind leitende Ärzte zum Klinikvorstand gerufen worden, um solche »Zielleistungsvereinbarungen« auszuhandeln. Es geht bei diesen Vereinbarungen um eine Steigerung der Zahl der Eingriffe, die mit einem Bonus vergütet werden. Der Chirurg berichtet über das Angebot:

»Am Jahresende würde ich 5000 Euro bekommen, wenn ich dafür sorgte, dass die Zahl der ›Case-Mix-Punkte‹ in meinem Bereich – der Wirbelsäulenchirurgie – jährlich um zwei Prozent steigt. (Im DRG-System gibt es für jede therapeutische Maßnahme eine bestimmte Punktezahl, aus der sich die Summe errechnet, die das Krankenhaus von der Kasse bekommt.) Ich sagte, dass ich keinen Sinn darin sähe, einen solchen Vertrag zu unterschreiben, weil ich weder die Zahl der Patienten noch ihre Krankheiten oder ihre Therapien beeinflussen könne, lehnte dankend ab und ging.«[27] Er schreibt aber, dass 80 Prozent seiner Kollegen diese Vereinbarungen unterschrieben hätten. Man muss sich das wirklich vergegenwärtigen: Welch menschenverachtende Grundeinstellung gehört dazu, von Mitarbeitern zu verlangen, mehr chirurgische Eingriffe vorzunehmen, als medizinisch angezeigt sind! Und was denken die Chirurgen eigentlich in dem Moment, wenn sie den Deal unterzeichnen?

Der Arzt erklärt weiter: »DRG-Punkte sammeln ist die höchste Maxime unseres Hauses, und viele Entscheidungsträger haben sich ihr per Bonusvertrag unterworfen. Mit den Verträgen hat sich auch die Stimmung in den Konferenzen geändert. Die meisten haben sich daran gewöhnt, dass in dieser Grauzone, in der es auch für die unsinnigste Indikation eine Studie gibt, manchmal medizinisch fragwürdige Entscheidungen getroffen werden. Ich glaube, den jüngeren Kollegen fällt das gar nicht mehr auf. Sie kennen es ja nicht anders.«[28]

Zur Klärung: In diesen Konferenzen besprechen die Mediziner Krankenfälle. Es wird abgewogen, ob und, wenn ja, welche medizinische Maßnahme sinnvoll ist, um Patienten bestmöglich zu helfen. Zumindest war das früher so. Heute ist es offenbar Sinn der Konferenzen, sich gemeinsam darauf zu verständigen, was denn der jeweils ertragreichste Eingriff ist, der sich mithilfe obskurer Studien gerade noch rechtfertigen lässt.

Da fällt mir noch eine Begebenheit ein. Als ich für meine SWR-Dokumentation *Betrifft: Überflüssige Operationen* zu Dreharbeiten in Berlin bin, treffe ich auf dem Flughafen eine befreundete Kollegin. Eine intelligente und tüchtige Journalistin, die beim ZDF in der Kulturredaktion arbeitet. Ich erzähle ihr vom Thema meines Films. Sie schaut mich an und schüttelt den Kopf. In ihren Augen lese ich Empörung und eine Spur von Verachtung. Sie sagt ohne den leisesten Zweifel in der Stimme: »Frank, mein Bruder ist Mediziner. So etwas gibt es nicht. Es werden keine unnötigen Operationen gemacht.«

3. Womit die weiße Mafia sonst noch Kasse macht

Cholesterinsenker: fette Beute mit Nonsenspharmazie

Haben Sie schon einmal eine aufgeschnittene Arterie gesehen, die starke Arteriosklerose aufwies? Sieht eklig aus! Unregelmäßige Wucherungen in der Gefäßwand und graugelbe Ablagerungen – sklerotische Plaques – verengen das Gefäß bis zum vollständigen Verschluss. Dieses »Verkalken« der Arterien ist in »entwickelten Ländern« die häufigste Todesursache. Betrifft der Verschluss Herzkranzgefäße, ist es ein Herzinfarkt. Im Gehirn verursacht er den Schlaganfall. Wenn diese Gefäßverengungen nicht zum Tod führen, können sie Ursache sein für Schmerzen, Behinderung und Berufsunfähigkeit und sind damit nicht nur verantwortlich für kaum messbares Leid, sondern auch ein negativer ökonomischer Faktor von volkswirtschaftlicher Dimension. Wenn es einer Pharmafirma gelänge, ein wirksames Medikament gegen Arteriosklerose zu entwickeln, würde ich diese Firma umgehend für den Nobelpreis für Medizin vorschlagen und ich hätte kein Problem damit, dass diese Firma mit ihrem Medikament einen Jahresumsatz von 30 Milliarden Dollar macht. Wenn!

Wenn es aber dieser Firma lediglich gelingt, mit einem Medikament einen Blutwert zu senken – den Cholesterinspiegel –, der mit der Arteriosklerose in einer vagen, medizinisch noch nicht verstandenen Verbindung steht, dann kann man das nicht als Durchbruch im Kampf gegen Herz-Kreislauf-Erkrankungen verkaufen. Zumal aus einer großen Studie schon lange bekannt ist, dass der Cholesterinspiegel mit dem Ausmaß der sklerotischen Veränderungen in den Gefäßen gar nichts zu tun hat.[29] Zumal es große und lang angelegte Studien gibt, die zeigen, dass die Senkung des Cholesterinspiegels in den allermeisten Fällen völlig bedeutungslos für das Überleben ist. Eine 2011 veröffentlichte niederländische Studie zeigte nach annähernd 14 Jahren Laufzeit sogar eine positive Verbindung von hohem Cholesterinspiegel und Überlebensrate. Vor allem das Risiko für Krebstod sank mit hohen Cholesterinwerten.[30] Nur Herzkranke profitieren ein klein wenig von der Cholesterinsenkung. Die Millionen Gesunden, die nur wegen hoher Cholesterinspiegel mit Cholesterinsenkern behandelt werden, profitieren nicht.

In diesem Fall – und das ist der heutige wissenschaftliche Stand – ärgert mich der Jahresumsatz von 30 Milliarden Dollar mit dem Medikament sehr. Auch die teils gravierenden Nebenwirkungen der Cholesterinsenker sind angesichts ihrer weitgehenden Nutzlosigkeit nicht hinnehmbar. Diese Firma möchte ich nicht für den Medizinnobelpreis vorschlagen, sondern ich würde mir wünschen, dass die Staatsanwaltschaft gegen sie ermittelt: wegen Körperverletzung in Millionen Fällen weltweit. Ich wünschte mir, dass der Staatsanwalt auch gegen die Medizinische Fachgesellschaft ermittelt, die in ihren Leitlinien den Einsatz dieser Cholesterinsenker bei Gesunden empfiehlt. Und auch die Abertausend Mediziner, die ihren ansonsten vollkommen gesunden »Patienten« Cholesterinsenker verschreiben, sollten belangt werden. Aber nicht so streng. Denn die meisten von ihnen glauben noch an das Cholesterinmärchen. Oder wie würden Sie das handhaben?

Wo liegen die Wurzeln dessen, was ein Mediziner einmal »die wirtschaftlich erfolgreichste Irreführung in der Geschichte der Menschheit« genannt hat?[31] Wie konnte sich die »Cholesterinhypothese« so hartnäckig in der modernen Medizin verankern? Und warum ändern die verantwortlichen Mediziner nicht ihren Umgang mit dem »hohen« Cholesterinspiegel, obwohl die wissenschaftliche Datenlage den Cholesterinsenkern ein so vernichtendes Urteil ausstellt? Begleiten Sie mich bei dem Versuch, aus verschiedenen Mosaiksteinen eine Antwort zusammenzusetzen.

Ei und Hirn für Pflanzenfresser

Ein wichtiges Kapitel der Cholesteringeschichte stellen die Forschungsarbeiten dar, die der russische Wissenschaftler Alexander Ignatovski im
Jahr 1908 veröffentlichte. Ignatovski war auf der Suche nach dem Grund
für die sklerotischen Plaques in den Arterien. In diesen Plaques hatte man
unter anderem das Cholesterin entdeckt. Ein Fett, das auch in Gallenstei-
nen nachgewiesen worden war. Also ein böses Fett! Tatsächlich ist es aber
gar nicht verwunderlich, dass man dem Cholesterin an unterschiedlichen
Orten im Körper begegnet. Denn Cholesterin kommt praktisch überall im
Körper natürlicherweise vor. 90 Prozent des Cholesterins, das in unserem
Blut schwimmt, stellen wir selbst her. In unserer Leber. Der Stoff ist so
wichtig für uns, dass wir in der Evolution praktisch zu »Selbstversorgern«
geworden sind.

In jeder einzelnen Zelle ist es ein wichtiger stabilisierender Bestandteil der
Zellwand. Das Gewebe des Herzens enthält besonders viel Cholesterin (10
Prozent der Trockenmasse!), weil die dort besonders gestressten Muskel-
zellen es dringend benötigen. Im Gehirn gibt es keine neuen Verschaltun-
gen von Synapsen ohne Cholesterin (deshalb können Cholesterinsenker zu
Gedächtnisverlust führen). Cholesterin ist für die Bildung einiger Hormone unerlässlich. Und, und, und. Das alles wusste Alexander Ignatovski im
Jahr 1908 noch nicht. Aber er wusste, dass Cholesterin in den Plaques zu
finden war. War vielleicht ein hoher Spiegel von Cholesterin im Blut für
die Entwicklung der Arteriosklerose verantwortlich? Wenn dem so wäre,
ergäbe sich vielleicht die Möglichkeit, über die Ernährung den Blutfettspiegel zu beeinflussen und die Arteriosklerose so mit einfachsten Mitteln zu
bekämpfen. Eine wirklich verlockende Perspektive!

Versuchskaninchen sollten helfen, diese These zu überprüfen. Ignatovski
rührte für die Tiere eine Cholesterinextremdiät an. Eine Futterpaste aus
Hirn und Ei. Beides reich an Cholesterin. Damit konnte Ignatovski den
Spiegel des verdächtigen Fettes im Blut seiner Kaninchen ordentlich nach
oben schrauben. Wie er seine Kaninchen dazu bekam, diese Paste zu fut-
tern, ist nicht überliefert. Freiwillig werden die armen Tiere diese artfrem-
de Spezialdiät nicht zu sich genommen haben. Und gut bekommen ist sie

ihnen auch nicht. Ignatovski sezierte die Tiere und fand in ihren Arterien mustergültige sklerotische Veränderungen. Ein tolles Ergebnis, das damals die These stärkte: Viel Cholesterin im Blut bedeutet ein hohes Risiko für Arteriosklerose. Dass Pflanzenfresser für die Überprüfung dieser Zusammenhänge nicht geeignet sind, fiel damals offenbar nicht weiter auf. Tatsächlich ist es in den letzten hundert Jahren nicht gelungen, einen entsprechenden Zusammenhang beim Menschen nachzuweisen. Im Gegensatz zu den Pflanzenfressern gibt es bei uns Allesfressern keine statistische Verbindung von hohem Cholesteringehalt im Blut und sklerotischen Veränderungen in den Arterien.

Alter, Cholesterinspiegel und graue Haare

Ein weiteres Indiz, das die Cholesterinhypothese zu stützen scheint, ist die Beobachtung, dass der Cholesterinspiegel im Alter steigt. Genau wie das Risiko für Arteriosklerose mit dem Alter zunimmt. Aber im Alter ändert sich, ehrlich gesagt, so manches: Haare werden grau, die Haut bekommt Falten, wir schlafen weniger. Kämen Sie auf die Idee, eine Behandlung mit Botox (Falten weg) oder Haarefärben oder Schlafmittel könnte das Risiko für die Erkrankung der Arterien mindern? Natürlich nicht. Okay, man könnte sagen: Das Cholesterin schwimmt in den Blutgefäßen und hat dort Kontakt mit den Stellen, die irgendwann die sklerotischen Veränderungen aufweisen. Das ist bei den grauen Haaren nicht der Fall. Aber es bleibt die wichtige wissenschaftliche Regel: Ein gemeinsames Auftreten von Phänomenen (Cholesterinspiegel mit Arterienverkalkung) ist nur ein schwacher Hinweis, dass diese Phänomene ursächlich zusammenhängen könnten. Die Epidemiologie, also die Wissenschaft, die sich mit dem Auftreten und der Verbreitung von Krankheiten in der Bevölkerung befasst, drückt es so aus: Eine Korrelation ist kein Beweis für eine Kausalität. Auf Deutsch: Das gemeinsame Auftreten von zwei Phänomenen bedeutet nicht automatisch, dass das eine der Grund für das andere ist.

Ein Beispiel: In den späten Neunzigern ging für einige Tage die Schreckensmeldung um, starker Kaffeekonsum würde das Risiko für Lungenkrebs erhöhen. Statistisch war das gemeinsame Auftreten von hohem Kaffeekonsum und Lungenkrebs eindeutig zu belegen. Allerdings folgte die Entwarnung auf dem Fuß. Es ist so simpel: Starke Raucher trinken auch überdurchschnittlich viel Kaffee. Die Sucht nach dem Neurostimulator Koffein korreliert mit der Sucht nach dem Neurostimulator Nikotin. Daher kam die Korrelation von Kaffee und Lungenkrebs. Daraus eine Kausalität abzuleiten ist ein Fehler. So ist es nach wissenschaftlicher Datenlage auch mit dem Cholesterinspiegel. Er ist im Alter erhöht. Und im Alter tritt Arteriosklerose vermehrt auf. Das bedeutet aber nicht, dass Cholesterin für die Erkrankung verantwortlich ist.

Immer wieder wurden Studien veröffentlicht, die die Sinnlosigkeit der Choleserinsenkung bei ansonsten Gesunden zeigten. Die letzte große Metastudie dazu gab es im Jahr 2010. Sie umfasste elf Einzelstudien, die alle placebokontrolliert und verblindet – also nach den strengsten Regeln – durchgeführt worden waren. Mit insgesamt 65 229 Teilnehmern besitzt diese Metaanalyse eine beachtliche statistische Basis.[32] Die Teilnehmer waren, gemessen an ihren Cholesterinwerten, »Hochrisikopatienten«, wenn man den üblichen Grenzwert von 200 Milligramm pro Deziliter Blut annimmt. Ansonsten waren sie aber gesund. Am Ende der Metaanalyse stand ein Ergebnis, das der Cholesterinsenkungsindustrie gar nicht gefiel: Die Personen, die die echten Präparate bekommen hatten, lebten nicht länger als diejenigen, die die Placebopillen ohne Wirkstoff geschluckt hatten. Obwohl die Cholesterinsenker die Cholesterinspiegel zuverlässig gesenkt hatten.

Cholesterinsenker zur »Primärprävention« bringen nichts

Es gibt aber auch eine Gruppe, die tatsächlich von diesen Medikamenten, den Statinen, profitiert. Nämlich Herzkranke. Also Patienten, die bereits einen Infarkt hatten. Allerdings ist die Wirkung nicht besonders groß. Man muss, statistisch gesehen, 25 dieser Patienten 15 Jahre lang behandeln, um einen einzigen Herzinfarkt zu verhindern. Auf den einzelnen Patienten umgerechnet, bedeutet das: Er senkt sein Risiko mit 15 Jahren Tablettenkonsum um vier Prozent. Keine tolle Bilanz. Dennoch wird für diese Gruppe die Anwendung der Statine allgemein akzeptiert. Allerdings ist dabei nicht einmal nachgewiesen, dass die Senkung des Cholesterinspiegels diesen schwachen Erfolg bewirkt. Studien zeigten nämlich, dass eine stärkere Senkung des Cholesterinspiegels nicht die erwartete Verbesserung der Wirksamkeit erbrachte. Längst wird diskutiert, ob nicht zum Beispiel entzündungshemmende Wirkungen der Cholesterinsenker für den kleinen Erfolg in der Bekämpfung der Arteriosklerose verantwortlich sind und auch bei den Herzkranken der Cholesterinspiegel gar keine Rolle spielt.

Als wir im Frühsommer 2012 in unserem Wissenschaftsmagazin *Odysso* im SWR-Fernsehen zum wiederholten Mal über diese Zusammenhänge berichten, lenkt mein Experte im Interview, Professor Thomas Münzel, Kardiologe und Leiter der 2. Medizinischen Klinik der Uniklinik Mainz, den Blick auf einen Punkt, der in der Diskussion über die Statine oft vernachlässigt wird: die Nebenwirkungen dieser Medikamente. Für mich kam das völlig überraschend, weil in unserem vorangegangenen Telefonat überhaupt nicht die Rede davon war. Der Experte erklärte mir, wie die Hersteller der Statine in ihren Studien die Rate der Nebenwirkungen mit einem einfachen Trick gering halten: »Ein wichtiger Punkt, den man berücksichtigen muss, ist, dass in den Studien, die man zur Primärprävention gemacht hat – also Verhinderung von Herzinfarkten –, Nebenwirkungen wie Muskelschmerzen mit bis zu fünf Prozent als sehr niedrig angegeben worden sind. Wir wissen heute, dass in diesen Studien vor allem Problempatienten ausgeschlossen wurden. Wenn man heute in der *real world* – also in der Sprechstunde – schaut, wie viele Leute haben denn die Muskelschmerzen unter dieser Therapie, dann liegt die Zahl meiner Meinung nach sehr viel höher. Also, ich würde sagen, jeder dritte Patient, der zu mir in die Sprechstunde kommt, hat aufgrund dieser Fettsenkertherapie massive Muskelschmerzen.«

Prof. Münzel hat mir auch erklärt, wie die Problempatienten in den Studien aussortiert werden: Es gibt die sogenannte Coming-in-Phase. Acht Wochen schlucken die Probanden Statine, so der Mainzer Kardiologe. Dann werden die Probanden, die negative Nebenwirkungen entwickeln, aussortiert. Erst dann startet der auszuwertende Teil der Studie mit »statintoleranten« Probanden. Am Ende der Studie gelten die Statine dann als nebenwirkungsarm. Sie finden das empörend? Leider ist das normal. Dass industriefinanzierte Studien häufig frisiert sind, ist sogar durch Studien belegt. Industriefinanzierte Studien bringen auffällig viel häufiger positive Studienergebnisse für die Präparate der Geldgeber als unabhängige Studien. Wolfgang Becker-Brüser, der im Jahr 2012 mit dem Bundesverdienstkreuz ausgezeichnete Herausgeber des pharmakritischen *arznei-telegramms*, sagte mir bei unserem ersten gemeinsamen Drehtermin vor vielen Jahren: »90 Prozent der Industriestudien sind im Ergebnis manipuliert. Das reicht von schöneren Formulierungen in der Zusammenfassung, die von den Daten so nicht gestützt werden, bis zu frei erfundenen Studien, die es nie gegeben hat.« Ich war damals noch relativ neu im medizinkritischen Journalismus und konnte das nicht so recht glauben. Das hat sich mit den Jahren geändert.

Wir sind auf der Suche nach Antworten, warum die Cholesterinhypothese trotz der immer wieder enttäuschenden Ergebnisse in unabhängigen Studien so hartnäckig weiterlebt. Ein Teil der Erklärung liegt in manipulierten Studien der Hersteller über die Wirksamkeit und die geringen Nebenwirkungen der Cholesterinsenker. Ein Heer von Pharmareferenten besucht Ärzte und berichtet ihnen mit den frisierten Herstellerstudien als Argumentationshilfe von den angeblich so segensreichen und nebenwirkungsarmen Mitteln zum Kampf gegen das böse Cholesterin. Ein weiterer Baustein zu einer Antwort liegt sicher in den eminenzbasierten und industrienahen Medizinischen Fachgesellschaften, die wir im Kapitel 2, Abschnitt »Die Fallstricke der medizinischen Selbstverwaltung«, kennengelernt haben. Der berühmte Professor Sowieso, der schon vor 20 Jahren auf Kongressen lautstark für die Cholesterinsenkung eingetreten ist und auf dieser Basis eine lukrative Beziehung zu den Statin-Herstellern aufgebaut hat, wird seine Kardiologen nicht gerne auf eine statinkritische Linie bringen. Also bleibt Cholesterin der »böse Bube« in der Arteriosklerosegeschichte.

Big Pharma Hand in Hand mit Lebensmittelherstellern

Eine weitere Erklärung für die Beständigkeit der Cholesterinhypothese lautet: Die Angst wird von der Cholesterinsenkungsindustrie gezielt geschürt. Dieses Feld wird ja nicht nur von den Herstellern der Statine beackert, die damit den fantastischen Jahresumsatz von 30 Milliarden Dollar erzielen. Eine weitere Branche macht fette Umsätze mit cholesterinarmen Produkten bzw. mit Produkten, die damit werben, keine tierischen Fette zu enthalten. Eine Branche, mit der wir fast täglich beim Einkauf Kontakt haben: die Hersteller funktioneller Lebensmittel. Allen voran die Marke Becel, die sich mit dem Hinweis auf eine günstige Beeinflussung des Cholesterinspiegels eine stabile Marktposition erstritten hat. Becel und Konsorten sorgen immer wieder mit Werbekampagnen dafür, dass die Angst vor dem »bösen Fett« in der Bevölkerung wach bleibt.

Erinnern Sie sich an den Spot aus der Fernsehwerbung von Becel: Ein U-Boot ist im Körper unterwegs, miniaturisiert wie bei dem Science-Fiction-Klassiker *Die Reise ins Ich*. In der Außeneinstellung sieht man, dass das U-Boot irgendwie an ekligen hellgrauen Riesenblasen hängen geblieben ist. Die Besatzung auf der Brücke ist beunruhigt. Ein Waffenoffizier, der entfernt an Mr Spock erinnert, beobachtet besorgt seinen Scanner. Dann blickt er mit ernster Miene auf und sagt mit Grabesstimme zum Käpt'n: »Es ist Cholesterin.« Für eine Sekunde herrscht betroffenes Schweigen. Doch da keimt Hoffnung auf. »Lieutenant Uhura« meldet: »Käpt'n, da kommt was von hinten. Das Cholesterin löst sich auf.« Und in der Außeneinstellung sieht man, wie die bösen Cholesterinblasen von irgendwas zum Platzen gebracht werden. Dieses rettende »Irgendwas« entpuppt sich dann als die pflanzliche Margarine Becel.

Ob sich mit der Verwendung pflanzlicher Margarine der Cholesterinspiegel dauerhaft in einer relevanten Größenordnung senken lässt, ist – gelinde gesagt – umstritten. Selbst wenn Becel diese Leistung vollbrächte, gilt auch hier: Die Höhe des Cholesterinspiegels an sich sagt – zumal bei Gesunden – überhaupt nichts aus. Becel wirbt bezeichnenderweise auch nicht damit, dass es Arteriosklerose verhindern oder das Leben verlängern kann. Das wurde nie in Studien belegt. Die Fixierung auf den Laborwert »Cholesterinspiegel« als Stellvertreter für ein wirklich aussagekräftiges Kriterium – sagen wir: Überleben – ist der Kern der Verwirrung in der Diskussion. Eigentlich müssten wir über Arteriosklerose sprechen. Denn das ist das Problem. Stattdessen sprechen wir über etwas, für dessen Manipulation die Pharmaindustrie ein Produkt anbieten kann: Cholesterin. Eine Begriffsverschiebung von einem relevanten auf ein irrelevantes Kriterium. Ein genialer Coup der Hersteller der Cholesterinsenker, durch den sie ihr Produkt millionenfach an Menschen verkaufen kann, die davon nicht profitieren.

Vernebelungstaktik: HDL- und LDL-Cholesterin

Lassen Sie uns noch einen kurzen Blick auf eine weitere Vernebelungstaktik werfen, bevor wir dieses bittere Kapitel der Irreführung von Millionen verlassen. Nachdem in Studien immer mehr Hinweise aufgetaucht waren, dass die einfache Geschichte »Der hohe Cholesterinspiegel ist der Bösewicht« die medizinischen Tatsachen nur unzulänglich beschreibt, musste eine Differenzierung her. Jetzt wurden die unterschiedlichen Rollen von HDL- und LDL-Cholesterin in den Vordergrund gestellt. HDL steht für High-Density-Lipoprotein, LDL für Low-Density-Lipoprotein. Stellen Sie sich HDL und LDL einfach als zwei verschiedene Proteintaxis vor, in denen das schlecht wasserlösliche Fett namens Cholesterin im Blut transportiert wird.

Die Epidemiologen konnten tatsächlich statistisch hochsignifikant zeigen, dass ein hoher HDL-Spiegel mit einem geringeren Infarktrisiko einhergeht, während ein hoher LDL-Spiegel statistisch mit einem höheren Infarktrisiko zusammen auftritt. Damit man sich den Unterschied auch gut merken kann, prägte – ich schätze – eine Werbeagentur das Wording: **HDL** ist das **Himm**lische Cholesterin und **LDL** ist das **L**iederliche Cholesterin. Dabei ist, wie ich versucht habe, in diesem Kapitel zu zeigen, ein gemeinsames Auftreten von zwei Phänomenen – hoher HDL-Spiegel und niedrige Infarktrate – kein Beweis dafür, dass sie ursächlich zusammenhängen (wie Kaffeekonsum und Lungenkrebs). Dennoch hat die Schweizer Pharmafirma Roche ein Mittel getestet, mit dem das HDL-Cholesterin im Blut erhöht werden konnte. Und zwar um 30 Prozent. Es wurde viel PR-Rummel um das Mittel gemacht: Dalcetrapib, das ab 2014 den Cholesterinmarkt neu aufmischen sollte. Im Mai 2012 kam allerdings die bittere Nachricht: »Roche gibt auf.« Die Erhöhung der Werte des himmlischen HDL-Cholesterins zeigten keinen messbaren Erfolg in der Verhinderung von relevanten Ereignissen wie Herzinfarkt oder Tod. Immerhin gab die Firma in diesem Fall am Ende die Sinnlosigkeit der Manipulation dieses Blutwertes zu. Mal sehen, wie lange es noch dauert, bis die Verfolgung des »liederlichen« LDL-Cholesterins wegen des fehlenden Wirksamkeitsnachweises eingestellt wird.

Die Vitaminfalle

Mit dem Thema »Vitamine« habe ich mich in meinem Berufsleben häufiger auseinandergesetzt. Vor allem über die Blockbuster A, C und E, die »Antioxidantien«, die weltweit von etwa hundert Millionen Menschen täglich als Nahrungsergänzungsmittel konsumiert werden, habe ich in mehreren Magazinbeiträgen und in einer längeren Dokumentation berichtet. Dabei gab es viele denkwürdige und auch bizarre Ereignisse, die ein helles Licht auf die Verflechtung von Wirtschaft und Wissenschaft werfen. Sie zeigen, mit welchen Tricks uns überflüssige, ja sogar schädliche Präparate angedreht werden.

Geschichte der Vitamine bis zum ersten Verkaufserfolg

Vitamine sind wirtschaftlich nicht so bedeutsam wie die Cholesterinsenker, denn Cholesterinsenker sind teuer und Vitamine sind billig. Aber geht es um das Kriterium »Manipulation der öffentlichen Wahrnehmung«, sind Vitamine mit Abstand das erfolgreichste Produkt.

Wobei man fairerweise erwähnen muss, dass in der goldenen Zeit der Vitaminforschung – nach dem Ersten Weltkrieg – die Wissenschaftler tatsächlich begeistert von den neu entdeckten Substanzen waren. Es war eine Zeit bitterer Not und Vitaminmangelkrankheiten wie Rachitis oder Skorbut waren damals weit verbreitet. Die Ursachen zu entdecken und eine Behandlung anbieten zu können war eine medizinische Sensation. Obst und Gemüse erfuhren damals in der öffentlichen Wahrnehmung eine erhebliche Aufwertung, denn sie sind reich an Vitaminen. In späteren Jahrzehnten, als die ausreichende Ernährung längst wieder gesichert war, musste man die Bevölkerung dagegen mit Fehlinformationen impfen, um ihr den Nutzen synthetisch hergestellter Zusatzvitamine schmackhaft zu machen. Die Rechnung ging auf. Das Bild dieser billig herzustellenden »Mikronährstoffe« ist mit einem geradezu heilsbringenden Image aufgeladen. Keiner kommt auf die Idee, dieses Image infrage zu stellen. Und wenn ich erzähle, dass sich Multivitaminpräparate in ernst zu nehmenden Studien[33] als schädlich erwiesen haben, ernte ich zunächst nur ungläubiges Kopfschütteln.

Vitamine für und gegen alles

»Mit vielen wertvollen Vitaminen«, »Mit Zusatzvitaminen«, »Mit extra Vitaminen«, »Mit den Vitaminen A, C, E und Beta-Karotin« und so weiter. Formulierungen wie diese stehen auf der Verpackung von Bonbons, Teesorten, Keksen, Müsli, Getränken aller Art – wo Sie wollen. Etwa die Hälfte der für Menschen produzierten Vitamine geht heute in die Nahrungsmittelproduktion. Der Pressesprecher des größten Vitaminproduzenten der Welt, der in Basel ansässigen Firma DSM, erklärte mir bei unseren Dreharbeiten zu dem Film *Betrifft: Die Vitaminfalle* stolz: »Sie würden kaum ein Produkt in einem Lebensmittelregal finden, wo nicht in irgendeiner Weise wir involviert sind. Unsere Kunden sind typischerweise Konsumartikelhersteller in allen Teilen der Welt. In allen Bereichen der Ernährung von Cornflakes über Schokoriegel bis hin zu Frischprodukten.«

Die andere Hälfte der industriell hergestellten Vitamine wird zu Pillen verarbeitet. Dabei hat sich das Angebot in den letzten 20 Jahren erstaunlich ausdifferenziert. Vitamine werden ganz speziell verkauft – für Senioren, für Kinder, für Schwangere, für junge Frauen, für Menschen mit Stress, für Sportler, für Raucher … Hat man Sie vergessen? Meine Liste ist sicher nicht vollständig! Vitamine werden verkauft gegen Vergesslichkeit, gegen Erkältung, gegen nachlassende Sehkraft, gegen nachlassende Vitalität, gegen Krebs, gegen Konzentrationsstörungen, Diabetes … – suchen Sie sich irgendeine Abweichung vom gedachten medizinischen Optimum aus, die nicht nur eine kleine, wirtschaftlich uninteressante Minderheit betrifft: Nach einer kurzen Recherche werden Sie ein Vitaminpräparat dagegen finden. Aber versuchen Sie einmal, vernünftig gemachte (placebokontrollierte) Studien zu finden, die den Nutzen dieser Präparate belegen. Da sieht es verdammt dürftig aus. Im Gegenteil: Gerade für die Blockbuster A und E zeichnet sich ab, dass regelmäßiger Konsum entsprechender Vitaminpräparate eher schadet als nützt.[34] So wie es bisher aussieht, ist wenigstens das beliebteste aller Vitamine, das Vitamin C, unschädlich.

Diese Erkenntnis ist in der Bevölkerung aber noch nicht angekommen. Beim Wort »Vitamin« dürfte es sich markentechnisch immer noch um das erfolgreichste Branding weltweit handeln. Hätte sich der polnische Biochemiker Casimir Funk, der das Kunstwort (aus *vita* = Leben und *amin* = Stickstoffverbindung) im Jahr 1912 prägte, seine Schöpfung als Wortmarke patentrechtlich gesichert, würden seine Erben heute vermutlich in einem Zug mit den Hiltons oder den Gates dieser Welt genannt. Doch worauf beruht der Glaube, dass sich mit diesen Substanzen ein positiver Einfluss auf die Gesundheit nehmen ließe?

Was ist das Gesunde an Vitaminen?

Schauen wir uns die Geschichte von Casimir Funk genauer an. Der Biochemiker Funk beschäftigte sich mit einer bis dahin unbekannten Mangelkrankheit, die in Japan und Indonesien Ende des 18. Jahrhunderts erstmals aufgetreten war: Beri-Beri – zu Deutsch: »Schafsgang«. Kräfteverlust und Lähmungen kennzeichnen das Krankheitsbild. Der niederländische Arzt Christiaan Eijkman hatte beobachtet, dass diese Krankheit bei Menschen und bei Hühnern erst aufgetreten war, seitdem sich in diesen Ländern europäische Reisschälmaschinen etabliert hatten. Dem polierten Reis fehlte offenbar ein wichtiger Stoff. Eijkmann verfütterte das »Silberhäutchen« des Reisvollkorns an die kranken Hühner und heilte sie damit. Der polnische Biochemiker Casimir Funk extrahierte die verantwortliche Substanz – Thiamin – aus den Schalen des Reiskorns, also aus Reiskleie, und gab ihr den Namen Vitamin B1. Forschungsergebnisse wie diese wirken bis heute. Sie sind für die Vollkornbegeisterung in weiten Bevölkerungskreisen verantwortlich und schüren das Misstrauen gegen industriell verarbeitete Grundnahrungsmittel.

Anfang des 20. Jahrhunderts war die goldene Zeit der Vitaminforschung. Wie bei Beri-Beri erkannte man bei weiteren Krankheiten einen Mangel eines bestimmten Stoffes als Ursache: häufig durch systematische Fütterungsversuche bei Tieren. So ließ sich Skorbut mit einer Säure behandeln, die daraufhin den Namen Ascorbinsäure erhielt: Vitamin C. Die Knochenwachstumsstörung Rachitis stellte sich als Mangel an einer Substanz heraus, die man Cholecalciferol bzw. Vitamin D nannte. Für diese Forschungen gab es Nobelpreise unter anderem deshalb, weil in der Zeit im und nach dem Ersten Weltkrieg die Ernährungssituation in Europa zum Teil erbärmlich war. Wie schon angedeutet, waren entsprechende Mangelkrankheiten weit verbreitet. Vitamine waren offenbar Substanzen, die der Körper nicht selbst herstellen konnte, die für sein gesundes Funktionieren aber unerlässlich waren. Deshalb kümmerte sich die Forschung nun verstärkt um die chemische Analyse und die Entwicklung einer Technik zur künstlichen Synthese von Vitaminen. In Deutschland war man besonders aktiv. Hier kursierte schließlich die Vorstellung, der Erste Weltkrieg sei letztlich wegen Vitaminmangels verloren gegangen.

Vitamin C: am Anfang ein Ladenhüter

1934 erwarb die Schweizer Pharmafirma Hoffmann La Roche das brandneue Patent zur Herstellung von synthetischem Vitamin C. Allerdings erwies sich das weiße Pulver als Ladenhüter. Von Vitaminmangel war schon lange keine Rede mehr. Wie sollte man den Leuten also die Extraportion Vitamin C verkaufen? Die Marketingabteilung des Pharmaunternehmens landete in dieser trüben Situation tatsächlich einen PR-technischen Geniestreich. Um über dieses spannende Kapitel der Vitamingeschichte zu sprechen, besuchte ich den Pharmaziehistoriker Dr. Heiko Stoff an der Universität Braunschweig. Er erklärte mir die Strategie, auf die der Vitaminhersteller setzte: »Es gibt da offensichtlich Stoffe, die der Körper braucht. Damit er gesund ist, damit er funktioniert. Aber vielleicht können sie noch mehr. Sie können ihn vielleicht noch leistungsfähiger, noch optimaler, noch besser funktionierend machen. Und das war natürlich höchst interessant für eine Industrie, die diesen Stoff herstellen kann.«

Heute sind wir durch Werbung mit diesem Gedanken geradezu imprägniert: Vorbeugung bzw. Leistungssteigerung durch Nahrungsmittel, Nahrungsergänzungsmittel oder »die richtige Ernährung«. Das kommt uns heute nicht spektakulär vor. Aber damals war das neu. Bis dahin war das Einnehmen spezieller Substanzen nur dazu da gewesen, um Krankheiten zu behandeln. Um gesund zu werden. Wenn man gesund war, nahm man nichts. Man war ja gesund. Warum sollte man da Medikamente einnehmen? Dieses geradezu geschäftsschädigende, weil konsumfeindliche Denkmuster bei den Kunden durchbrochen zu haben ist die »historische Leistung« der Marketingabteilung von Hoffmann La Roche. Genial: Medikamente konnte man nur an Kranke verkaufen. Vitamine dagegen an alle. Für mehr Gesundheit. Zur Vorsorge. Zur Leistungssteigerung. Zum Schutz gegen nachlassende Leistung. Mit diesem Versprechen ließ sich Kasse machen.

»Drittes Reich«: Vitaminisierung des Volkskörpers

Die Ersten, die sich im großen Stil für diese Idee begeistern konnten, sagt Pharmaziehistoriker Heiko Stoff, waren die Nationalsozialisten:

»Wenn wir den Krieg führen wollten, dann muss klargestellt sein, dass unsere Ernährungslage gesichert ist. Das ist das berühmte Thema der Autarkie. Wie wird die Ernährungsgrundlage gesichert von den Soldaten an der Front. Da waren Vitamine von zentraler Bedeutung. Auch weil sie schon sehr früh sinnbildlich für etwas sehr Leistungsstarkes standen. Der Leistungsbegriff, der auch ganz zentral für den Nationalsozialismus war, der materialisiert sich sozusagen in den Vitaminen.«

Die Soldaten bekamen sogenannte V-Drops mit an die Front. Noch 1944 bestellten die Militärs 200 Tonnen Vitamin C bei Hoffmann La Roche. Die Firma wurde als kriegswichtig eingestuft, ähnlich wie Betriebe der Rüstungsindustrie. In der Reichsvitaminanstalt arbeitete man an Konzepten zur »Vitaminisierung des Volkskörpers«. Das Debakel des Ersten Weltkriegs sollte sich schließlich nicht wiederholen. Das tat es auch nicht. Es kam viel schlimmer.

Aus der Marketingabteilung des Vitaminherstellers kam auch die Idee, die Werbekampagnen mit einem wissenschaftlichen Argument anzureichern: Vitamin C wirkt antioxidativ. Es unterbindet die Reaktion mit Sauerstoff, indem es sich selbst an die Sauerstoffatome bindet. Vitamin C ist quasi ein Rostschutzmittel im Körper. ›Wozu um Himmels willen‹ – mögen Sie denken – ›braucht mein Körper einen Rostschutz?‹ Tatsächlich entstehen in jeder Zelle des Körpers bei Stoffwechselvorgängen ständig freie Sauerstoffmoleküle, die »Freien Radikale«. Sie sind extrem reaktionsfreudig, gehen gerne mit allen möglichen Molekülen Bindungen ein und können so Schaden anrichten. Besonders wenn sie das Erbmaterial angreifen, droht Böses. Drohen Mutation und Krebs. Im Reagenzglas, in der Zellkultur, hatte man Hinweise gefunden, dass es sich so verhält. So tauchte diese Argumentationskette in Tausenden Zeitungsartikeln auf, in Grafiken von Wissenschaftsmagazinen, in Fernsehspots. Noch heute trifft man im Zusammenhang mit den Vitaminen A, C und E ständig auf diese Aussage. Allein in Studien am ganzen Menschen konnte diese Behauptung nie nachgewiesen werden. Im Gegenteil. Und jetzt beginnt die Geschichte, die ich mit den Vitaminen erlebt habe. Eine Geschichte, in der Wissenschaft und Wirtschaftsinteressen gegeneinanderstehen. Zum Teil aber auch unheilige Allianzen eingehen. Wo Journalisten manipuliert und Wissenschaftlern die Worte im Munde herumgedreht werden.

Schaden durch Vitamine

Im Sommer 2008 war ich zum ersten Mal in Sachen Vitamine unterwegs. Ich flog nach Kopenhagen, wo ich am Universitätsklinikum Dr. Christian Gluud traf. Christian Gluud und seine Kollegen hatten eine Metaanalyse veröffentlicht, wonach die Vitamine A, E und Betacarotin die Sterblichkeit erhöhten. Vitamin C hatte sich in der Studie als einziges Vitamin als harmlos erwiesen. Um das Ergebnis dieser Studie besser einschätzen zu können, ist es wichtig zu wissen, dass Dr. Christian Gluud und seine Mitarbeiter in Kopenhagen das Skandinavische Zentrum des Cochrane-Netzwerks leiten.

Schlechte wissenschaftliche Studien

Der Epidemiologe Archibald Leman Cochrane gilt als Vater der evidenzbasierten Medizin. In den 60ern und 70ern des 20. Jahrhunderts erkannte er, dass sich die angeblich so wissenschaftliche Medizin in weiten Bereichen auf Studien stützt, die nicht das Papier wert sind, auf dem sie geschrieben sind. Bei medizinischen Studien gibt es so viele Möglichkeiten des Designs, die von vornherein Fehler im Ergebnis verursachen (wir haben oben schon die epidemiologische Studie kennengelernt, die Kaffee für Lungenkrebs verantwortlich machen wollte), dass Archibald Leman Cochrane eine strenge Systematik für medizinische Studien forderte. Zum einen sollten die Studien »Interventionsstudien« sein. Das heißt, das zu untersuchende Medikament (oder der chirurgische Eingriff, das Nahrungsmittel …) muss den Probanden in der Studie verabreicht werden. Sie werden vielleicht sagen: »Ja, was denn sonst?« Tatsächlich wird oft auch eine rückblickende Befragung eines Patientenkollektivs, etwa: »Was haben Sie denn in den letzten zwei Jahren so an Nahrungsmitteln zu sich genommen?«, als wissenschaftliche Studie präsentiert.

Als zweites Kriterium für eine seriöse Studie gilt die Kontrolle gegen Placebo oder ein etabliertes Medikament. Mit der Placebokontrolle wird ermittelt, wie viel Wirksamkeit eventuell durch den Glauben der Patienten an die Therapie erzielt wird. In Moseleys Studie zur Knorpelglättung im Knie beispielsweise (siehe Kapitel 1, Abschnitt »Der Klassiker: Orthopädie«) brachte die endoskopische Behandlung den Patienten Linderung ihrer Schmerzen. Allerdings profitierte die Kontrollgruppe genauso von der Placebobehandlung. Das ist der klare Beweis dafür, dass das beeindruckende Brimborium des endoskopischen Eingriffs für die marginale Wirksamkeit verantwortlich ist und nicht die Knorpelglättung. Wichtig ist dabei, dass die Probanden in Bezug auf Alter, Geschlecht oder Vorerkrankungen statistisch gleichmäßig auf die beiden Gruppen – jene, die den Wirkstoff erhält, und die Placebogruppe – verteilt werden. Damit gleiche Ausgangsbedingungen herrschen. Der Fachbegriff lautet »randomisiert« (engl. *random* = Zufall). Das ist die dritte wichtige methodische Vorgabe für die Studien.

Cochrane-Netzwerk: für evidenzbasierte Medizin

Darüber hinaus gilt im Cochrane-Netzwerk: »Eine Studie ist keine Studie.« Vor allem kleine und mittelgroße Studien können zufällig zu diesem oder jenem Ergebnis kommen. Erst eine große Zahl von Probanden ermöglicht eine (fast) sichere Aussage über die Wirksamkeit eines Medikaments oder einer medizinischen Prozedur. Deshalb fahnden die Cochrane-Mitarbeiter in medizinischen Datenbanken nach Studien zu einem Thema. Nehmen nach Möglichkeit nur die Studien, die den strengsten Anforderungen entsprechen, und fassen sie zu einer Metaanalyse zusammen. Also zu einer Übersichtsarbeit, die nun auf dem besten verfügbaren Material und einer breiten statistischen Basis beruht.

Genau das hatten Dr. Gluud und seine Kollegen getan. Aus ursprünglich über 16 000 Studien aus den letzten 55 Jahren zum Thema antioxidative Vitamine hatten sie 47 nach den strengsten Kriterien erstellte Studien herausgefiltert. Annähernd 200 000 Probanden hatten an diesen Studien mitgewirkt. Einen Teil der Studien hatte man an gesunden Probanden durchgeführt und wollte ursprünglich die vorbeugende Wirkung der Vitamine testen. In anderen Studien waren die Probanden Kranke, bei denen man eine positive Wirkung der Vitamine auf den Heilungsprozess untersuchte. In der Metaanalyse konzentrierten sich die dänischen Wissenschaftler auf das klarste Kriterium, das es für solche Studien gibt: die Sterblichkeit. Und da zeigte sich, dass die Sterblichkeit in der Vitamingruppe signifikant höher lag als in der Placebogruppe.

Es gab in Deutschland von wissenschaftlicher Seite sehr interessante Reaktionen auf die Metaanalyse. Zwei möchte ich Ihnen kurz vorstellen. Sie werfen ein helles Licht auf die Verbindung von Industrie und Wissenschaft. So hielt die Gesellschaft für angewandte Vitaminforschung GVF im Juli 2007, kurz nach der Veröffentlichung der Studie, einen Journalistenworkshop ab. Das Thema: »Vitamine & Co. in Studien und Metaanalysen – wissenschaftliche Daten kritisch lesen und richtig interpretieren«.[35] Den Vortrag hielt Prof. Dr. Joerg Hasford vom Institut für Medizinische Informationsverarbeitung, Biometrie und Epidemiologie der Ludwig-Maximilians-Universität München. Ein ausgewiesener Fachmann für das Thema.

»Wissenschaftliche Daten kritisch lesen und richtig interpretieren«

Er kritisierte an der Kopenhagener Vitaminstudie der renommierten Cochrane-Gesellschaft unter anderem:

- das Fehlen der Angaben zu den Todesursachen
- das Fehlen der Angaben zu den Todeszeitpunkten
- das Fehlen der Auswertung des Behandlungsziels
- Gesunde und Patienten mit den unterschiedlichsten Krankheiten waren in die Studie einbezogen.
- Die Studien hatten sehr unterschiedliche Laufzeiten.

Wir müssen diese Punkte gar nicht im Einzelnen ansprechen. Überlegen Sie nur mal Folgendes: Ich habe 200 000 Probanden und verteile diese zufällig (randomisiert) auf zwei Gruppen. Die eine Gruppe bekommt Vitamine, die andere Gruppe wirkungslose Placebopräparate. Und dann schaue ich nach dem relevantesten Zielkriterium, das es gibt: nämlich in welcher Gruppe mehr Probanden versterben. Hier stelle ich fest, dass in der Vitamingruppe mehr Leute versterben als in der Placebogruppe. Das ist ein ganz klares Ergebnis. Ich muss die Todesursachen nicht einzeln untersuchen. Natürlich werden auch Probanden bei Verkehrsunfällen verstorben sein oder aus anderen Gründen, die vielleicht nichts mit den Vitaminen zu tun haben. Aber das wird in beiden Gruppen passieren. Und bei der großen Zahl von 100 000 Personen pro Gruppe wird es bei beiden Gruppen etwa gleich oft passieren. Wenn sich dennoch ein Unterschied in der Sterblichkeit ergibt, dann kann er sich nur aus dem einzigen Grund ergeben, in dem sich die beiden Gruppen unterscheiden: dem Konsum von Vitaminpräparaten.

Da interessiert es auch nicht weiter, wie lange die Studien dauerten oder ob die Probanden gesund oder krank waren oder wann genau sie gestorben sind. Deshalb werden ja randomisierte placebokontrollierte Studien herangezogen. Bei der großen statistischen Basis sind alle Rahmenbedingungen in der Vitamingruppe und der Placebogruppe gleich. Bis auf die Vitamine.

Beleidigung anstelle wissenschaftlicher Argumentation

Professor Hasford als Biometriefachmann und Epidemiologe müsste das eigentlich wissen. Er aber erteilt der Kopenhagener Metastudie dreimal die Schulnote »Sechs« und schließt seinen Vortrag mit einem Limerick mit dem Titel: »Meta-analysis«:

> *»An ambitious physician in Boston*
> *Wished to publish quickly and often*
> *So he re-searched the lit*
> *P'ed and R'ed it a bit*
> *And first-authored a meta-concoction«*

Das »Boston« in der ersten Zeile bezieht sich auf den Erstautor Dr. Goran Bjelakovic, der die Studie in Boston der Öffentlichkeit vorgestellt hat. Frei übersetzt, heißt das Kurzgedicht:

> *»Metaanalyse*
> *Ein ambitionierter Arzt aus Boston*
> *wollte schnell und häufig veröffentlichen*
> *Also durchforschte er die (wissenschaftliche) Literatur*
> *schüttelte die Daten etwas durcheinander*
> *und veröffentlichte ein Meta-Gebräu.«*

So etwas ist keine wissenschaftliche Argumentation, das ist eine Beleidigung. Die inhaltliche Kritik des Münchner Epidemiologen an der Metastudie ist über weite Strecken hanebüchen. Können Sie mir erklären, warum Professor Hasford sich so verhält? Warum versteht ein Fachmann für Epidemiologie plötzlich die einfachsten Grundsätze seiner Fachdisziplin nicht mehr? Warum bietet er in einer »Informationsveranstaltung für Journalisten« einen Mix aus Fehlinformationen und Beleidigungen an, um eine Studie zur Wirkung von antioxidativen Vitaminen zu diskreditieren?

Vielleicht hilft eine kleine Information zur Beantwortung dieser Frage: Die Gesellschaft für Vitaminforschung e. V. (GVF), die zu dieser Informationsveranstaltung eingeladen hatte, hat einen Vorstand. In diesem Vorstand sitzt unter anderem Dr. Manfred Eggersdorfer, Forschungsleiter beim weltgrößten Vitaminhersteller DSM in Basel. In demselben Vorstand sitzt auch Dr. Bernd Haber, verantwortlich für Zulassungsfragen im Arbeitsgebiet Nahrungsmittelzusätze der BASF, des zweitgrößten Vitaminherstellers der Welt. Ich kann mich des Eindrucks nicht erwehren, dass Prof. Hasfords Polemik gegen die Vitaminstudie von seinen Auftraggebern beeinflusst war: den zwei größten Vitaminherstellern der Welt.

Die BASF und der ehemalige Weltmarktführer Roche aus Basel haben übrigens im Jahr 2002 die höchste jemals verhängte Kartellstrafe für ihr Vitaminpreiskartell zahlen müssen, mit dem sie jahrelang die Vitaminpreise hochtrieben: 800 Millionen Euro in Europa und noch einmal 700 Millionen Dollar in den USA. Die Firmen wissen offenbar, wie man Gewinne optimiert. Auch mit illegalen Methoden. Roche verkaufte seine Vitaminsparte später an DSM.

Gehen Sie doch mal auf die Website des GVF und googeln Sie die anderen Vorstandsmitglieder. Auf der Website der GVF werden Sie über diese enge Verflechtung des Vorstands mit den zwei weltgrößten Vitaminherstellern kein Wort finden. Ein Letztes dazu: In der Rubrik »über die GVF« steht auf der Homepage der Gesellschaft für Vitaminforschung folgender Satz: »Zu kontrovers diskutierten Themen wie Wirksamkeit und Unbedenklichkeit von Vitaminen nimmt die GVF sachkundig, neutral und zeitnah in ihren Publikationen Stellung.« Man beachte hier besonders das Wort »neutral«.

Vitaminstudie nichts als Wissenschaftspopulismus?

Eine zweite Reaktion auf die Kopenhagener Vitaminstudie kam von der Universität Stuttgart-Hohenheim. Professor Hans Konrad Biesalski veröffentlichte auf der Website seines Instituts schon im März 2007 die Erklärung: »Bjelakovic-Studie über Vitamingefahr: Angebliche Gefahr durch Vitamine ist nichts als Wissenschaftspopulismus«. Ein Text, etwa eine Seite lang, in dem er die Studie der Kopenhagener Cochrane-Gruppe schlicht der gröbsten Stümperei bezichtigte.

Zunächst zeigte eine Recherche in unserem Fernseharchiv, dass Prof. Biesalski schon seit 20 Jahren massiv als Vitaminbefürworter in Gesundheitsmagazinen auftritt. Typischerweise mit zuschauernahen Hinweisen wie: »Mit einem Multivitaminpräparat sind Sie auf der sicheren Seite.« Aber der Ernährungsmediziner von der Universität Stuttgart-Hohenheim hat sich noch mehr um das positive Image der Vitamine in der Öffentlichkeit verdient gemacht. Allein zu den antioxidativen Vitaminen hat er an seiner Universität drei Tagungen abgehalten. Diese Tagungen fanden statt in der Veranstaltungsreihe »Hohenheimer Konsensusgespräche«. Diese Veranstaltungen erfolgten im Auftrag der Nahrungsergänzungsmittelindustrie. Vertreter der Industrie trafen sich dort mit Wissenschaftlern, die von Prof. Biesalski ausgesucht worden waren, um darüber zu diskutieren, ob bestimmte Nahrungsmittelzusätze eventuell schädlich sein könnten oder nicht. Zum Beispiel der Geschmacksverstärker Glutamat oder eben unsere antioxidativen Vitamine.

Wenn Sie heute »Hohenheimer Konsensusgespräche« in Google eingeben, kommt an erster Stelle folgendes Ergebnis aus den Anfangszeiten der Hohenheimer Konsensusgespräche: ein Werbetext, der an die Kunden – an die Nahrungsergänzungsmittelhersteller – gerichtet ist. Ein Text, der irgendwie die Neutralität der Veranstaltung betont, dem Auftraggeber aber gleichzeitig ein großes Mitspracherecht einräumt (die Rechtschreibfehler stammen aus dem Original):

»Hohenheimer Konsensusgespräche sind durch die Herren Professoren Biesalski und Fürst moderierte Diskussionen zur Feststellung einer übereinstimmende Bewertung der wissenschaftlichen Relevanz und Wirkung von bioaktiven Stoffen. Als Interessent legen sie das Thema des Konsensusgespräches fest. Der weitere Verlauf liegt in den Händen o.g. Professoren, welche zu diesem Thema zehn neutrale und auf dem Arbeitsgebiet ihres Themas bekannte Wissenschaftler einladen. Zehn Kosensusfragen, die sie mitbestimmen können, werden gestellt und eine Konsensusantwort, d.h. eine von allen Teilnehmenden Wissenschaftlern getragene und gegengezeichnete Antwort, zu jeder Frage ausgearbeitet.

Nach Vorliegen der Antworten wird das Ergebnis des Konsensusgesprächs veröffentlicht und kann von Interessenten als neutrale, unbeeinflußte und wissenschaftlich abgesicherte Meinung zum Thema verwendet werden.«

Es folgen Themenbeispiele und Hinweise auf entsprechende Veröffentlichungen:

»Antioxidantien veröffentlicht im Eur. J. Clin. Nutr., Dt. Ärzteblatt Mai 1995
Spurenelemente (Selen) Akt. Ernährungsmedizin 1997
Vitamin C, Glutamat Akt. Ernährungsmedizin 1997
Vitamin E und Rheuma Sommer 1997
Calcium Frühjahr 1997«

Finden Sie das Wort »Konsensusgespräch« nicht auch merkwürdig? Ein Konsens ist eine Übereinstimmung. Aber woher soll ich im Vorhinein wissen, ob die zehn »neutrale(n) und auf dem Arbeitsgebiet ihres Themas bekannte(n) Wissenschaftler« am Ende zu einer übereinstimmenden Meinung gelangen, die dem Auftraggeber der Veranstaltung – den Herstellern der Produkte, um die es geht – auch schmeckt? Das Ganze riecht für mich verdächtig nach PR. Und der Verdacht bestätigt sich. Ich finde einen Artikel in der *Stuttgarter Zeitung*, in dem sich die Frau von Professor Biesalski, über deren Firma die Hohenheimer Konsensusgespräche finanziell abgewickelt wurden, etwas unvorsichtig äußerte: Hier gab die Gattin von Prof. Biesalski an, dass sie dafür sorge, »dass die behandelten Themen ›mediengerecht‹ weiterverarbeitet würden, damit sie in Werbeaktivitäten integriert werden können«.[36]

Wissenschaft für Werbeaktivitäten

Klingt doch nicht unbedingt so, als ob die Veranstaltungen der Wahrheitsfindung dienen sollten, oder? Entsprechend wurden die »Hohenheimer Konsensusgespräche« auch gestoppt, nachdem es eine Anfrage im Baden-Württembergischen Landtag gegeben hatte, in der der Verdacht geäußert wurde, dass es sich bei den Hohenheimer Konsensusgesprächen um eine »Werbeveranstaltung für die Industrie« handeln könnte.

Diese und weitere Details zum guten Kontakt des Hohenheimer Professors zur Nahrungsergänzungsmittelindustrie allgemein und zu den Vitaminherstellern im Besonderen habe ich in der TV-Doku *Die Vitaminfalle* zusammengetragen. Bevor wir sehen, was sich nach der Ausstrahlung der Dokumentation an der PR-Front in Sachen »schädliche Vitamine« tat, erlauben Sie mir einen Exkurs.

Sie können sich vielleicht vorstellen, dass mir bei der Produktion mehr als einmal »mulmig« war. Immer wenn man sich als Journalist mit der Industrie oder mit Personen »anlegt« und dabei Namen nennt, muss man sehr vorsichtig sein. Zwar durchlaufen solche investigativen Produkte bei uns im Haus eine juristische Abnahme. Im Medienrecht erfahrene Juristen besprechen mit uns Autoren: Was darf ich sagen? Was kann ich belegen? Was ist lediglich eine Behauptung, die ich nicht beweisen kann? Wo könnten die im Beitrag angegriffenen Personen/Firmen juristisch eingreifen, einstweilige Verfügungen oder Unterlassungsklagen gegen die Ausstrahlung anstreben? Oder gar Schadensersatz fordern? Was bei der Rufschädigung für ein Produkt schnell sehr teuer werden kann. Entsprechend wird an Formulierungen gefeilt, wo nötig abgemildert oder sogar aussortiert. Mit dieser Prozedur im Justiziariat bin ich als Autor erst mal »aus dem Schneider«. Der Sender würde die Verantwortung und eventuelle Gerichtskosten übernehmen. Sofern ich nicht doch grob fahrlässig oder in täuschender Absicht gehandelt habe.

Ähnliche Bedenken hatte ich auch, als ich mich entschloss, Kritik am Internet-Gesundheitsportal *lifeline* mit in die Vitamin-Doku einzubeziehen. Denn hinter *lifeline* steht eine Agentur mit dem zunächst kryptischen Kürzel BSMO. Einige Klicks tief in die Innereien des Webauftritts verraten mir: BSMO steht für Bertelsmann Springer Medizin-Online. Das sind wahrlich Schwergewichte der publizistischen Szene. Aber das Portal, das sich als unabhängiges und seriöses Gesundheitsportal gibt, lieferte mir eine so mustergültige Sammlung an Heilsversprechen für Vitaminpräparate, dass ich nicht widerstehen konnte: Betagte Menschen, Junge, Frauen, Sportler, Menschen mit Stress, Raucher und wer noch alles laut *lifeline* von Vitaminen profitieren sollte! Die Texte neben den schön fotografierten »Risikogruppen« klangen verdächtig nach Werbung. Gegen zu hohen

Blutdruck, gegen Demenz, gegen Krebs, gegen Herzinfarkt wurde Schutz durch Vitamine versprochen. Die berühmte »Vorbeugung« gegen zwei Drittel der gravierendsten medizinischen Probleme unserer Zivilisation. Alle Achtung!

Mein Kameramann dokumentiert zur Sicherheit die blumigen Versprechungen. Dann schreibe ich eine E-Mail an den Geschäftsführer von *lifeline*. Ich erkläre, dass mir die Berichterstattung auf *lifeline* nicht gerade objektiv erscheine. Nur Jubelberichte. Kein Hinweis auf negative Studienergebnisse. Die Metaanalyse der Cochrane-Gruppe aus Dänemark war damals schon seit über einem Jahr veröffentlicht. Und ich bot den Betreibern von *lifeline* an, in meiner Doku ihre Sichtweise zu erläutern. Ich war gespannt, wie *lifeline* antworten würde.

Nationale Verzehrstudie II: Vitaminversorgung

Es gab aber auch Drehpartner in der vitaminkritischen TV-Doku, bei denen ich keine juristische Verfolgung fürchten musste. Zum Beispiel Prof. Gerhard Rechkemmer vom Max-Rubner-Forschungsinstitut für Ernährung. Die Mitarbeiter von Prof. Rechkemmer hatten kurz zuvor ihre *Nationale Verzehrstudie II* abgeschlossen. 20 000 Personen zwischen 14 und 80 Jahren waren dazu befragt worden, was sie in den letzten 24 Stunden gegessen hatten. Außerdem mussten die Teilnehmer zwei mal vier Tage ihre Nahrungsmittel genau abwiegen und protokollieren, was sie zu sich nahmen, und Auskunft über ihre Ernährungsgewohnheiten der letzten vier Wochen geben. Die Daten ergaben einen Überblick über die aktuellen Ernährungsgewohnheiten der Deutschen. Mit Bezug auf Vitamine stellte sich allgemein eine gute Versorgung heraus. Nur Folsäure (ein Mangel kann zu Problemen in der Schwangerschaft führen) und Vitamin D (Osteoporoserisiko) lagen deutlich unter den empfohlenen – allerdings mit einer großzügigen Pufferzone ausgestatteten – Referenzwerten. Prof. Rechkemmer gab auch Entwarnung beim negativen Mythos von den angeblich nahezu vitaminfreien Produkten aus der industriellen Landwirtschaft. Die Lebensmittel vom Feld enthalten heute nicht weniger Vitamine als früher. Das kann man in Messungen eindeutig zeigen, so der Ernährungswissenschaftler. Bei einer nur einigermaßen abwechslungsreichen Ernährung sind künstliche Zusatzvitamine überflüssig, wenn nicht gar – wie die dänische Studie gezeigt hatte – schädlich. Prof. Rechkemmer sollte bei den Ereignissen, die auf die Ausstrahlung der *Vitaminfalle* folgten, noch eine wichtige Rolle spielen.

Zurück zu *lifeline*. Der Geschäftsführer des Internet-Gesundheitsportals antwortete mir, wenige Tage nachdem ich ihm meine Mail mit den kritischen Fragen zu den Jubelberichten über Vitamine geschickt hatte. Zu den wichtigsten Zielen von *lifeline* gehörten die Unabhängigkeit und Glaubwürdigkeit. Aber bei der schnellen wissenschaftlichen Entwicklung könne es sein, dass man nicht immer ganz aktuell sei. Er habe das Kapitel Vitamine prüfen und überarbeiten lassen.

Unabhängigkeit als höchstes Ziel? Wenn man sich durch das Impressum hindurch einige Klicks tiefer bewegt, liest man, dass *lifeline* eine »Kommunikationsagentur für Medizin und Pharmazie« ist. Auch die Kunden sind dort aufgelistet. Es handelt sich um so etwas wie ein Who is Who der pharmazeutischen Industrie.

Als ich mir das aktualisierte Informationsangebot zu den Vitaminen anschaue, traue ich im ersten Moment meinen Augen nicht: Sie haben tatsächlich die ganzen blumigen und unbelegten bzw. zumeist längst widerlegten Versprechungen zu den positiven Wirkungen der Vitaminpräparate aus dem Programm genommen: Vitamine schützen nicht mehr vor Herzinfarkt, Bluthochdruck, Demenz oder Krebs. Zum Glück hatte ich die alte Version der Website bereits auf Kameraband gesichert. Ein kompletter Rückzieher der über Jahre gefahrenen Pro-Vitamin-Berichterstattung: Ein klareres Eingeständnis der Haltlosigkeit der unters Volk gestreuten Berichte konnte es nicht geben. Es kommt nicht so oft vor, dass man mit einer kritischen Berichterstattung etwas bewegt. Vor der Kamera Stellung dazu nehmen wollte *lifeline* nicht. Warum überrascht uns das nicht?

Der publizistische Gegenschlag der Lobby

Was sich nur wenige Wochen nach der Ausstrahlung meiner *Vitaminfalle* PR-technisch ereignete, stellt alle meine Erlebnisse bei der Recherche zum Thema Vitamine in puncto Dreistigkeit noch einmal in den Schatten. Ich erhielt einen Brief von Professor Biesalski. Er beklagte sich über meine tendenziöse Berichterstattung und darüber, dass ich bei meinen Dreharbeiten und dem Interview in seinem Institut gar nicht genau erklärt hätte, was denn die Stoßrichtung meines Berichts sei. Dennoch lud er mich zu einer Podiumsdiskussion zum Thema »Vitaminversorgung in Deutschland – ein Grund zur Sorge?« ein. Im Foyer der Landesbank in Stuttgart sollte die Diskussion stattfinden. Herr Prof. Biesalski sagte mir, er habe die Veranstaltung aus eigenen Mitteln finanziert. Anhand der Expertenaussagen dort könne ich mir ein sachliches Bild vom Stand der Diskussion über Vitaminpräparate machen. Natürlich fuhr ich hin.

Vitaminmangel in Deutschland?

Auf dem Podium saßen zwei Vertreter großer unabhängiger Institutionen der Ernährungswissenschaft: Prof. Gerhard Rechkemmer vom Max-Rubner-Institut, einem Bundesinstitut für Ernährungsforschung in Karlsruhe. Interessant, ihn hier zu finden. Schließlich war er in meiner Doku aufgetreten und hatte weiträumige Entwarnung gegeben bei der Frage »Droht eine Vitaminunterversorgung?« Das tat er auch hier gleich zu Beginn der Podiumsrunde. In die gleiche Kerbe schlug daraufhin auch Prof. Peter Stehle, Präsident der deutschen Gesellschaft für Ernährung DGE. Beide sagten, im Allgemeinen herrsche kein Vitaminmangel in Deutschland. Diskutieren könne man über Folsäure (ein B-Vitamin) für junge Frauen mit Kinderwunsch. Und Vitamin D sei für Hochbetagte empfehlenswert, die nicht mehr genügend essen und sich wenig im Freien aufhalten (Vitamin D wird in der Haut mithilfe von Sonnenlicht produziert). Das seien die Ausnahmen in einer ansonsten gut mit Vitaminen versorgten Bevölkerung.

Auf diese beiden renommierten Wissenschaftler folgten Prof. Biesalski und drei oder vier weniger bekannte Kapazitäten, die erklärten, eine Vitaminunterversorgung in verschiedenen Gruppen der Gesellschaft feststellen zu können. So erklärte zum Beispiel Professor Ralf-J. Schulz, ein Altersforscher der Uni Köln, ältere Menschen litten generell an einem Vitamin-D-Mangel. Seltsam! Es war kaum ein halbes Jahr her, da hatte mir ebendieser Wissenschaftler in die Kamera erklärt, »solange ältere Menschen sich noch normal und ausgewogen ernähren und sich regelmäßig im Freien aufhalten, brauchen sie keine zusätzlichen Vitamine«. Woher der Sinneswandel? Am Ende der Veranstaltung bilanzierte der Schlussredner, es gebe ja offensichtlich eine beträchtliche Unterversorgung und damit bleibe das Thema Vitaminpräparate aktueller denn je. Und wer war dieser Schlussredner? Es war Dr. Manfred Eggersdorfer, der Forschungsleiter des weltgrößten Vitaminherstellers DSM aus Basel. Erinnern Sie sich? Er ist auch im Vorstand der Gesellschaft zur Vitaminforschung GFV, die den Epidemiologen Professor Hasford für eine Informationsveranstaltung für Journalisten eingekauft hatte. Um die kritische Vitaminmetastudie aus Kopenhagen mit fadenscheinigen Argumenten in den Staub zu treten.

Das Schlusswort hat der weltgrößte Vitaminhersteller

Ich war fast enttäuscht. Die Tatsache, dass der weltgrößte Vitaminhersteller seine eigene Bilanz der Diskussion vom Podium aus als »Konsens« präsentierte, machte die Veranstaltung völlig unglaubwürdig. Warum Herr Dr. Eggersdorfer so wenig Fingerspitzengefühl bewiesen hatte, konnte ich nicht verstehen. Was die Veranstaltung überhaupt sollte – es war kein Kamerateam da, kein erkennbares Interesse von Journalisten –, wollte mir nicht einleuchten. Eine fadenscheinige Inszenierung für 150 vitamininteressierte Bürger, die das Publikum bildeten. Und dafür das sicher nicht ganz billige Foyer der Baden-Württembergischen Landesbank zu mieten? Was war das für eine Aktion? Zwei Tage später aber ergab das alles einen Sinn. Denn da las ich – und wahrscheinlich einige Tausend weitere Journalisten – in einer Meldung des Nachrichtendienstes *ots* Folgendes:

»09.07.2010

Wissenschaftler warnen vor Vitamin-Defizit-Alarm in Deutschland

Deutschlands Vitaminversorgung muss deutlich besser werden. Sonst droht uns langfristig ein Anstieg typischer Alterskrankheiten wie Herz-Kreislauf-Erkrankungen, Osteoporose oder sogar Demenz. In Deutschland sind zwar ausgeprägte Vitaminmangelzustände nur noch selten, aber die schleichende Unterversorgung über Jahre hinweg, die hierzulande für die Vitamine A, D, E und das B-Vitamin Folsäure ausgeprägt ist, birgt die Gefahr, dass die Gesundheit der Betroffenen im fortgeschrittenen Alter ernsthaft leidet.

Vitaminpräparate sind in angemessener Dosierung geeignet, um Versorgungslücken zu schließen. [...] Dieses Fazit zog eine renommierte Expertenrunde, die auf Einladung von Prof. Hans-Konrad Biesalski, Universität Hohenheim, in Stuttgart die Frage diskutierte: ›Vitaminversorgung in Deutschland – ein Grund zur Sorge?‹ Und das Ergebnis lautete eindeutig: Ja! Mit in der Runde debattierten unter anderem auch der Präsident der Deutschen Gesellschaft für Ernährung (DGE), Prof. Peter Stehle, Bonn, und der Präsident des Max-Rubner-Institutes (Bundesforschungsanstalt für Ernährung), Prof. Gerhard Rechkemmer, Karlsruhe.«

Es folgten Erklärungen, warum ältere Menschen, Übergewichtige, Kinder und Frauen besonders von Vitaminmangel bedroht seien, und dann der Hinweis, woher diese Presseinformation stammte. Geschrieben hatte den Text eine gewisse Lisa Loewenthal. Und herausgegeben als »Pressemitteilung der Ernährungs- und Vitamin-Information evi e.V.«.

Ich war platt. Wer konnte hier von einem »eindeutigen Ja!« sprechen, mit dem die Experten auf die Frage geantwortet hätten, ob es in Deutschland Vitaminmangel gebe? Und ausgerechnet Prof. Stehle und Prof. Rechkemmer als Gewährsleute dafür zitieren. Die doch ausdrücklich das Gegenteil erklärt hatten!

Von meiner »Heimatredaktion«, dem Wissenschaftsmagazin *Odysso*, holte ich mir den Auftrag, ein Stück über den seltsamen Vorfall zu machen.

Zunächst sprach ich mit Prof. Rechkemmer vom Max-Rubner-Institut für Ernährungsforschung. Hatte ich mich vielleicht doch verhört? Hatte er Vitaminalarm geschlagen? Seine Antwort ließ an Deutlichkeit nichts zu wünschen übrig:

»Mitnichten! Ich habe genau das Gegenteil gesagt. Wir haben hier von unserem Institut ja gerade eine Studie dazu gemacht. Und da haben wir gesehen, dass die Vitaminversorgung in Deutschland ganz gut ist. Und das habe ich auf der Veranstaltung auch gesagt. Ich war vollkommen perplex, als ich die Meldung gelesen habe.«

Wer steckt hinter »evi«?

Prof. Rechkemmer meinte, man sollte mal schauen, wer hinter der Ernährungs- und Vitamininformation »evi« stehe. Von dort kam die Pressemitteilung. Man findet heute ja fast alle Informationen im Internet. Also googelte ich fleißig »evi«. Aber abgesehen von einigen Pressemitteilungen, die die wohltätigen Vitamine priesen, fand ich nichts. Merkwürdig: Ein Verein, der das Wort Information im Namen trägt, ist im Netz der Netze praktisch unsichtbar? Ein eingetragener Verein (e.V.) muss aber eingetragen sein. Also startete ich eine Anfrage beim Vereinsregister in Frankfurt. Und was meinen Sie? Wer ist als Vorsitzender des Vorstands dort eingetragen? Nein, diesmal ist es nicht Dr. Manfred Eggersdorfer von DSM. Aber es ist ein Kollege von ihm, also ebenfalls ein DSM-Mann. So hat der weltgrößte Vitaminhersteller seine Finger auch im zweiten auf den ersten Blick unabhängigen Verein zur Vitamininformation im Spiel.

Warum sind wir nicht überrascht? Lisa Loewenthal, die Autorin der Pressemitteilung, finde ich im Telefonbuch und rufe sie an. Die Geschichte sei ja »so was von durch«, erklärte sie am Telefon. Sie sei als freie und unabhängige Journalistin auf der Veranstaltung gewesen und hätte lediglich ihren persönlichen Eindruck wiedergegeben. Und wenn sich der nicht mit meinem Eindruck decke, dann sei das nicht ihr Problem. So oder so ähnlich hat sie sich ausgedrückt. Ich suche im Internet nach Lisa Loewenthal, die ebenfalls Mitglied bei »evi« ist. Das war viel einfacher als die Suche nach dem obskuren Vitamininformationsverein »evi«. Denn Lisa Loewenthal – das zeigte sich schnell – hat eine Marketingagentur. Viel einfacher? Damals ja. Doch wenn ich sie heute, nach zwei Jahren, im Internet suche, finden sich nur noch schüttere Spuren. Wie es scheint, ist sie »abgetaucht«. Unter der Adresse LLC (Lisa Loewenthal Communications) findet sich nur noch ein »coming soon«. Und bei 123 people erscheinen folgende Textzeilen:

»Lisa Loewenthal Communications GmbH
Das LLC-Team kommuniziert auf Basis eines ausgebildeten Netzwerks aus Experten und Medienpartnern Themen aus den Bereichen Gesundheit, Ernährung, Umwelt und Life Sciences.«

Die PR-Maschinerie der Vitaminhersteller

Das ist eigentlich schon aussagekräftig genug. LLC »kommuniziert« Medizinthemen. Wie gesagt: Heute findet man nur noch Spuren davon im Netz. Vor zwei Jahren hatte die Agentur noch einen prächtigen Auftritt im Business-Netzwerk Xing. Dort versprach Lisa Loewenthal interessierten potenziellen Arbeitnehmern in ihrer Agentur »eine PR-Karriere auf dem Gebiet Pharma und Ernährung«. Volltreffer. Aber es kommt noch besser. Ich suche nach dem Beleg für eine direkte Geschäftsverbindung der angeblich unabhängigen Journalistin zum Weltmarktführer der Vitaminhersteller DSM. Und werde fündig. DSM unterhält im Internet ein aufwendig gestaltetes Informationsportal mit dem schönen Namen NUTRI-FACTS (Ernährungsfakten). Dort bekommen Besucher eine Menge Informationen, was Vitamine so alles Positives bewirken. Auf der Begrüßungsseite steht:

»Herzlich willkommen bei NUTRI-FACTS, dem anspruchsvollen Portal zu essenziellen Mikronährstoffen für Verbraucher, Ernährungsberater, medizinisches Fachpersonal und Medienvertreter. NUTRI-FACTS bietet Ihnen wissenschaftlich fundierte Fakten und neueste Informationen zu Vitaminen, Carotinoiden und anderen Mikronährstoffen.«[37]

Machen Sie sich mal den Spaß und klinken Sie sich dort ein. Die positiven Wirkungen von Vitaminen sind dort gigantisch. Allerdings treten auffällig häufig das Wort »könnte« oder weitere Formen des Konjunktivs auf und der Hinweis, dass diese Zusammenhänge noch nicht eindeutig belegt seien. Aber vor Vitaminmangel muss man sich in Acht nehmen! Nur von negativen Studienergebnissen werden Sie dort nichts lesen. Dabei gibt es abgesehen von der Kopenhagener Metaanalyse viele weitere Studien, die zeigen, dass Vitaminpräparate das Risiko steigern:

- für Schlaganfall (Vitamin E)
- für Prostatakrebs (Vitamin E)
- bei Rauchern für Lungenkrebs (Vitamin A)
- für Tod durch Herz-Kreislauf-Erkrankungen (Vitamin A)[38]

Von diesen und weiteren Studien bzw. Metastudien mit ähnlich negativen Ergebnissen werden Sie bei NUTRI-FACTS nichts finden. Und jetzt Achtung: Wir sind ja auf der Suche nach einer Verbindung zwischen Lisa Loewenthal und dem Vitaminhersteller DSM, der NUTRI-FACTS betreibt. Mit der Domain-Suchmaschine »Whois« kann man diverse Metadaten zu Websites im Internet abfragen. Wer hat sie erstellt? Wann ging sie online? Wem gehört sie? – und so weiter. Ich frage »Whois NUTRI-FACTS?« Ahnen Sie die Antwort? Lisa Loewenthal hielt zum Zeitpunkt meiner Recherche die Domain NUTRI-FACTS. Die »unabhängige Journalistin«, die in ihrer Pressemitteilung ein so seltsam sinnentstelltes Bild der Stuttgarter Vitamindiskussion gezeichnet hatte, ist aufs Engste verflochten mit dem Marketing der Nummer eins im weltweiten Vitamingeschäft. Das habe ich in meinem Fernsehbeitrag *PR-Kampagne für Vitamine* glücklicherweise dokumentiert. Denn heute sind die Spuren im Netz verwischt.

Drei Nachträge zum Kapitel über Vitamine

1. Bertelsmann Springer Medizin-Online hat *lifeline* inzwischen verkauft. Die Gruppe ist nicht mehr verantwortlich für diesen Internetauftritt.

2. Die *ots*-Meldung von Lisa Loewenthal war so unverschämt weit vom tatsächlichen Verlauf der Veranstaltung entfernt, dass selbst Nahrungsmittelergänzungsspezi Professor Biesalski sich genötigt sah, sich öf-

fentlich davon zu distanzieren. Auf seiner Website las man einige Tage nach der Pressemitteilung von Frau Loewenthal:
»Einen ›Vitamin-Defizit-Alarm‹ für Deutschland gibt es nicht, bekräftigt eine renommierte Expertenrunde, die das Thema ›Vitaminversorgung in Deutschland‹ auf Einladung der Universität Hohenheim am 5. Juli 2010 öffentlich diskutiert hatte. Damit distanzieren sich die Experten klar von einer Pressemitteilung des sogenannten ›Arbeitskreises Ernährungs- und Vitamin-Information‹, die die Ergebnisse der Diskussion nicht korrekt wiedergebe.«

3. Die Kopenhagener Cochrane-Gruppe hat im März 2012 eine Erweiterung ihrer Metaanalyse zu antioxidativen Vitaminen und Sterblichkeit herausgebracht. Nach der Einbeziehung von zwei Dutzend weiterer Studien, für die im Jahr 2007 noch keine Angaben zu den Todesraten der Studienteilnehmer vorgelegen hatten, hat sich das Ergebnis der Metastudie verändert. Die Wissenschaftler schätzen die Gefahr jetzt kleiner ein als in der ersten Veröffentlichung. Die Tendenz aber bleibt. Im Zweifelsfall erhöhen diese Supplemente das Risiko zu versterben. Nur Vitamin C scheint harmlos zu sein.

4. Verschnaufpause

»Was hat dich eigentlich so böse gemacht?«

Ich hatte meinen früheren Klassenkameraden seit mindestens 15 Jahren nicht mehr gesehen. Und dann saß er mir im Zug plötzlich gegenüber. Michael hatte nach dem Abi Zahnmedizin studiert, eine Praxis aufgemacht und im Internet eine entsprechende Informationsplattform online gebracht. Das war damals noch nicht erlaubt, wurde als illegale Werbung betrachtet und bescherte meinem Klassenkameraden einen kräftezehrenden Gerichtsprozess. Im Internet hat das damals richtig Staub aufgewirbelt. So hatte auch ich davon erfahren. Dieser Prozess war einer der Gründe für Michaels Absturz. Das Scheitern seiner Ehe. Den Zusammenbruch seiner Praxis. Die Anmeldung der Insolvenz. Er erzählt mir mit einem abgeklärten Lächeln, dass er dann »die Seiten gewechselt« habe. Michael ist heute beim MDK, dem Medizinischen Dienst der Krankenkassen. Wir haben die Institution bei der Darstellung des verhängnisvollen Abrechnungssystems der Krankenhäuser (DRG-System) schon kennengelernt. Der MDK überprüft Arztrechnungen. Michael überprüft Zahnarztrechnungen. Aus seiner Erfahrung als Zahnarzt und beim Prüfdienst MDK weiß er, dass Überbehandlung auf fast allen medizinischen Gebieten an der Tagesordnung ist. Deshalb sagt er, dass er mein Buchprojekt gut findet. Trotzdem will er wissen: »Was hat dich eigentlich so böse gemacht?«

Ich überlege, was ich ihm antworten soll. Vor allem möchte ich klarstellen, dass ich nicht böse bin. Höchstens wütend …

Schon als Kindergartenkind habe ich mich für Wissenschaftsjournalismus interessiert. *Der offene Himmel* mit Professor Heinz Haber im Fernsehen fand ich interessanter als *Das Zauberkarussell*. Es war die Apollo-Zeit. Raumfahrtbegeisterung. Später las ich lieber *Am Anfang war der Wasserstoff* von Prof. Hoimar von Ditfurth als *Fünf Freunde* von Enid Blyton. Während meiner ganzen Studienzeit (ich habe Literaturwissenschaft, Kunstgeschichte und Psychologie studiert) habe ich an der Pressestelle der Johannes-Gutenberg-Universität gearbeitet, dort einige Hundert wissenschaftsjournalistische Artikel geschrieben. Und kein einziger war dabei, der sich kritisch mit medizinischen Praktiken auseinandergesetzt hätte. Das Thema hatte ich überhaupt nicht »auf dem Schirm«. Hätte man mich damals – Ende der 80er, Anfang der 90er – gefragt, ob es Chirurgen gibt, die aus Geldgier überflüssige Operationen an ihren Patienten vornehmen, hätte ich wahrscheinlich auch nur ungläubig mit dem Kopf geschüttelt. Aber vermutlich war dieses Phänomen damals auch noch längst nicht so verbreitet wie heute. Außerdem arbeitete ich hauptsächlich für die Zeitung der Universität. Also quasi bei einer Werkszeitung. Das Thema wäre dort undenkbar gewesen. Was hätten die Professoren von der Uniklinik dazu gesagt?

Wissenschaftsberichterstattung oder Journalismus?

Als ich zum ersten Mal einen Bericht über eine manipulierte Pharmastudie machte, war ich ganz aufgeregt. Es ging um das Antidepressivum Paroxetin. 2004 wurde bekannt, dass der englische Hersteller Glaxo ein ganzes Jahrzehnt lang Studiendaten zurückgehalten hatte, die zeigten, dass Paroxetin die Selbstmordneigung jugendlicher Patienten deutlich erhöht. Selbstmordversuche in den Studien wurden zu »emotionaler Labilität« umcodiert und so verschleiert, negative Studienergebnisse einfach nicht veröffentlicht. Firmeninterne Papiere belegten, dass der Firmenleitung das Problem bekannt war, dass man die Öffentlichkeit aber nicht informieren wollte, weil das wirtschaftlichen Schaden für das Unternehmen bedeuten würde.[39]

Ich erzählte einem Kollegen – einem erfahrenen Politjournalisten – die Story und erklärte, dass einem so ein richtiger »Aufreger« in unserer Arbeit ja sicher nur alle paar Jahre mal unterkomme. Ich sehe sein Gesicht noch

genau vor mir. Eine Mischung aus Verwunderung, Spott, Amüsement, Ab-
schätzigkeit. Immer wenn ich daran denke, fallen mir Sätze ein, von denen ich annehme, dass sie meinem Kollegen in diesem Moment durch den
Sinn gingen: »Frank, du musst schon mit zwei geschlossenen Augen durch
die Welt gehen, um nicht zu sehen, dass Profitsucht eine allgegenwärtige
Triebfeder unserer Gesellschaft ist, die Öffentlichkeit ständig mit Kampa-
gnen manipuliert wird und die größten Zyniker häufig die höchsten Posten
in Unternehmen bekleiden. Aus dem schlichten Grund, weil sie am rück-
sichtslosesten die ökonomischen Interessen ihrer Firma vertreten.«

In den folgenden Jahren, in denen ich immer häufiger »dunkle Fäden« an-
fasste und kritisch recherchierte, musste ich lernen, dass es in der Medizin
tatsächlich dunkle Machenschaften zuhauf gibt. Dass die 280 Milliarden
Euro, die in Deutschland jährlich durch das Gesundheitssystem geschleust
werden, jede Menge kriminelle Energie auf den Plan rufen. Diesem ökonomisch motivierten Medizinbetrieb geht es zu oft nicht mehr um die Gesundheit der Menschen, sondern in erster Linie um Profit, und das stört
mich persönlich gewaltig. Vor allem auch weil es nicht Fehltritte Einzelner
sind. Nicht die berühmten schwarzen Schafe – ein paar Bösewichte, die ab-
zocken wollen. Unser Gesundheitssystem leistet durch seine ökonomische
Zurichtung der Ausbildung mafiöser Strukturen geradezu Vorschub. Das
Wort von den mafiösen Strukturen hat übrigens der Gesundheitsökonom
Prof. Karl Lauterbach gebraucht, als er im Mai 2012 zu einer Studie Stellung
nahm, die gezeigt hatte, dass jede vierte Klinik in Deutschland »Fangprämien« an niedergelassene Ärzte zahlt. Für die Überweisung von Patienten.
Lauterbach sagte: »Das sind Mafiaverhältnisse, die einen Riesenschaden
verursachen, vor allem für Patienten, die so in Behandlungen kommen, die
für sie nicht optimal sind.«[40]

Mafiaverhältnisse

Überlegen Sie mal, wie viele Patienten nicht nur in suboptimale, sondern
in völlig überflüssige Behandlungen hineinschlittern. Der niedergelassene Arzt nimmt gerne noch mal einen Hunderter mit und überweist den
Patienten in die Klinik, obwohl es ein Stützstrumpf oder eine Schiene für

die angeknackste Ferse auch getan hätte. Im Krankenhaus – darauf können Sie Gift nehmen – wird man zu dem Patienten auch nicht sagen: »Och, da reicht Ihnen eigentlich auch ein Stützstrumpf (konservative Behandlung). Ich schreib Ihnen mal ein Rezept. Und dann gehen Sie in ein Sanitätshaus und gönnen dem Fuß ein paar Tage Ruhe.« Wenn die schon mal eine Fangprämie bezahlen, dann wollen sie an dem Patienten natürlich auch ordentlich was verdienen. Also wird am Sprunggelenk operiert. Das habe ich meinem Klassenkameraden Michael nicht alles im Einzelnen erzählt. Aber im Prinzip war das meine Antwort auf seine Frage, was mich denn so »böse« gemacht habe.

Beim Thema »Das Geld lockt« lächelt Michael und nickt zustimmend. Er schildert mir eine Facette der mafiösen Struktur, die mir bis dahin nicht bewusst war: »Du wirst schon im Studium angefixt«, sagt er. Und dann erzählt er, dass ihm und seinen Mitstudenten nach dem bestandenen Physikum – also noch mitten im Studium – von der Ärzte- und Apothekerbank ein besonders günstiges Darlehen angeboten wurde. »Zu Konditionen, da konntest du kaum widerstehen.« Mit diesem Geld, zusätzlich zum BAföG, ließ es sich schon recht gut leben. Über dem normalen studentischen Niveau. Ich überlege, in wie vielen medizinstudentischen Gehirnen mit dieser bevorzugten Behandlung das elitäre Bewusstsein gezüchtet wird: ›Ich bin ein designierter Besserverdienender.‹

Wer sich daran schon mal gewöhnt hat ...

Michael erzählt weiter: »Wenn du die Praxis eröffnest, kommt der Kredit wieder von der Ärzte- und Apothekerbank. Da sind die Konditionen schon nicht mehr ganz so gut. Du hast dich verschuldet. Du hast Druck, Geld zu verdienen. Das fördert nicht gerade die Neigung, konservativ zu behandeln«, sagt mein ehemaliger Klassenkamerad. Konservativ behandeln heißt: kein Eingriff, keine Operation. »Conservare« bedeutet lateinisch »bewahren«. Das heißt konkret zum Beispiel Schmerztherapie, bis der Körper das Problem gelöst hat. Eine Strategie mit dem selten gehörten Fachbegriff »zuwarten«. Also schauen, ob die Symptome nicht von selbst verschwinden. Als Hilfestellung Krankengymnastik, Stützstrumpf, Ernährungsumstellung, Sport, Psychotherapie oder was sonst zum medizinischen Problem passt.

Damit verdient aber keine Klinik und kein niedergelassener Arzt und kein Medizingerätehersteller auch nur einen Cent. Also werden Medizingerätehersteller, wenn irgend möglich, dafür sorgen, dass die Philosophie der Ärzte sich in Richtung Gerätemedizin entwickelt: Tolle Bildgebung! Modernste Operationsroboter! Total minimalinvasiv! Aber da ist es schon wieder passiert, denn die Technik ist teuer und soll sich möglichst rasch amortisieren: »Du hast dich verschuldet. Du hast Druck, Geld zu verdienen. Das fördert nicht gerade die Neigung, konservativ zu behandeln«, hatte Michael gesagt.

Können Sie sich vorstellen, wie mächtig im Gegensatz dazu die Lobby der Krankengymnasten ist? Oder die Lobby der Ernährungsberater? Ich sag Ihnen was. Auch wenn Sie es sich wahrscheinlich schon denken können: Die haben gar keine. Die haben auch kein Geld, Ärztekongresse zu finanzieren oder Fortbildungsveranstaltungen in der Toskana, um die Ärzte darauf einzuschwören: »Verschreibt mehr Krankengymnastik.« »Sagt den Leuten, sie sollten sich mehr bewegen und sich besser ernähren.« Die Pharmaindustrie hat dieses Geld. Die finanziert Ärztekongresse und bestimmt, wer den Festvortrag hält. Professor Sowieso – ein Meinungsbildner in seinem Fach – lobt dort ausgiebig die neueste Generation der Cholesterinsenker. Die Pharmaindustrie hat das Geld, um die »Fortbildung« der Ärzte mit nettem Rahmenprogramm aus Kultur und Gastronomie zu finanzieren. Um den Medizinern »moderne pharmakologische Strategien« beizubringen.

Wir finanzieren ein Karussell des Irrsinns

Wissen Sie übrigens, woher die Pharmaindustrie die immensen Geldsummen zur Finanzierung ihrer Marketingideen hat? Richtig! Von Ihnen und von mir. Verrückt, oder? Wir geben das Geld, damit die Industrie ein Marketingbudget in Milliardenhöhe bekommt, um damit die Ärzteschaft darauf einzuschwören, uns unsinnige Prozeduren und überflüssige Pharmazie anzudrehen, die wir teuer bezahlen müssen, um dieses System der

Manipulation zu finanzieren. Ein Karussell des Irrsinns! Viele Unternehmen aus der Branche geben doppelt so viel Geld für Marketing aus wie für die Forschung und Entwicklung. Wirtschaftlich gesehen, ist das ja auch logisch: Marketingerfolg ist relativ gut planbar. Forschungsergebnisse sind das nicht. Unter medizinischen Gesichtspunkten ist das aber eine Sauerei. Die pharmazeutische Entwicklung ist unterdessen zu einer Schnecke geworden. Neue Medikamente sind immer häufiger nur Scheininnovationen. Wirkmoleküle, an denen man ein paar Atome ausgetauscht hat, um neuen Patentschutz zu erhalten. Fortschritt sieht anders aus. Aber ich schweife ab.

5. Noch mehr Überbehandlung

Risiko Zahnmedizin

»Mutti, Mutti: Er hat gebohrt, wo überhaupt nichts war!«

Können Sie sich an diese Fernsehwerbung erinnern? Zugegeben, der Text lautete etwas anders. Es war eine Werbung für Zahncreme. Ein kleiner Junge kommt in der Zahnarztpraxis freudestrahlend aus dem Behandlungszimmer und ruft seiner Mutter entgegen: »Mutti, Mutti! Er hat überhaupt nicht gebohrt!« Weil die Zahncreme so super vor Karies schützt. Und so ist es tatsächlich. Die Verbesserung der Zahnpflege in den letzten Jahrzehnten hat für die Zahnärzte ein massives Problem entstehen lassen: Es gibt nicht mehr genügend Karies, um alle Zahnärzte ausreichend mit medizinisch motivierten Bohraufträgen zu versorgen. Das hat dazu geführt, dass auch dort gebohrt wird, wo überhaupt keine Karies ist.

Wenn mich ein Thema beschäftigt, spreche ich gerne mit Kollegen darüber. Kameraleuten, Journalisten, Cuttern. Die kommen herum, haben es bei ihrer Arbeit häufig mit interessanten Geschichten zu tun und können anregenden Input geben. Außerdem kann ich so testen, ob die Kollegen »auf das Thema anspringen«, wie viel Interesse es hervorruft. Zum Thema Überbehandlung kann mittlerweile fast jeder von eigenen Erlebnissen berichten. Eines der »schönsten« hat mir Heiner erzählt.

Heiner ist Cutter in Mainz. Er erzählt mir, dass er sich, als er nach Mainz zog, natürlich auch einen neuen Zahnarzt suchen musste. Er hatte bis dahin keine Karies gehabt (etwa fünf Prozent der Deutschen haben keine Karies) und sein Zahnarzt zu Hause hatte immer gesagt:»Heiner, du hast tolles Zahnmaterial, das musst du auch gut pflegen.« Und Heiner hatte es gut gepflegt. Dann sei er in diese neue, modern ausgestattete Praxis gekommen, wo verdächtig wenig los war. »Da hätte ich eigentlich schon misstrauisch werden müssen«, erzählt der Cutter, »aber natürlich freut man sich auch, wenn man gleich einen Termin bekommt. Dann saß ich bei dem Zahnarzt auf dem Stuhl. Der schaut in meinen Mund und die Falten auf seiner Stirn werden immer tiefer. Schließlich sagt er: Herr B., das kann ich jetzt gar nicht alles machen. Da müssen Sie sich drei Termine geben lassen.« Heiner sagt, er sei geschockt gewesen. War sein alter Zahnarzt so inkompetent gewesen? Hatte sich innerhalb von einem knappen Jahr der Zahnfraß in seinem Mund so sprunghaft entwickelt? Misstrauen keimte auf. Heiner machte bei dem neuen Zahnarzt keinen weiteren Termin aus. Er besuchte auf der nächsten Heimfahrt seinen alten Zahnarzt. Und der sagte ihm nach eingehender Untersuchung: »Heiner, du hast keine Karies.«

Ich habe ähnliche Gruselgeschichten in den letzten Jahren immer häufiger gehört. Einer meiner Zahnärzte wollte mir schon vor 25 Jahren meine vier Weisheitszähne ziehen. »Die Übrigen haben dann mehr Platz.« Schön! Aber was hab ich sonst davon? Außer einer Lücke, in der eine Trense für das Zaumzeug Platz hat? Doch das sind natürlich zunächst nur Anekdoten. Einzelerlebnisse, die nicht den Anspruch erheben können, die allgemeine Situation angemessen abzubilden. Vor wenigen Monaten hat das SWR-Verbrauchermagazin *Marktcheck* jedoch einen Test gemacht. Mit einem Szenario, von dem ich schon lange geträumt habe: Ein von einem Experten untersuchter und exakt diagnostizierter Patient wird als Lockvogel in verschiedene Praxen geschickt.

Zahnärzte auf dem Prüfstand

Dr. Uwe Nikusch von der Zahnärztlichen Patientenberatung in Heidelberg untersucht den Testpatienten Holger intensiv. Zunächst nur per Augenschein. Da fällt Dr. Nikusch nichts negativ auf. Der Testpatient Holger hat ein gut gepflegtes Gebiss. Doch das Röntgenbild zeigt an vier Stellen Karies. Das ist nicht ungewöhnlich, denn Karies beginnt zunächst unter dem Zahnschmelz. Nur eine der Stellen – sagt Dr. Nikusch – ist so groß, dass sie aufgebohrt und behandelt werden sollte. Die anderen sind noch nicht behandlungsbedürftig. Tatsächlich können kleine Kariesstellen sogar von alleine heilen.

Wie bei diesen Reportagen üblich, wird mit versteckter Kamera gearbeitet. Die Gesichter der Ärzte werden im Schnitt – wenn der Fernsehbeitrag montiert wird – unkenntlich gemacht. Ihre Aussagen werden mit anderen Stimmen übersprochen, damit die Ärzte auch anhand der Stimme nicht identifiziert werden können. Denn was die Protagonisten dieser verdeckt dokumentierten Vorgänge so von sich geben, kann – sagen wir es mal vorsichtig – extrem rufschädigend sein. Aber es könnte theoretisch auch mal reiner Zufall, ein Ausrutscher, ein dummes Versehen sein. Trotzdem wäre der Ruf der entsprechenden Personen ruiniert. Deshalb müssen sie anonymisiert werden. Schon die erste Zahnärztin muss dieser behutsamen Regelung ihr Leben lang dankbar sein.

Denn bereits nach einer kurzen Begutachtung von Lockvogel Holgers Mundraum stellt sie fest:»Ihr Zahnfleisch ist an vielen Stellen gerötet, entzündet und blutet sehr leicht. Da brauchen Sie dringend eine professionelle Zahnreinigung.« Welche Überraschung: Vor einer knappen Stunde war Holgers Zahnfleisch noch kerngesund. Jetzt soll es plötzlich entzündet sein. Und die Zahnärztin entdeckt angeblich noch mehr Probleme:»Sie haben an allen großen Backenzähnen eine beginnende Karies auf den Kauflächen. Insgesamt sind das acht Zähne. Die sollten versiegelt werden.« Das hat die Ärztin alles mit unbewaffnetem Auge erkannt. Mithilfe der Röntgenbilder entdeckt sie noch mehr Probleme. Am Ende möchte sie sechs Löcher bohren und fünf Zähne versiegeln. Gesamtkosten zirka 1200 Euro.

Wieder aus der Praxis, wundert sich der Lockvogel Holger vor der Kamera:»Laut dieser Zahnärztin habe ich ein komplett sanierungsbedürftiges Gebiss. Interessant auch, dass die Zahnärztin mit bloßem Auge viele Kariesstellen entdeckt haben möchte. Und das Ganze hatte überhaupt viel mehr von einem Verkaufsgespräch als von einem Arztbesuch.«

Dr. Uwe Nikusch, der Holgers Gebiss zuvor begutachtet hatte, wundert sich über den Behandlungsbedarf, den seine Kollegin festgestellt haben will, und drückt seinen Verdacht dann sehr höflich aus: »Persönlich hat man da den Eindruck, da haben auch finanzielle Gedanken eine Rolle gespielt.«

»... haben finanzielle Gedanken eine Rolle gespielt«

Der nächste Zahnarzt, den der Lockvogel besucht, liefert ein Ergebnis, das mir persönlich sehr sympathisch ist: Er schaut dem Testpatienten in den Mund, sieht keine Probleme. Und sagt: Hier muss nix gemacht werden. Gut gepflegte Zähne. Dr. Nikusch, der Experte in diesem Beitrag, ist damit allerdings nicht zufrieden. Auch er hatte die Karies erst mithilfe von Röntgentechnik entdeckt. Und soll man tatsächlich bei jedem Zahnarztbesuch – auch wenn man zur Vorsorge kommt, ganz ohne Probleme – Röntgenaufnahmen machen? Bei mir bitte nicht!

Diese Überversorgung mit Röntgentechnik wird beim nächsten getesteten Zahnarzt moniert. Im Beitragstext heißt es: »Obwohl Holger aktuelle Aufnahmen dabeihatte, wurden weitere Bilder angefertigt. Mit zwei verschiedenen Aufnahmetechniken.« Geldmacherei! Der Zahnarzt hatte diese Apparaturen zur Bildgebung angeschafft. Also werden sie auch eingesetzt. Egal, ob schon Bilder vorhanden sind oder nicht. Wenn Ihnen das passiert, wehren Sie sich bitte. In dieser Praxis wird auch festgestellt, dass dringend eine Zahnsteinentfernung erforderlich ist. Wie weit hier die Ansichten auseinandergehen! Zahnstein hatte der zahnärztliche Patientenbeauftragte Dr. Uwe Nikusch nicht feststellen können. Und dabei denke ich mir: Selbst als Laie müsste man das doch objektiv sehen können. Auch die Zahl der Löcher in Holgers Gebiss hat sich innerhalb kurzer Zeit noch einmal drastisch erhöht: »13 Zähne von Ihnen sind nicht optimal. Neun davon sollte man dringend bohren«, erklärt der im Beitrag unkenntlich gemachte Arzt. Kosten: 800 bis 900 Euro.

Doch dann, welche Erleichterung, stellt ein Zahnarzt nach der Auswertung der Röntgenbilder die gleiche Diagnose wie der unabhängige Gutachter Dr. Uwe Nikusch. Karies an vier Stellen. Eine davon behandlungsbedürftig.

Überbehandlung bei zwei von sechs Zahnärzten

Am Ende war das Testergebnis folgendes: Sechs Zahnärzte wurden getestet. Zwei sahen keine behandlungsbedürftige Karies. Zwei stellten dieselbe Diagnose wie der Gutachter und gaben dieselbe Behandlungsempfehlung. Und zwei Zahnärzte wollten deutlich mehr Karies behandeln, als im Gebiss des Testpatienten tatsächlich vorhanden war. Der Gutachter sprach in diesem Zusammenhang von »finanziellen Gedanken«, die da eine Rolle gespielt haben könnten.

Mit Verlaub, ich finde, man muss es anders ausdrücken: Zwei von sechs getesteten Zahnärzten waren tatsächlich so geldgierig und dreist, dass sie dem Testpatienten mehrere Löcher in den gesunden Zahnschmelz bohren wollten. Eine schamlose Ausnutzung des Vertrauensverhältnisses zwischen Arzt und Patient. Für mich eine Sache, die vor Gericht gehört. Das ist versuchte Körperverletzung und Betrug. Der Test mag mit sechs überprüften Zahnärzten klein sein und kann nicht beanspruchen, die Überversorgung wissenschaftlich bewiesen zu haben. Doch eine »Trefferquote« von 33 Prozent bei einer solchen Stichprobe ist besorgniserregend. Oder was meinen Sie?

Das Problem ist auch hier wieder: Vor Gericht müsste man diesen Ärzten Vorsatz nachweisen und das ist fast unmöglich. Auch Zahnärzte können sich im Ernstfall immer auf ihre Inkompetenz berufen. Egal, ob sie gesunde Zähne ziehen, überflüssige Versiegelungen oder Reinigungen vorschlagen oder eben nicht vorhandene Karies entfernen: »Ich hab da aber eine Verfärbung gesehen.« »Ich hab da ein Datenblatt vertauscht.« »Ich folge hier den Leitlinien der Wissenschaftlichen Fachgesellschaft.« Die Ausreden sind so simpel. Und Sie haben als Patient größte Schwierigkeiten zu beweisen, dass die Ärzte andere, dass sie niedere Beweggründe haben. Die Staatsanwaltschaft nimmt deshalb solche Klagen in der Regel gar nicht an. Tatsächlich steht ja auch kaum zu erwarten, dass ein Zahnarzt im Gerichtssaal seine Motivation für die Überbehandlung offen zugibt: »Ja, wissen Sie, Herr Richter, ich war eigentlich schon als Schüler der Meinung, dass ein Porsche so gut zu meiner Persönlichkeit passt. Und irgendwann muss man sich seine Träume auch mal verwirklichen. Die Unversehrtheit meiner Patienten ist mir da – ehrlich gesagt – nicht so wichtig.«

Betrug durch den Zahnarzt bleibt unentdeckt

Im Studiogespräch, das auf diesen Beitrag in der Sendung *Marktcheck* folgt, sagt ein Mann von der Techniker Krankenkasse, dass sich das Bild, das der Beitrag zeichne, nicht ganz mit der Beschwerdesituation decke, wie sie bei der TKK vorliege. Doch wie soll sie das auch? Diese Überbehandlung bleibt in den allermeisten Fällen unentdeckt. Wie viele Patienten holen sich denn eine Zweitmeinung ein, wenn ihr Zahnarzt ihnen sagt: »Wir müssen da drei Stellen machen.« Am Ende noch, wenn der Patient Zahnschmerzen hat. Da haben die Bohrer leichtes Spiel. Und nach dem Eingriff kann keiner mehr sehen, ob diese Plombe medizinisch einen Sinn hatte. Besser noch: Jede Füllung garantiert weitere Umsätze. Der Zahnschmelz ist verletzt. Und »Sekundärkaries« (hier nicht ganz der treffende Ausdruck) bildet sich fast unausweichlich.

Der Beitrag meiner Kollegen vom SWR-Verbrauchermagazin *Marktcheck* ist in meinen Augen öffentlich-rechtlicher Journalismus vom Feinsten. Aber er ist natürlich keine wissenschaftliche Studie, sondern nur eine Stichprobe. Aber überlegen Sie mal: In dieser Stichprobe hat ein Drittel der Zahnärzte Karies und andere behandlungsbedürftige Probleme diagnostiziert, wo es die gar nicht gab. Ein Drittel! Da müssten bei den entsprechenden Fachgesellschaften doch alle Alarmglocken klingeln. Die Kassenzahnärztliche Bundesvereinigung wurde in dem Stück meiner Kollegen dann auch zum erschreckenden Ergebnis der Stichprobe befragt. Was glauben Sie, wie hat der Standesvertreter geantwortet? Etwa: »Das ist eine schlimme Sache. Wir werden eigene Stichproben unternehmen, um dem Anfangsverdacht nachzugehen?« Nein. Natürlich nicht. Er hat es einfach abgebügelt. Er meinte, bei der Diagnose von Karies gäbe es eben einen

»Ermessensspielraum«. Was für eine Katastrophe! Ich habe es ja im Kapitel über die strukturellen Probleme unseres Gesundheitsbetriebs schon angedeutet: Die Medizinische Selbstverwaltung ist ein schlimmer Webfehler im System. Eine Sackgasse. Die Zementierung der Missstände. Der Bock kann als Gärtner nicht funktionieren. Er wird immer die Interessen seiner Mitböcke vertreten. Dafür wurde er von jenen ja gewählt. Der Garten wird ausgebeutet. Was denn sonst? Dumm nur, dass Sie und ich – dass wir dieser Garten sind.

Orthopädie, die Zweite

Gruselkabinett der Überbehandlung

Der Arzt und Kabarettist Dr. med. Eckart von Hirschhausen erzählt seinen Zuschauern in einem seiner Programme einen altbekannten Witz, in dem es um folgenden medizinischen Wettstreit geht:

»Wir haben ein Fußballfeld. An den vier Eckfahnen warten vier Mediziner: ein guter Orthopäde, ein schlechter Orthopäde, ein Radiologe und ein Chirurg. Auf dem Anspielpunkt liegen 5000 Euro. Das Geld erhält, wer nach dem Startsignal als Erster am Anspielpunkt angelangt ist. Was meinen Sie, wer bekommt das Geld? Es ist der schlechte Orthopäde. Warum? Nun, der Radiologe ist es nicht, weil der sich für 5000 Euro gar nicht in Bewegung setzen würde. Es ist auch nicht der Chirurg. Dem sind die Regeln zu kompliziert. Und einen guten Orthopäden gibt es nicht. Also bekommt der schlechte Orthopäde das Geld.«[41]

Wie kommen der Volksmund und Dr. von Hirschhausen darauf, ausgerechnet die Orthopäden so böse zu verspotten? Und tatsächlich, wenn man sich umhört, ist der Ruf dieser medizinischen Fachdisziplin nicht besonders gut. Warum eigentlich? Haben Sie eigene Erlebnisse mit Orthopäden? Ich kann mich – als »Patient« – nur an eine Begegnung mit einem Orthopäden erinnern und das ist lange her. Mir hat ein Orthopäde vor etwa 40 Jahren »Einlagen« verschrieben. Das war damals groß in Mode. Das waren Sohlen aus gelbem, durchsichtigem Kunststoff, die ich und viele meiner Mitschüler im Schuh tragen sollten. Weil wir angeblich behandlungsbedürftige Fußformen hatten. Ich weiß nicht mehr, ob bei mir Senk-, Platt- oder Spreizfüße diagnostiziert wurden. Oder eine der beliebten Mischformen. Ich habe die unbequemen Dinger ein paar Tage getragen und sie dann heimlich verschwinden lassen. Ich hatte nie Probleme mit meinen Füßen. Und ich gehe viel zu Fuß.

Noch eine Orthopädenanekdote: Mein Chef, Helmut Riedl, der Redaktionsleiter unseres Wissenschaftsmagazins im SWR-Fernsehen, kam eines Tages mit einer Hightechschiene zu einem Redaktionstreffen. Unterschenkel und Fuß waren von der grauen Plastikstütze umschlossen. Ein Sportunfall. Die Achillessehne war abgerissen. Er erzählt, er sei in der Klinik bei den Orthopäden gewesen. Die hätten sich die Kernspinbilder angeschaut und gesagt, da müsse man operieren. Mein Chef – so schätze ich ihn zumindest ein – ist nicht prinzipiell ein Typ, der Angst vor Operationen hätte. Aber durch seine Arbeit in unserem Magazin und beim Zukunftsmagazin *nano* auf 3sat ist er immer wieder mit den neuesten Informationen zu medizinischen Themen konfrontiert. So hatte er auch aktuelle Informationen zur Behandlung seiner Verletzung.

Er erklärte den Orthopäden, die ihn gerade auf den OP-Tisch zerren wollten, dass man das nicht operieren müsse. Der Bänderapparat im Fußgelenk habe große Kapazitäten, sich selbst zu reparieren. Man müsse dem Fuß nur etwas Zeit und eine passende Schiene geben. Dann sagt Helmut zu mir: »Frank, das hättest du sehen müssen. Die sind richtig böse geworden. Der Oberorthopäde hat gesagt: Was hier operiert wird und was nicht, das entscheide immer noch ich.« Doch der selbstherrliche Mediziner musste begreifen, dass er einem Irrtum unterlag. Helmut wurde nicht operiert. Er hat seine Schiene ein paar Wochen getragen und ist seit Jahren vollkommen beschwerdefrei.

»Was hier operiert wird und was nicht, bestimme ich!«

Welches Selbstverständnis spricht aus dem autoritären Auftritt des Orthopäden? Es ist auf jeden Fall das Selbstverständnis eines Mediziners, der
die völlige Deutungshoheit auf seinem Fachgebiet beansprucht. In seinem
Kopf könnte sich das etwa so anhören:»Ich habe das schon immer operiert
und das mache ich auch weiter so. Ein medizinischer Laie hat sich gefälligst
nicht anzumaßen, er könne auf meinem Fachgebiet irgendeine relevante
oder gar zutreffende Einschätzung liefern.« Und ich weiß nicht recht, ob
mir diese Mischung aus Ignoranz und Arroganz nicht sogar die sympathi-
schere Variante ist, wenn ich an die einzige Alternative dazu denke. Denn
die würde sich etwa so anhören:»Mist, wieder einer, der es ahnt: 50 Prozent der orthopädischen Operationen sind bestenfalls überflüssig, in vielen Fällen bewirken sie sogar eine Verschlimmerung der Situation. Reine
Geldschneiderei. Langsam schwimmen uns echt die Felle davon. Jetzt muss
ich meine ganze medizinische Autorität aufbieten. Mal sehen, ob wir den
nicht doch noch auf den Tisch bekommen.« Es tut mir leid, aber ich kann
keine weitere Erklärung für die Haltung des Orthopäden finden: Entweder
ist er fachlich – vorsichtig ausgedrückt – nicht auf der Höhe und hat von
diesen Selbstheilungskräften noch nichts gehört. Oder – und leider scheint
mir diese Interpretation eher zuzutreffen – er ist ein zynischer, geldgieriger
»Beutelschneider«.

Die letzte Studie, in der eine solche Operation weitgehend als Hightechschamanismus enttarnt wurde, ist noch nicht alt. Aber auch nicht so neu,
dass Orthopäden sich damit herausreden könnten, die Untersuchung sei
noch nicht bekannt. Im Jahr 2010 veröffentlichte Dr. Richard Forbell von
der Uniklinik in Lund, Schweden, die Ergebnisse seiner Studie im *New England Journal*, einem der drei bedeutendsten medizinischen Fachjournale.[42]
Genau wie der Orthopäde Dr. Bruce Moseley, der das bis dahin unumstrit-
tene Knorpelglätten im Kniegelenk entzaubert hatte, widmete sich auch
Dr. Richard Forbell einer häufig durchgeführten Standardtherapie. Einer
Operation, die auf den ersten Blick mit einem überzeugenden Konzept aufwartet: Reißt ein Band, so muss es geflickt werden. Die Bänder sind ja nicht
zum Spaß da. Sie haben eine Aufgabe!

Kreuzbandplastik: meistens überflüssig

Es geht um den Riss des vorderen Kreuzbandes im Knie. 121 junge, aktive Erwachsene mit Kreuzbandriss nahmen an der Studie teil. Die Teilnehmer wurden randomisiert, das heißt zufällig einer der beiden Behandlungsgruppen zugeteilt. Die erste Gruppe bekam Physiotherapie und wurde nach dem Abschwellen des Knies direkt operiert. Für die Patienten in der zweiten Gruppe gab es zunächst nur Physiotherapie. Sie hatten allerdings die Option, das gerissene Kreuzband später in einer Operation ersetzen zu lassen, wenn sie mit dem Ergebnis der Physiotherapie nicht zufrieden waren. 23 Teilnehmer machten davon Gebrauch. 36 Kniepatienten aus dieser zweiten Gruppe beließen es bei der Physiotherapie. Also kamen 60 Prozent in der »defensiven« Gruppe vollkommen ohne Operation aus. Als Dr. Forbell die beiden Gruppen nach zwei Jahren hinsichtlich verschiedener Kriterien miteinander verglich (Stabilität des Gelenks, Schmerzen, Selbsteinschätzung des Ergebnisses durch die Patienten), schnitten beide Gruppen praktisch identisch ab. Die Gruppe, in der nicht sofort operiert wurde, sogar ein bisschen besser.

Aber was passiert da eigentlich im Körper? Am Fußgelenk, im Kniegelenk? Wie kann der Körper gerissene Bänder wiederherstellen? Die Antwort lautet, dass diese Scharnierfunktionen unseres Muskel- und Skelettapparates mit einer Sicherheitsreserve aufgebaut sind. Benachbarte Bänder können Funktionen teilweise übernehmen, Muskeln können Kräfte umleiten, Narbengewebe bildet sich und stabilisiert das Gelenk. Etwa 100 000 Risse des vorderen Kreuzbandes gibt es in Deutschland jedes Jahr. Statistisch reißt alle 6,5 Minuten eines. Es mag dabei Fälle geben, in denen eine Operation Sinn macht. Aber spätestens die Studie des schwedischen Orthopäden Dr. Richard Forbell hat gezeigt: In weit mehr als der Hälfte aller Fälle ist dieser Eingriff überflüssig.

Wer steht dazu vor der Kamera?

In vielen Beiträgen für unser Wissenschaftsmagazin *Odysso* im SWR TV habe ich mich mit überflüssiger Orthopädie beschäftigt. Schwierig war es immer, Ärzte zu finden, die ihre kritischen Einschätzungen vor der Kamera öffentlich äußerten. Am Telefon höre ich regelmäßig harte Statements zum Thema Übertherapie. Sie erinnern sich an den Orthopäden aus dem 1. Kapitel: »Sinnlose Operationen? Aber das machen doch alle.« Er hat nach unserem Gespräch offensichtlich darüber nachgedacht, dass er hier etwas zu viel preisgegeben hat. Auf spätere Versuche der Kontaktaufnahme meinerseits reagierte er überhaupt nicht mehr. Und so ist der Schritt vom anonymen Informanten zum öffentlichen Ankläger weit. Nur ganz selten haben kritische Gesprächspartner nach einem »Das muss ich mir erst mal in Ruhe überlegen« dann auch tatsächlich den Schritt vor die Kamera gewagt. Das Gegenteil war häufig der Fall. Oft ist es vorgekommen, dass ein potenzieller Kronzeuge, der sich im Vorgespräch in einem Anfall von Rechtschaffenheit fest bereiterklärt hatte mitzumachen, kurz vor dem Drehtermin abgesprungen ist.

Nur zu verständlich. Wenn ich als Arzt erkläre, dass meine Zunft systematisch unsinnige Behandlungen vornimmt, dass sie sich weigert, die Ergebnisse wissenschaftlicher Studien zur Kenntnis zu nehmen, weil das schlecht ist fürs Geschäft, dann ist das für meine medizinische Laufbahn definitiv gefährlich. Ich beschädige damit den Ruf meiner Fachdisziplin. Meine Fachdisziplin ist aber so etwas wie meine Partei, in der ich auch »politisch« Karriere machen kann. Präsident einer deutschen medizinischen Fachgesellschaft: Das ist fast so gut wie medizinischer Betreuer der Basketball-Nationalmannschaft in den USA. Und selbst wenn ich dazu keine Ambitionen habe: Mir in meiner Partei Feinde zu machen wird auch meiner eigentlichen medizinischen Karriere nicht förderlich sein.

Das ist einer der Gründe für die ungeheure Trägheit, mit der unser Medizinsystem auf wissenschaftliche Erkenntnisse reagiert: die Macht der eminenzbasierten Fachgesellschaften. Fortschritt bedeutet eben mit schöner Regelmäßigkeit die Entdeckung, dass das, was man bisher zu wissen glaubte, falsch ist. Die entsprechenden Konsequenzen – Eingeständnisse von Irrtümern etwa – sind den Eminenzen der Fachgesellschaften aber nicht zuzumuten. Nach ihrem Selbstverständnis sind sie immer noch kleine »Götter in Weiß«. Und so einer kann nicht sagen: »Hm, da war ich wohl auf dem falschen Dampfer.« Eitelkeit ist neben der Habgier die wichtigste

Ursache für die systematische Überbehandlung in unserem Gesundheitssystem.

Die alten Hasen packen aus

In der Orthopädie waren es vor allem zwei gestandene, unabhängige und hochdekorierte Chirurgen, die vor meiner Kamera mehr als einmal Tacheles zum Thema Überbehandlung in ihrem Fachgebiet redeten. Beide genießen internationales Ansehen, haben sich aber nie im Filz der nationalen Fachgesellschaften verstrickt. Außerdem sind sie beide in einer beruflichen Position und in einem Alter, in dem sie keine Nachteile für ihre Karriere mehr befürchten müssen, wenn sie Kritik an ihrer Zunft üben. Vielleicht ist ihre öffentliche Anklage der Überbehandlung in ihrer Zunft auch eine Form der Abbitte, die sie leisten, weil auch sie in jüngeren Jahren chirurgisch zu »offensiv« mit einigen ihrer Patienten umgegangen sind. So wie Prof. Jürgen Harms, der jahrzehntelang die Entwicklung der Wirbelsäulenchirurgie mitprägte. Lange Jahre war er Chef der Wirbelsäulenklinik in Karlsberg-Langensteinbach. Auf meine Frage, ob es Übertherapie in der Wirbelsäulenchirurgie gebe, antwortet er klar, aber auch differenziert:

»Für die Bandscheibenoperationen kann ich das klar bejahen. Hier bin ich überzeugt, dass man sich durch eine konsequente konservative Therapie 40 bis 50 Prozent der Bandscheibenoperationen sparen könnte. Dies erfordert aber – und das ist ganz wichtig – Akzeptanz und Geduld bei Patient und Arzt.«

Rückenschmerzen verschwinden in der überwiegenden Zahl der Fälle ganz von allein. Bandscheiben, die auf Nerven drücken, ziehen sich   bleibt der Körper in Bewegung – meist von allein in die richtige Position zurück. Zur Not hilft ein Schmerzmittel, die Verspannung zu lösen. Der Verlauf dieser Volkskrankheit einer sitzenden Nation ähnelt einer Glockenkurve. Die Schmerzen erreichen einen Höhepunkt, an dem der Patient am liebsten sofort Entlastung durch eine Operation hätte. Dabei ist zu diesem Zeitpunkt das Abklingen der Schmerzen oft schon abzusehen. Das wissen die orthopädischen Chirurgen. Im Sinne des Patienten (dessen stützender Bänderapparat durch die Operation geschwächt wird) und im Sinne des Gesundheitssystems (dem erhebliche Kosten erspart würden) wäre es von Vorteil, wenn der Orthopäde zunächst von der Bandscheibenoperation abriete. Doch im Sinne des eigenen wirtschaftlichen Interesses und des wirtschaftlichen Interesses der Klinik ist es vorteilhafter, eine Kernspintomografie anzuordnen, bei der dann sicher die eine oder andere Unregelmäßigkeit zu entdecken ist. Woraufhin der Schmerzpatient in den Operationsplan eingefädelt wird. In der Hälfte der Fälle, sagt Prof. Jürgen Harms, ohne jede medizinische Notwendigkeit.

Bandscheiben-OP – Goldgrube der orthopädischen Chirurgie

Die Operation gehört zu den häufigsten medizinischen Eingriffen in Deutschland: Die »Exzision von erkranktem Bandscheibengewebe«, OPS-Schlüssel 5-831, wurde laut Statistischem Bundesamt im Jahr 2010 in 171 729 Fällen durchgeführt. Wie viele Dutzend wirbelsäulenchirurgische Klinikabteilungen müssten wohl schließen, wenn nach der Empfehlung des Nestors der deutschen Wirbelsäulenchirurgie, Prof. Jürgen Harms, die Hälfte der Bandscheibenoperationen nicht durchgeführt würde?

Der zweite Grandseigneur der Orthopädie, der wiederholt als Kronzeuge gegen Überbehandlung Stellung bezog – in diesem Fall ein Kniefachmann –, ist Prof. Hans Pässler, zuletzt der Knieexperte in einer renommierten Heidelberger Privatklinik. Der Mitbegründer der Europäischen Föderation Nationaler Gesellschaften für Orthopädische Sportmedizin (EFOST) ist mittlerweile im Ruhestand, aber sein Engagement im Zweitmeinungsportal »Vorsicht!Operation« zeigt, wie sehr ihm das Thema Überbehandlung auch jetzt noch am Herzen liegt.[43] Als ich das erste Mal mit einem Kamerateam in seiner Praxis bin, beeindrucken mich die signierten Fotos von Sebastian Schweinsteiger und Steffi Graf, die beide von Prof. Pässler am Knie operiert wurden. Doch der weißhaarige, sportlich wirkende Orthopäde sammelt nicht nur Promifotos. Er sammelt auch Patientenvideos, um orthopädische Quacksalberei zu dokumentieren.

Patienten, die oft nach einem offensichtlich verpfuschten Eingriff Hilfe bei ihm suchten, brachten diese erschütternden Dokumente mit. Bei den minimalinvasiven, endoskopischen Eingriffen am Kniegelenk liefert eine Endoskopkamera Bilder vom Operationsgeschehen. Das Ganze wird ohnehin meistens auf Festplatte dokumentiert. Da reichen ein Mausklick und ein DVD-Rohling für 30 Cent, und der Patient kann die Aufzeichnung der medizinischen Prozedur als Video mit nach Hause nehmen. Bei den Beispielen, die Prof. Pässler gesammelt hat, fragt man sich allerdings, weshalb die Orthopäden das Risiko eingehen, dass sie mit dieser Dokumentation ihres Eingriffs der groben Pfuscherei überführt werden.

Pfusch am Knie im Video dokumentiert

Eines der Videos zeigt eine Operation, bei der der Orthopäde einen Meniskus festnäht. Der Orthopäde hatte seinem Patienten allen Ernstes erklärt, er müsse den lockeren Meniskus fixieren. (Die Menisken sind sichelförmige Knorpelmanschetten, die das Kniegelenk stabilisieren.) Staunend sehe ich in dem Video, wie der behandelnde Orthopäde die weiße Knorpelmanschette mit einer Nadel durchsticht, einen schwarzen Faden einzieht und den Meniskus so an zwei Stellen am Kapselgewebe festnäht. Prof. Pässler ringt angesichts der Widersinnigkeit der Prozedur um Fassung: »Das Knie macht beim Beugen eine Rollbewegung. Mindestens anderthalb Zentimeter. Die Menisken müssen beweglich sein, damit sie diese Bewegung mitvollziehen können.« Der Heidelberger Orthopäde sieht mir mit einem Blick in die Augen, dass ich ahne, was für ein Satz ihm gerade durch den Kopf geht: »Wer käme auf die Idee, dass ein Mediziner so eine Sauerei durchzieht?«

Dann zeigt Prof. Pässler mir ein weiteres Video aus seinem Gruselkabinett. Den Eingriff, der sich da vor der Kamera abspielt – eine winzige Schere schneidet Stücke aus der Gelenkinnenhaut heraus –, kommentiert er folgendermaßen: »Hier hat der Chirurg offensichtlich nichts gefunden, was operiert werden muss. Da schneidet er halt etwas von der Plica ab. Damit er mehr abrechnen kann. Sonst wäre es ja nur eine Untersuchung. So ist es ein Eingriff. Die Plica ist hier zart und völlig unauffällig. Medizinisch sehe ich keinen Sinn in diesem Eingriff.« Ich habe beim Statistischen Bundesamt nachgesehen. Im Jahr 2010 gab es unter dem OPS-Schlüssel 5-811:

»Arthroskopische Operation an der Synovialis« (Gelenkinnenhaut – dazu gehört die Plica) 90 514 Eingriffe. Wie viele davon mögen – wie dieses auf Video dokumentierte Beispiel – mit krimineller Energie und aus reiner Geldgier durchgeführt worden sein?

Ein drittes Video stammt aus dem Knie eines Patienten, der mit seiner Krankengeschichte in einem meiner Beiträge auftaucht. Der Unternehmer hat Knieschmerzen. Er ist Mitte fünfzig, leidenschaftlicher Skifahrer (hohe Abnutzung im Kniegelenk) und hat sich von einer Münchener Privatklinik für 17 000 Euro eine »Gelenktoilette« und eine »Chondroplastik« aufschwatzen lassen. Die »Gelenktoilette« (zu Deutsch: Spülung) hatte schon der amerikanische Orthopäde Bruce Moseley in seiner Studie zur Knorpelglättung als Nonsenseingriff entlarvt. Mit der »Chondroplastik« – so war es dem Kniepatient in München versprochen worden – könne man neuen Knorpel an defekten Knorpelstellen wachsen lassen.

Prof. Pässler und der Patient betrachten das Video des Eingriffs. Der Heidelberger Orthopäde wundert sich darüber, wie »großzügig« sein Münchener Kollege intaktes Knorpelgewebe entfernt, um an den darunterliegenden Knochen zu gelangen. Dann wird mit der Fräse die Oberfläche des Knochens »aufgeraut«. Das Ziel sei, dass mit dem Blut Stammzellen aus dem Knochen in das Gelenk gelangten, die an den defekten Stellen Ersatzknorpel wachsen lassen. Aber in dem Alter, in dem sich der Patient befinde, so Prof. Pässler, könne man nicht erwarten, dass sich so ein belastbarer Knorpel bilde. Tatsächlich zeigten die aktuellen Kernspinaufnahmen, dass die Knochenflächen noch genauso blank lagen, wie sie ihm der Münchener Orthopäde sieben Monate zuvor freigefräst hatte. Der Patient hatte durch den Eingriff Knorpelgewebe verloren, nicht hinzubekommen. 17 000 Euro sind ein stolzer Preis für eine sinnlose und schädliche Maßnahme und einen Eingriff, der eine knappe Viertelstunde gedauert hat.

Orthopäden – Könige der Nonsenschirurgie

Warum werden gerade in der Orthopädie so viele Nonsenseingriffe vorgenommen? Ich habe einige Thesen dazu, die ich nicht beweisen kann.

Ich hatte beim Betrachten der Videos und auch bei den Operationen, bei denen ich dabei sein durfte, immer das Gefühl: Die Orthopäden sind besonders leidenschaftliche Handwerker. Die machen das einfach gerne: Das ist ein sehr mechanisches Geschäft. Bänder, Knorpel, Knochen. Aus materialwissenschaftlicher Sicht High-End-Baustoffe, mit denen man das Skelett und den Bewegungsapparat der Patienten überarbeitet. Eine Bastelei auf hohem Niveau: Wirbelkörper versteifen, Prothesen einbauen, Knorpel abschleifen. Eine befriedigende Tätigkeit, deren Ergebnis meist unmittelbar nach dem Eingriff feststeht. Die orthopädischen Chirurgen lieben ihr Geschäft!

Ein zweiter Grund, warum gerade in dieser Disziplin die Quacksalberei so fröhliche Urstände feiert, ist nach meiner Vermutung folgender: Es ist schwer, mit orthopädischer Chirurgie Patienten umzubringen. Ernsthaft! Viele andere chirurgische Eingriffe sind mit einem erheblich höheren Risiko behaftet. Da liegt die Hemmschwelle höher. Für einen überflüssigen, nur wirtschaftlich motivierten Eingriff das Leben meiner Patienten zu riskieren, das erfordert ein extremes Maß an krimineller Energie. Ich denke, die relative Ungefährlichkeit der meisten Eingriffe der orthopädischen Chirurgie fördert eine gewisse Sorglosigkeit im Umgang mit den Patienten. Wenn sich ein Wirbelsäulenchirurg sehr dumm anstellt, landet sein Patient im Rollstuhl. Das ist zweifellos bitter. Doch diese Fälle dürften vergleichsweise selten sein. Meist geht es um Schmerzen. Die Patienten haben einen hohen Leidensdruck und relativ oft haben sie subjektiv den Eindruck, dass sie von dem Eingriff profitieren.

Der Placeboeffekt spielt hier – wie die Moseley-Studie zur Knorpelglättung zeigt – eine große Rolle. Es gibt auch Hinweise, dass bei Operationen unter Vollnarkose allein schon die vollkommene Entspannung des Körpers – gerade bei Wirbelsäulenproblemen – Erleichterung bringt. Bei vielen Eingriffen besteht also nur eine geringe Gefahr, dass etwas ernsthaft schiefgeht. Dennoch bekommt der Chirurg häufig positives Feedback – Dankbarkeit – von seinen Patienten. Dadurch halten sich die orthopädischen Chirurgen für tüchtiger und für erfolgreicher, als sie es – medizinisch streng genommen – sind. Und wenn die Operation nichts bringt, finden sich die meisten Patienten duldsam mit ihrem Schicksal ab: »Schmerzen in den Gelenken: Das ist halt eine vertrackte Sache. Manchmal kann man eben nix machen ...« Eine komfortable Situation für unsere bastelfreudigen Mediziner.

Der schon zum Eingang dieses Kapitels erwähnte Arzt und Kabarettist Dr. Eckart von Hirschhausen nimmt in seinem Programm *Die Glückssprechstunde* immer wieder die Orthopäden kritisch aufs Korn. Am Ende erklärt er versöhnlich: »Und sollte ich einen Orthopäden hier im Publikum beleidigt haben, dann möchte ich mich auch dafür noch einmal entschuldigen. Es ist nicht fair, wenn 95 Prozent der Orthopäden allen anderen so einen schlechten Ruf eintragen.« Die Zahl mag übertrieben sein. Der Anlass für diese spitze Bemerkung ist leider alles andere als witzig.

Nachtrag: Erpressung durch Orthopäden

In dem ZDF-Magazin *frontal 21* (3. 7. 2012) berichtet der Manager einer orthopädischen Klinik, dass er von den niedergelassenen Orthopäden, die in seinem Krankenhaus als Honorarärzte operieren, erpresst werde. Honorarärzte haben in ihrer Praxis keine Einrichtung, um Operationen vornehmen zu können. Deshalb mieten sie sich Operationssäle in Kliniken. Dafür gibt es in der Gebührenordnung festgelegte Preise. Doch offenbar sehen die niedergelassenen Orthopäden hier einen »Verhandlungsspielraum«. Ihr Druckmittel: Überweisungen. Schließlich verteilen sie die Patienten, die die Einnahmequelle für die Kliniken darstellen. In *frontal 21* erklärt der Krankenhausmanager: »Diese Honorarärzte erpressen uns Krankenhäuser: ›Entweder ihr macht mit uns einen lukrativen Vertrag, sodass wir neben unserer Praxis richtig Geld verdienen können, oder ich schicke euch keine Patienten mehr.‹ Regelmäßig werde ich so unter Druck gesetzt. Es gibt keinen Orthopäden im Umkreis von 100 Kilometern, der deshalb noch nicht auf mich zugekommen ist.« Zwischen 1000 und 1800 Euro verlangten die Orthopäden von der Vergütung für die Operation für sich. Das ist weit mehr als die etwa 700 Euro, die ihnen nach der Gebührenordnung für den Eingriff zustünden, erklärt der Krankenhausmanager. Er ist richtig böse auf die Niedergelassenen: »Ich glaube, die kriegen alle den Hals nicht voll. Dahinter steckt nichts anderes als Geldgier.«

Wer jetzt denkt: »Na ja, solange die Mediziner sich gegenseitig das Honorar abjagen, kann mir das eigentlich egal sein«, vertraut darauf, dass diese Operationen medizinisch erforderlich sind und so oder so durchgeführt werden müssten. Doch genau das ist häufig nicht der Fall. Dieser ungeheure Skandal wird deutlich, als der Krankenhausmanager in dem *frontal-21*-Beitrag weiterspricht: »Es ist ein perfide funktionierendes System. Jeder kennt es. Nur die Patienten nicht. Dabei ist es Körperverletzung am Patienten. Gerade bei jenen, die noch gar kein künstliches Gelenk brauchen. In der Szene sagt man dazu: ›Nichts lässt sich besser operieren als ein gesundes Gelenk.‹«

Das Einsetzen eines Hüftgelenks ist kein kleiner Eingriff. Ich war zweimal mit einem Kamerateam mit dabei. Da fließt richtig Blut. Gewebe wird traumatisiert. Und es besteht immer die Gefahr einer ernsthaften Komplikation. Beispielsweise einer Embolie durch ein Blutgerinnsel. Nach einer Studie von 2009 besteht bei diesen Eingriffen eine Sterblichkeit von 0,13 Prozent in den ersten 30 Tagen nach der Operation. Außerdem wartet man mit dem Einsetzen der Prothesen in der Biografie eines Patienten möglichst lange, weil für das Implantat immer intaktes Knochenmaterial geopfert wird. So steht für das Verankern zukünftiger Prothesen weniger Material zur Verfügung. Diese Patienten aus wirtschaftlichen Interessen zu operieren ist ein wahres Highlight an Gewissenlosigkeit und Zynismus.

Chemotherapie: Geschäfte mit der Hoffnung

Wie lässt sich der Nutzen von Chemotherapien bewerten?

Jetzt wird's schwer! Denn nun geht es nicht mehr nur um die Wirksamkeit oder Wirkungslosigkeit von Medikamenten. Nicht nur um schamlose Bereicherung am Leid Hunderttausender Menschen. Nicht nur um die unheilige Allianz zwischen Ärzten und Industrie, die unser Gesundheitssystem so teuer zu stehen kommt. Es geht hier für die betroffenen Patienten und

Patientinnen unmittelbar um Leben und Tod. Das unterscheidet dieses Kapitel von allen vorigen in diesem Buch. Es geht um die Chemotherapie bei fortgeschrittenem, metastasiertem Krebs. Brust, Darm, Lunge, Bauchspeicheldrüse: Wenn diese Organe betroffen sind, kann die Chemotherapie nicht heilen. Aber sie kann manchmal das Leben verlängern. Wenn das gelingt, ist es meist nicht sehr viel Zeit, die gewonnen wird. Aber wer will sich anmaßen, diese Zeit zu bewerten? Ihr – seien es Wochen oder Monate – etwa die Zigtausende Euro gegenüberstellen, die aus den Kassen des Gesundheitssystems zur Rettung dieser Lebenszeit abgezogen werden? »Sie werden doch in diesem Zusammenhang nicht über Geld sprechen wollen?«, sagte mir ein Onkologe, als ich das erste Mal zu diesem Thema recherchierte. »Ein hochemotionales Thema, überlegen Sie mal: eine junge Mutter mit Brustkrebs …«

Petra

Ich wollte einen Beitrag machen, in dem ein Krebspatient »die Hauptrolle spielen« sollte, der sich bewusst gegen eine Chemotherapie entschieden hatte. Einfach, weil er sich über den zu erwartenden »Benefit« und die zu erwartenden negativen Nebenwirkungen der Therapie in seiner Situation informiert hatte. Dazu postete ich in zwei Krebsforen eine entsprechende Anfrage und bekam mehrere Antworten. Darunter auch viele Ermunterungen wie »Wir finden es gut, dass Sie sich darum kümmern. Das ist ein wichtiges Thema«. Und ich fand die perfekte Patientin. Petra (Name geändert). Sie war unter anderem deshalb perfekt, weil sie Krankenschwester war. Sie kannte ihre Chancen, sprach ganz abgeklärt darüber, und sie kannte die Chemotherapie. Fünfeinhalb Jahre zuvor war sie an einem früh erkannten Eileiterkrebs operiert worden. Anschließend hatte sie zusätzlich die Chemo bekommen. Zur Sicherheit. Wie viel diese Giftdusche in ihrem Fall zu ihrer relativ langen beschwerdefreien Zeit beigetragen hatte, lässt sich nicht sagen. Ein Jahr bevor ich nach einem Drehpartner für mein Stück suchte, war der Krebs bei ihr wieder entdeckt worden. Wie es bei einem Rezidiv (einer wiederkehrenden Krebserkrankung) leider häufig der Fall ist, war der Tumor aggressiv. Petra hatte Metastasen im ganzen Unterleib.

Petra und ich waren von ihrer ersten E-Mail an per Du. Sie schrieb, in ihrer Situation habe sie keine Lust mehr, Zeit mit Floskeln zu verschwenden oder Hürden zwischen Menschen aufzubauen. Und sie sagte, sie habe eigentlich keine Chemo mehr machen wollen, weil die Aussichten auf Hilfe durch das Gift bei einem Rezidiv in ihrem Fall so gering seien. Aber dann habe sie ihre Meinung doch geändert. Prinzip Hoffnung.

»Ich habe mich umentschieden, dann dennoch eine Chemotherapie zu machen. Und mit den Nebenwirkungen, die ich hatte, kann ich eigentlich die Hälfte der Zeit streichen. Ich habe im Bett gelegen, konnte wirklich nur vom Bett bis zur Toilette gehen. Ich hatte Gliederschmerzen, unruhige Beine, die Beine haben so gezappelt. Und ich hatte wahnsinnige Schmerzen in den Beinen. Also, das sind Schmerzen, die sind unbeschreiblich.«

Wegen der Nebenwirkungen die Hälfte der Zeit streichen

Wir vereinbaren, uns für die Dreharbeiten in der Nähe von Braunschweig in einem Pferdestall zu treffen, in dem sie sich um ihre Stute kümmert. Jeder Handgriff ist eine körperliche Anstrengung für die Anfang Fünfzigjährige. Sie erklimmt den Sattel mithilfe eines Schemels. »Na ja, reiten kann man das eigentlich nicht nennen«, sagt sie mit einem Lächeln, als sie sich mit ihrem Pferd in Bewegung setzt. Ich hatte im Internet recherchiert, dass es noch nicht so lange her war, dass sie Turniere geritten war. Um ein Pferd da zu dirigieren, braucht man Kraft und Körperbeherrschung. In ihrem jetzigen Zustand kann sich Petra nur von ihrem Pferd durch die Gegend tragen lassen. Die kranke Krankenschwester ist sich sicher: Eine weitere Chemotherapie wird sie nicht machen. »Die Frage ist auch, ob mir ein Monat länger überleben, ob mir das wichtiger ist als die Lebensqualität. Also, für mich ist es eher sinnvoll, den Tagen Leben zu geben als dem Leben Tage.«

Das ist die zentrale Frage, die über der Chemotherapie der metastasierten soliden Organkrebse steht, denn oft ist der Nutzen nur marginal, wenn man auf die gewonnene Lebenszeit schaut. Wie sind die zum Teil schweren Nebenwirkungen zu bewerten? Und wie sind die Kosten zu bewerten? Wir thematisieren das hier. Auch wenn viele Mediziner, die mit diesen zum Teil extrem teuren Chemotherapien deutlich mehr als nur »ihr Brot« verdienen, meinen, es sei unethisch, bei diesem Thema über Geld zu sprechen. Ich finde, das Gegenteil ist richtig: Angesichts der chronisch knappen Kassen im Gesundheitssystem und des oft ans Aberwitzige grenzenden »Preis-Leistungs-Verhältnisses« von (vor allem den neuesten, sogenannten ziel-gerichteten) Chemotherapien ist es unethisch, nicht darüber zu sprechen. Außerdem ermuntert diese Blindheit auf dem ökonomischen Auge ganz offensichtlich die Hersteller zu einer Preisgestaltung, die einem Raubüber-fall gleichkommt. Einige Beispiele dazu:

Das Präparat Erbitux zur Behandlung des nichtkleinzelligen Lungenkarzi-noms bewirkt im Durchschnitt eine Lebensverlängerung von 1,2 Monaten. Der Hersteller lässt sich die Substanz nicht in Gold aufwiegen, sondern in Diamanten. Die knapp sieben Gramm, die für eine Behandlung notwendig sind, kosten in den USA 80 352 Dollar. Die Rechnung ist nicht schwer: Um mit diesem Präparat in der Summe eine Lebensverlängerung von einem Jahr zu erreichen, müssen rechnerisch über 800 000 Dollar aufgewendet werden. Das entspricht etwa dem 17-Fachen des jährlichen durchschnittli-chen Haushaltseinkommens in den USA.[44] In Deutschland dürften die Ver-hältnisse sehr ähnlich sein.

Auch für die Behandlung des fortgeschrittenen Darmkrebses hat Erbitux die Zulassung: Zusammen mit dem Präparat Camptosar (hierdurch kom-men etwa 16 000 Dollar an Kosten hinzu) schenkt es seinen Patienten im Schnitt 1,7 Monate Lebenszeit. Doch diese Kombination ist nicht nur sehr kostspielig: insgesamt fast 100 000 Dollar. Sie ist auch sehr giftig. Unter an-derem für die Haut. 85 Prozent aller Patienten und 100 Prozent der Pa-tienten, bei denen die Therapie wirkt, entwickeln zum Teil schwere und schwerste Akne. Diese Vergiftungserscheinungen beeinträchtigen das so-ziale Leben in dieser Zeit erheblich. Mit einem entstellten Gesicht fällt es nicht leicht, die eventuell hinzugewonnene Lebenszeit zu genießen.

»Erbitux …«, schreiben Tito Fojo und Christine Grady in ihrem Kommen-tar »How Much is Life Worth …«, »… ist kein Einzelfall, wenn es um ei-nen marginalen Nutzen zu sehr hohen Kosten geht.« So bringt das Präparat

Avastin zusammen mit Carboplatin und Paclitaxel bei dem schon oben beschriebenen Lungenkrebs eine durchschnittliche Lebensverlängerung von zwei Monaten. Die Behandlung mit Avastin kostet 90 816 Dollar. Die beiden anderen Präparate schlagen noch einmal mit etwa 30 000 Dollar zu Buche. Diese Kombinationstherapie bekam die Zulassung, obwohl Lungenspezialisten einen tatsächlichen Nutzen durch die Behandlung bezweifeln, schreiben die Autoren des Kommentars.

Bestechendes Konzept – aber kaum Wirkung

Avastin ist einer der großen Blockbuster im Zig-Milliarden-Dollar-Krebsgeschäft. Bis vor Kurzem war er sogar die Nummer 1 mit einem weltweiten Umsatz von sechs Milliarden US-Dollar. Wie so häufig in der Welt der überflüssigen Medizin besticht Avastin mit einem verständlichen und überzeugenden Konzept: Es hemmt die Neubildung der Blutgefäße. Und eine Krebsgeschwulst, die sich deutlich über die Größe eines Stecknadelkopfes hinaus entwickeln will, lässt im umliegenden Gewebe eigene Blutgefäße für sich wachsen. Avastin behindert diese Neubildung – ein klein wenig. Die Computeranimation mit der kleinen Krebsgeschwulst, die dank Avastin ausgehungert wird – diese vom Hersteller für das Fernsehen kostenlos zur Verfügung gestellte Animation –, lief vor acht Jahren praktisch in allen Medizinmagazinen. Diese PR-Maßnahme hat die Popularität des Medikaments ungeheuer gesteigert. Wie gesagt – ein bestechendes Konzept: »Krebs aushungern«. Für das Marketing eigentlich das Wichtigste. Leider ist die Wirkung marginal.

Oft gelingt es in den Studien nicht zu zeigen, dass die Therapeutika das Leben der Patienten auch nur um einen einzigen Tag verlängern. Dann nehmen die Hersteller oder Studiendesigner gerne Zuflucht zu einem sogenannten Ersatzparameter (Surrogatendpunkte). Der beliebteste ist das »progressionsfreie Überleben«. Ein interessanter Ersatzparameter. Denn der Laie denkt, wenn der Tumor eine Zeit lang nicht weiterwächst, dann bedeutet das natürlich gewonnene Lebenszeit. Schauen wir uns mal an, was das progressionsfreie Überleben durch Avastin zum Beispiel beim Brustkrebs wirklich bedeutet.

Augenwischerei mit Surrogatparametern

Der Blutgefäßbildungshemmer Avastin verschafft zusammen mit Paclitaxel nach der Studienlage bei Brustkrebs eine progressionsfreie Zeit von
fast sechs Monaten. Das hört sich im Rahmen der oft sehr bescheidenen
Ergebnisse der Chemotherapien schon nach richtig viel an. Doch eine Verlängerung der durchschnittlichen Überlebenszeit konnte bei dieser Therapie leider nicht nachgewiesen werden. Nachdem die Therapie eine Zeit
lang angeschlagen hat, holt der Tumor umso aggressiver zum Gegenschlag
aus. Dieser in vielen Studien auch für andere Mittel gezeigte Zusammenhang hat eine sehr wichtige Bedeutung für die Studienkultur in der Krebsmedizin. Denn diese oft auf den ersten Blick überzeugenden Erfolge des
progressionsfreien Überlebens werden für die Manipulation der wissenschaftlichen Datenlage missbraucht. Obwohl bekannt ist, dass das progressionsfreie Überleben oft nur ein vorübergehender Seifenblaseneffekt ist,
ohne Einfluss auf die Überlebenschancen oder die Überlebenszeit, werden
Studien nach einer solchen Phase der gehemmten Tumorentwicklung oft
schon abgebrochen. Das Argument: Man könne der Kontrollgruppe (die
ein Placebo oder ein anderes Medikament bekommt) die ja offensichtlich
wirksame Behandlung mit dem neuen Medikament nicht vorenthalten. So
werden Medikamente durch Zulassungsverfahren geschleust, ohne dass ein
echter Nutzen überhaupt erwiesen ist.

Auch dazu eine Studie über die Qualität von Studien: Die Analyse von 48
Zulassungsstudien für Mittel aus der Krebsmedizin im Zeitraum von 1995
und 2004 ergab, dass nur sieben Prozent dieser Studien das durchschnittliche Gesamtüberleben als wichtigstes Kriterium ausgewertet hatten. Dabei
gilt das Gesamtüberleben als der unbezweifelbar härteste »relevante klinische Endpunkt« für diese Studien. Bei 41 Prozent der Studien war das
progressionsfreie Überleben der »primäre Endpunkt« (also das Hauptkriterium) der Studien. Welch schwache Aussagekraft dieses Kriterium aber
für die Bewertung des Nutzens hat, haben wir eben schon gesehen. Bei 48
Prozent der Studien war die sogenannte Ansprechrate das Kriterium.[45] Immer wenn solche Ersatzparameter angesteuert werden, die eine belastbare
Aussage über den Nutzen nicht zulassen, ist eigentlich schon klar: Unter
dem Strich nutzen die Substanzen wenig oder nichts. Sie steigern nicht die

Überlebensrate. Denn wäre das der Fall, hätten die Hersteller das in ihren Studien ja »herausgearbeitet«.

In einer Arbeit von 2011 versuchen die Autoren der Analyse – unter anderem der Vorsitzende der Arzneimittelkommission der deutschen Ärzteschaft, der Onkologe Prof. Wolf-Dieter Ludwig –, sich einen Überblick zu verschaffen, wie die Qualität der Zulassungsstudien sich seither entwickelt hat. »Schwach positiv« könnte die Bilanz zusammengefasst werden. Inzwischen waren es knapp ein Drittel der Zulassungsstudien für onkologische Medikamente, die das Gesamtüberleben als Hauptkriterium ausgewertet hatten.[46]

Doch immer noch hatten Studien zur Zulassung ausgereicht, die nach einer Phase »progressionsfreien Überlebens« abgebrochen worden waren. Wie viele davon waren Seifenblasen? Das kann keiner sagen. Man muss solche Studien nach dem geplanten Studienprotokoll bis zum Ende durchführen. Sonst war die ganze Arbeit für die Katz. In einem Fall (es waren insgesamt 18 Studien) verwehrte der Hersteller und Finanzierer der Studie unabhängigen Prüfern den Zugang zu den Studiendaten. (Vergleichen Sie dazu im nächsten Kapitel: die Tamiflu-Groteske.) Solch ein Verhalten ist völlig inakzeptabel. Wie kann man von einem Gesundheitssystem 20 000 Dollar für eine einzige 12-wöchige Therapie mit einem Medikament verlangen und die wissenschaftliche Datenlage zu dem entsprechenden Chemotherapeutikum geheim halten?

In einem anderen Fall fehlte die Randomisierungsliste. Ein starker Hinweis auf Datenmanipulation. Die Randomisierung – die statistisch zufällige Verteilung der Studienteilnehmer auf die zwei Studienarme – ist extrem wichtig. So wird nämlich sichergestellt, dass das zu bewertende Medikament bei seiner Probandengruppe auf Kranke trifft, die medizinisch gleichwertig zu den Probanden aus der Kontrollgruppe sind. Nur so gibt es einen fairen Wettbewerb zwischen dem zu bewertenden Medikament und dem Placebo (oder dem Vergleichsmedikament). Deshalb wird die Randomisierung penibel dokumentiert. Sonst kann man hier besonders leicht die Ergebnisse beeinflussen. Wenn ich in die Kontrollgruppe die Patienten bugsiere, die mir schwächer und anfälliger erscheinen, wird mein Medikament in der

Gruppe mit der echten Behandlung am Ende bei der Auswertung besser dastehen.

Und noch eine grundlegende Kritik an den Studien für die Zulassung der belastenden Medikamente: Obwohl die Europäische Behörde für Arzneimittel, die EMA, bei Krebsmitteln dringend empfohlen hatte, auch Daten zur Lebensqualität zu erheben und auszuwerten, gab es diese Daten nur bei sieben der 18 Studien. Sie erinnern sich an Petra: Sie sprach von unbeschreiblichen Schmerzen während der Chemotherapie. Finden Sie nicht auch, dass Patienten und Mediziner ein Recht haben zu erfahren, wie es den Patienten unter der Chemotherapie geht? Mit welchen Belastungen sie sich die eventuell zu erreichende Verlängerung der Lebenszeit erkaufen? Sollte das nicht in jedem Fall Bestandteil der Beratung sein?

Die Autoren der Publikation *Klinische Studien in der Onkologie – Defizite und Lösungsvorschläge* kommen zu dem Schluss, dass die aktuellen Zulassungsstudien für neue, sogenannte zielgerichtete Chemotherapeutika »keine ausreichenden Daten für die Beurteilung des (Zusatz-)Nutzens eines Arzneimittels, also für die Beurteilung von Wirksamkeit und Sicherheit unter Alltagsbedingungen und im Vergleich zu anderen Therapiestrategien, liefern«. Das ist ein vernichtendes Urteil! Es stellt sich ernsthaft die Frage, warum so unglaublich teure Medikamente mit bestenfalls marginalem Zusatznutzen offenbar so problemlos in die Erstattungskataloge der Gesundheitssysteme eingefädelt werden können. Dabei verdient die Formulierung »Wirksamkeit und Sicherheit unter Alltagsbedingungen« noch ein kurzes Schlaglicht.

Handverlesene Probanden für die Studien

Eine weitverbreitete Technik, um gefährliche Nebenwirkungen in Medikamentenstudien herunterzuspielen und das zu bewertende Medikament des Herstellers besser aussehen zu lassen, als es ist, besteht in der Auswahl besonders gesunder Kranker. Das hört sich paradox an. Doch ein Patient mit einem Krebsleiden kann 50 Jahre alt sein und in einem ansonsten guten körperlichen Zustand und ohne weitere Krankheiten. Aus solchen recht robusten Kranken wird ein Studienleiter die Gruppe seiner Probanden überwiegend zusammensetzen. Im klinischen Alltag sind die Kranken aber im Durchschnitt vielleicht 70 Jahre alt. Sie leiden an weiteren Krankheiten, gegen die sie weitere Medikamente einnehmen, was die Gefahr von negativen Wechselwirkungen erhöht. Diese Patienten aus dem klinischen Alltag sind oft gebrechlich. Ihre Nieren und Lebern, die für eine Entgiftung des Körpers unter der Chemotherapie so wichtig sind, funktionieren nicht mehr so gut. Was glauben Sie: Werden diese »normalen« Krebskranken die Chemotherapie genauso gut wegstecken wie die handverlesenen Probanden aus der herstellerfinanzierten Studie? Wird bei dem oft nur minimalen Behandlungserfolg, den diese Therapeutika in den Zulassungsstudien zeigen, im klinischen Alltag überhaupt noch ein positiver Effekt übrig bleiben? Unter *real-life*-Bedingungen wirken die »zielgerichteten« Chemotherapeutika sicher noch schlechter als in den Zulassungsstudien. Das ist unter Onkologen unbestritten. Nur sagt das den Patienten kaum einer. Denen will man ja nicht die Hoffnung nehmen. Wie mitfühlend! Oder sollten wir nicht doch eher sagen: wie geschäftstüchtig!

Schon wieder so ein Kapitel mit lauter düsteren Bestandsaufnahmen. Kann das überhaupt sein? Eine breite Phalanx der Rohrkrepierer gerade in der Avantgarde der Therapeutika an der Chemofront? Die wissenschaftliche Öffentlichkeit wie auch die Öffentlichkeit der Laien wird mit einem Theater von frisiertem Informationsmaterial und mit der Mär vom medizinischen Fortschritt gefüttert? Werbekampagnen der Gutmenschen von der forschenden Arzneimittelindustrie führen uns hinters Licht? Wie gesagt: Wir sprechen über die soliden Organtumore in metastasiertem Zustand. Bei diesen großen Killern hat die neueste Generation der extrem teuren Chemotherapeutika fast keinen nennenswerten Fortschritt beim Behandlungserfolg ergeben. Beim Preis sieht das anders aus. Vor 25 Jahren kostete eine Monatsdosis eines Chemotherapeutikums typischerweise 500 Mark – 260 Euro. Es waren »einfache« Zellgifte. Krebszellen reagieren empfindlicher auf sie, weil sie sich häufiger teilen als normale Zellen. In der Teilungsphase sind Zellen besonders anfällig für Gifte.

Fortschritte in der Chemotherapie? Vor allem bei den Kosten!

Heute wird der Markt von »spezifischen Chemotherapeutika« dominiert. Das sind Substanzen, die angeblich selektiv Krebszellen ansteuern und Besonderheiten der Tumorbiologie für die Wirkung ausnutzen (Tyrosinkinase-Hemmer und monoklonale Antikörper). Für diese Hightechwaffen gegen Krebs lassen sich die Hersteller heute gerne 5000 Euro im Monat und mehr zahlen. Das 20-Fache der Kosten, die vor 25 Jahren anfielen. Den Fortschritt müssen Sie – wie gesagt – bei vielen Chemotherapeutika mit der Lupe suchen. Wenn Sie glauben, einen entdeckt zu haben, dann freuen Sie sich nicht zu früh. Die Datenlage ist unsicher. Die kriminelle Energie ist erheblich. Für die weiße Mafia geht es nämlich um sehr viel Geld. Sie nutzt es schamlos aus, dass man sich in unserer Kultur scheut, über Geld zu sprechen, wenn es um Leben und Tod geht.

Biomarker: die personalisierte Therapie

Zur Chemotherapie gäbe es noch viele düstere Details zu berichten. Wirkungsvolle Neuentwicklungen wie der Wirkstoff Imatinib (Markenname Glivec), der 2001 für eine besondere Form der Leukämie zugelassen wurde, oder Trastuzumab (Markenname Herceptin), das seit 2006 einem Teil der Brustkrebspatientinnen Überlebensvorteile bringt, gehören leider zu den wenigen positiven Nachrichten von der Chemofront.

Diese bedauerliche Bestandsaufnahme versuchen die Hersteller der Chemotherapeutika mit einem Strategiewechsel zu kaschieren. Die neueste Marketingidee ist die »personalisierte Therapie«. Mit speziellen Biomarkern aus dem Tumorgewebe wollen die Hersteller vor der Therapie die Chancen ermitteln, ob der Tumor auf dieses oder jenes Mittel anspricht. Das hört sich gut an. Viele der Therapeutika schlagen nämlich nicht mal bei zehn Prozent der Behandelten an. 90 Prozent der Patienten haben nur die Nebenwirkungen. Das bedeutet auch: Zehnmal wird so eine 70 000-Euro-Kur durchgeführt, um einmal zu funktionieren. Mit den Biomarkern soll das Verhältnis besser werden. Aber der Berliner Onkologe Prof. Wolf-Dieter Ludwig erklärt mir anlässlich eines Drehs auf seiner Krebsstation, warum diese Strategie bei so vielen Tumorarten kaum Aussicht auf Erfolg hat: »Tumorgewebe ist sehr heterogen. In einem Teil kann es sein, dass der Tumor, der den Biomarker aufweist, tatsächlich auf die entsprechende Chemotherapie reagiert. Aber fünf Millimeter weiter ist der Tumor schon wieder ein ganz anderer. Und die ganze teure Aktion mit dem Biomarker hat dem Patienten gar nichts gebracht.«

Ein weiterer sehr bitterer Punkt – der letzte, den ich hier ansprechen möchte – ist der sogenannte Off-Label-Use von Chemotherapeutika. Die »Behandlung jenseits der Aufschrift«. In den onkologischen Stationen werden etwa 50 Prozent der chemotherapeutischen Behandlungen mit Mitteln im Off-Label-Use durchgeführt. Also bei Tumoren, für die diese Chemotherapeutika eigentlich (noch) gar nicht zugelassen sind. Aufgrund der »besonderen Dringlichkeit« der Situation ist es den Onkologen in Krankenhäusern erlaubt, die ca. 90 auf dem Markt befindlichen Chemotherapeutika in fast allen erdenklichen »Regimen« (Behandlungsplänen) miteinander zu kombinieren. Bis zu drei der zum Teil immens teuren Präparate werden miteinander kombiniert und nach verschiedenen Zeitplänen variiert. Ein Stochern im giftigen Nebel. Doch der eigentliche Skandal daran ist, dass dieser massenhaft durchgeführte wilde Chemotest nicht zentral in einem Register erfasst und ausgewertet wird. So ist es klar, dass in der onkologischen Station der Uniklinik Kiel ein bestimmtes Regime für einen speziellen Tumor durchexerziert wird, obwohl es sich längst in vergleichbaren Therapien in Mainz oder in Bamberg als nutzlos erwiesen hat. Dieses Register könnte zwar kontrollierte klinische Studien nicht ersetzen. Eine bessere Orientierung über die Wirksamkeit der zur Verfügung stehenden Waffen im Kampf gegen den Krebs böte es aber allemal.

Der Onkologie die Narrenfreiheit nehmen

Wir benötigen unbedingt eine breite öffentliche Diskussion über die neuen »zielgerichteten« Wirkstoffe in der Chemotherapie zur Behandlung von Krebs. Der Onkologe und Vorsitzende der Arzneimittelkommission der deutschen Ärzteschaft, Prof. Wolf-Dieter Ludwig, sagt, die Entwicklung habe zu einer Kostenexplosion geführt, die unser Gesundheitssystem in Zukunft extrem belasten wird, ohne dass für die Patienten ein relevanter medizinischer Fortschritt erzielt werden kann. Es besteht dringender Handlungsbedarf.

In meiner Kindheit wurde kaum über Krebs gesprochen. Die unheimliche Krankheit wurde aus dem öffentlichen Diskurs ausgeblendet. Ich habe das Gefühl, unsere Gesellschaft hat ein schlechtes Gewissen wegen der einstigen Diskriminierung dieser Krankheit. Dieses schlechte Gewissen versucht sie zu kompensieren, indem sie die Krebsmedizin auf ein scheinbar grenzenloses Spielfeld eingeladen hat: Alles darf ausprobiert werden. Alles wird bezahlt. Keiner meckert wegen hoher Kosten. Das hat zu einem unheiligen Wildwuchs und zu einer bisher durch keinen Fortschritt gerechtfertigten, milliardenschweren Geschäftemacherei geführt.

6. Das clevere Geschäft mit der Vorsorge

Vor allem bei den Fachleuten unter den Leserinnen und Lesern möchte ich an dieser Stelle bei einem Punkt um Entschuldigung bitten: Ich folge in diesem Buch beim Zusammentragen der Kritik keiner medizinischen Systematik. Chirurgie, Pharmakologie, Nahrungsergänzungsmittel, strukturelle Fehler in unserem Gesundheitssystem – all das ordnet sich hier eher nach dem Kriterium der Lesbarkeit. Gerade bei der Thematisierung so vieler Missstände, so vieler negativer Ergebnisse bei der Besichtigung eines so wichtigen Systems unserer Gesellschaft – des Gesundheitswesens – habe ich das Gefühl, es wäre zu anstrengend, diese Themen systematisch blockweise abzuhandeln. Wir springen zwischen den vielfältigen Facetten des Themas, das wir als »systematische Überbehandlung« bezeichnen könnten. Doch das lässt außer Acht, dass sich hier Mitglieder eines Berufsstandes, der eigentlich Hilfe leisten soll, schamlos auf Kosten der Allgemeinheit bereichern.

Im Kapitel »Orthopädie, die Zweite« ging es um Erpressung und Körperverletzung. Zwei Vorwürfe, die von einem Vertreter aus den Reihen der Medizin geäußert wurden. Sie deuten auf Verbrechen, die in unserem Gesundheitswesen an der Tagesordnung sind. Auf diese »mafiösen Verhältnisse« – wie der Gesundheitsökonom Prof. Lauterbach es ausgedrückt hat – stoßen wir in unserer Medizin auf Schritt und Tritt. So auch bei einer ganz anderen Variante der systematischen Überbehandlung, bei einer Vorsorgemaßnahme, die millionenfach durchgeführt wird: der Grippeimpfung.

Endlich auch Gesunde behandeln

Vorsorge hört sich im ersten Moment immer gut an. Wenn sie tatsächlich Erkrankungen vermeiden hilft und der Aufwand in einem vernünftigen Verhältnis zum Nutzen steht, wird auch niemand ernsthaft Kritik daran üben. Aber Vorsicht: Vorsorge hat für die Hersteller der entsprechenden Präparate oder die Anbieter der medizinischen Prozeduren einen besonderen »Charme«. Man kann damit Gesunde behandeln! Trotz einer seit Jahrzenten betriebenen Medikalisierung unserer Gesellschaft – Normen und Grenzwerte werden immer strenger definiert, wodurch immer mehr behandlungsbedürftige Kranke erzeugt werden – gibt es tatsächlich immer noch mehr Gesunde als Kranke. Vorsorge ermöglicht der pharmazeutischen Industrie und den beteiligten Ärzten deshalb eine enorme Ausweitung ihres Geschäftsfeldes.

Ein kleiner Rückgriff auf das Kapitel über die Cholesterinsenker: Seit 2001 hat sich die Menge der in Deutschland verschriebenen Statine verdreifacht. Überwiegend zur Vorbeugung. Für die Behandlung von Gesunden, die nur beim Blutfettspiegel über dem »Normwert« liegen. Wir haben in Deutschland etwa 1,5 Millionen Herzinfarktträger – also Menschen, die bereits einen Infarkt durchgemacht haben –, die von der Cholesterinsenkung ein klein wenig profitieren. Tatsächlich schlucken aber vier Millionen Menschen Cholesterinsenker. Das heißt, zweieinhalb Millionen Gesunde betreiben sinnlose Vorsorge.[47] Obwohl die wissenschaftliche Studienlage zeigt, dass diese Klientel keinen gesundheitlichen Nutzen durch diese Medikation hat. Ganz anders sieht es bei den Herstellern aus: Die sinnlose Cholesterinsenkung ergibt einen Zusatzumsatz für die Statine von etwa 280 Millionen Euro. Pro Jahr, allein in Deutschland. Fette Beute mit überflüssigen Fettsenkern.

Oder: 800 Millionen Euro geben die Deutschen für Vitamine aus. Meist zur Vorsorge. Damit sie nicht krank werden. Die Hersteller der Vitamine und die Hersteller entsprechend präparierter Nahrungsmittel weben ja auch tüchtig am Mythos der Gesundheitsförderung durch Vitamine. 800 Millionen vergeudete Euro. Oder Radiologen und Kardiologen und ihre verdammt teuren Röhrchen aus Maschendraht, die sie in unsere Herzkranzgefäße schieben – auch für das prophylaktische Stenten, also zur Vorsorge gegen einen drohenden Herzinfarkt. Auf den ersten Blick plausibel: Die Enge von heute könnte der Infarkt von morgen sein. Doch leider hat das prophylaktische Stenten keinen positiven gesundheitlichen Effekt. Einen positiven Effekt haben nur die interventionellen Radiologen bzw. Kardiologen und die Hersteller der Katheter, der Stents und der Röntgentechnik.

Diese verharmlosend als »Überversorgung« bezeichnete, nach wissenschaftlicher Datenlage aber tatsächlich kriminelle Praxis lässt sich in vergleichenden Studien ganz klar ermitteln. Für die Vorsorge mit Cholesterinsenkern, Vitaminen und Stents gibt es diese Studien und ich habe sie in den Fußnoten der jeweiligen Kapitel angeführt. Nicht dass die weiße Mafia diese Geschäftsfelder deshalb sofort preisgeben würde. Für frisierte Studien, PR-Kampagnen, Lobbyisten bis hin zur Korruption stehen Budgets in schwindelerregenden Höhen zur Verfügung. Habe ich schon erwähnt, dass die großen Pharmafirmen mittlerweile doppelt so viel Geld für diese »Marketingmaßnahmen« aufwenden als für die Forschung und Entwicklung?

Ich glaube dennoch, dass die krassesten Auswüchse dieser Nonsensmedizin mittelfristig verschwinden werden. Die Aufmerksamkeit gegenüber diesem Missbrauch nimmt zu, Berichte darüber in den Medien werden häufiger. Und wenn schon der Präsident der Chirurgischen Fachgesellschaft DGCH öffentlich vor allein wirtschaftlich motivierten Eingriffen warnt, zeigt das, dass es auch innerhalb der medizinischen Selbstverwaltung ein aufkeimendes Bewusstsein für die Widerwärtigkeit dieses Treibens gibt.

Grippe: die geniale Krankheit

Bei der Grippeimpfung – fürchte ich – wird es lange dauern, bis sich die Erkenntnis durchsetzt, dass es sich hier um eine überflüssige Maßnahme handelt. Nur wenige große Firmen stellen die Vakzine her und beliefern damit die ganze Welt. In ihre PR-Maschinerie sind scheinbar unabhängige Institute und Institutionen bis hinauf zur Weltgesundheitsorganisation

(WHO) eingespannt. Wussten Sie, dass die WHO – also das Gremium, das weltweit bindende Empfehlungen zum Einsatz von Impfstoffen gibt – überwiegend von der Pharmaindustrie finanziert wird?

Es ist erst wenige Jahre her, da erhielt der Chef der in Deutschland für die Impfempfehlungen maßgeblichen Ständigen Impfkommission (StIKO), Prof. Heinz-Josef Schmitt, vom Impfstoffhersteller Sanofi Pasteur MSD einen Preis von 10 000 Euro für sein vorbildliches Engagement zur »Förderung des Impfgedankens«. Das hatte mehr als nur »ein Gschmäckle«. Kurz zuvor hatte der StIKO-Vorsitzende in einer vielfach kritisch kommentierten Hauruckaktion den teuren und umstrittenen Papillom-Impfstoff gegen Gebärmutterkrebs von ebendieser Firma Sanofi Pasteur MSD in den Impfkalender aufgenommen!

Dass die Firma dem StIKO-Mann das Geld überhaupt anbietet! Dass der StIKO-Mann dieses Geld auch noch annimmt! Die Teilnehmer in diesem »Spiel« haben ganz offensichtlich jede Scham verloren. Der Herausgeber des pharmakritischen Informationsdienstes *arznei-telegramm*, der Arzt und Apotheker Wolfgang Becker-Brüser, sagte damals in der *Süddeutschen Zeitung*: »Jeder Lehrer, dem man ein Buch schenkt, zuckt zusammen, weil er Angst hat, es könnte als Bestechung ausgelegt werden.« Die StIKO habe da überhaupt kein Unrechtsbewusstsein: »Es ist unfassbar, dass eine öffentlich besetzte Kommission Geld von Firmen annimmt, über deren Produkte sie entscheidet.«[48] Der StIKO-Präsident Schmitt wechselte kurze Zeit später zum Impfstoffhersteller Novartis, einem der Big Player in diesem Business, dessen Produkte Schmitt zuvor ganz neutral bewertet haben soll.

Wieder: der Bock als Gärtner

Aber wir wollten ja die Grippeimpfung näher betrachten. Die journalistische Recherche auf diesem Gebiet ist besonders nervenzehrend. Gerade weil es auch hier eine so enge Verzahnung der Industrie mit den Institutionellen gibt, ist es schwer, an neutrale Informationen zu gelangen. So wurde beispielsweise im Robert-Koch-Institut – in Deutschland die Behörde für Infektionskrankheiten – die »Arbeitsgruppe Influenza« (AGI) über lange

Jahre zu hundert Prozent von der Industrie finanziert. Die wesentliche Aufgabe der AGI besteht im Erstellen einer Karte von Deutschland, auf der die angeblich so bedrohlich aufziehende Grippewelle wie auf einer animierten Wetterkarte betrachtet werden kann. Gelb und signalrot leuchten Gebiete mit »deutlich erhöhter« oder »stark erhöhter« Krankheitsgefahr. Eine Karte, die jedes Jahr im Herbst wieder im deutschen Fernsehen auftaucht, wenn für die Grippeimpfung Werbung gemacht wird. Auch ich habe sie – vor vielen Jahren als Anfänger – schon eingesetzt. Asche auf mein Haupt.

Es ist ein Unding! In der öffentlichen Behörde sitzt eine Gruppe, die die Öffentlichkeit darüber informiert, wie gefährlich die kommende Grippewelle sein wird. Diese Gruppe wird bezahlt von den Herstellern der Impfstoffe gegen diese Grippe! Wieder das Prinzip: Bock zum Gärtner gemacht. Das Ganze wird der Öffentlichkeit dann auch noch als gelungene »Publicprivate-Partnership« verkauft.[49] Erst im Jahr 2010 hat das RKI auf die öffentliche Kritik reagiert und die Finanzierung der Gruppe ganz auf öffentliche Mittel umgestellt.

Schreckgespenst: die Spanische Grippe

Ebenfalls zu den Drohkulissen, die in den von institutionellen Stellen verbreiteten »Informationsmaterialien« immer wieder aufgebaut werden, gehört die Spanische Grippe. Tatsächlich hat diese Influenza in den Jahren 1918 bis 1920 geschätzte 25 bis 50 Millionen Todesopfer gefordert. Aber praktisch nirgendwo in den Broschüren oder auf den Websites der Institutionen wird darüber gesprochen, dass sich die Welt damals, direkt nach dem Ende des Ersten Weltkrieges, in einer ganz außergewöhnlichen Situation befand. Es herrschte ein wirtschaftliches Desaster. Die kriegsteilnehmenden Länder waren förmlich ausgeblutet. Millionen Menschen waren schlecht ernährt oder hungerten. Die medizinische Infrastruktur war schon mit der Behandlung der Kriegsopfer überfordert. Es standen keine Antibiotika zur Behandlung der bakteriellen Komplikationen zur Verfügung (etwa gegen Lungenentzündung, die häufigste Todesursache bei Grippe). Die sanitären Standards waren in der Regel erbärmlich. Epidemiologen schätzen, dass Millionen Männer, Frauen und Kinder durch falsche Behandlungsempfehlungen verstorben sind. Ich weiß nicht, ob sich die außerordentliche Heftigkeit dieser Pandemie mit dieser Ausnahmesituation vollständig erklären lässt, aber einen großen Beitrag zur Virulenz der Spanischen Grippe hat die große Not nach dem Ende des Ersten Weltkriegs sicher geleistet. Wie gesagt: Darüber liest man bei den Institutionellen wenig. Eher schon Aussagen wie:»Experten rechnen im Prinzip jedes Jahr damit, dass eine solche Pandemie wieder ausbrechen kann.« Die Experten wollen uns offensichtlich Angst machen.

Zu der Drohkulisse »Achtung, so gefährlich ist die Grippe« gehören auch Zahlen über die Bedrohung durch die »normale« saisonale Grippe: 5000 bis 8000 Tote pro Jahr seien normal. 20 000, ja 30 000 Menschen fielen dieser Grippe in Deutschland in besonders schlimmen Jahren in einem Winter zum Opfer. Diese Angaben finden sich beispielsweise auf der Webseite des für Infektionskrankheiten zuständigen Robert-Koch-Instituts.[50] Wer allerdings versucht, sie zu verifizieren, stößt auf einen seltsamen Sachverhalt: Die Zahlen beruhen nicht auf dokumentierten Todesfällen aufgrund von Influenza. Dazu müsste nämlich für die Toten – überwiegend hochbetagte und oft an mehreren Krankheiten leidende Patienten – in einem Labortest das Grippevirus nachgewiesen werden. Dann müsste diskutiert werden, ob der Tod der häufig multimorbiden Patienten nun der Grippe oder einer ihrer anderen Erkrankungen zuzuordnen sei. Das wäre zu aufwendig. Und ehrlich gesagt, ist diese Differenzierung ähnlich ertragreich wie die Frage, wer denn zuerst da war: die Henne oder das Ei. Ganz klar ist aber, dass die Mehrzahl der Grippetoten auch schon vor der Erkrankung an der Influenza »am Ende ihres Lebens« standen.

Fragwürdige Schätzmethoden

Weil der Nachweis der Grippetoten praktisch nicht zu leisten ist, wird also geschätzt. Etwas salopp gesagt, zieht man die »Sommertoten« von den zahlreicheren »Wintertoten« ab und nennt das, was übrig bleibt, »Exzessmortalität«. »Niemand setzt Exzessmortalität mit Grippetoten gleich«, sagte mir ein gereizter Mitarbeiter des Paul-Ehrlich-Instituts, mit dem ich am Telefon über dieses fragwürdige Verfahren diskutiert habe. Das Paul-Ehrlich-Institut, kurz PEI, ist in Deutschland für die Zulassung von Impfstoffen verantwortlich. Leider steht der aufrechte Mitarbeiter des PEI mit seiner Beurteilung des Schätzverfahrens relativ allein da. In einer Veröffentlichung der Ständigen Impfkommission (StIKO), die die offiziellen Impfempfehlungen gibt, heißt es beispielsweise: »Aus der Differenz zwischen der dann tatsächlich beobachteten und der erwarteten Mortalität während einer Influenzasaison lässt sich die Influenza-assoziierte Exzessmortalität schätzen.«

Elegant formuliert. Sogar mit Schlupfloch, falls es hart auf hart kommt. »Influenza-assoziiert« heißt nämlich »mit Grippe verbunden« und nicht »durch Grippe verursacht«. Aber jeder Laie, der sich hier informieren möchte, liest in der Influenza-assoziierten Exzessmortalität – sofern er sich durch diesen Fremdwortklotz meißeln kann – Grippetote. Auch in den Medien werden die Zahlen der Exzessmortalität mit Grippetoten gleichgesetzt und ich habe noch keinen Fachmann gesehen, der das öffentlich korrigiert hätte. Nun gab es vor Kurzem ein Jahr, in dem nicht geschätzt wurde. 2009 versetzte die Schweinegrippe das Land in Angst und Schrecken, eine angeblich besonders heimtückische Mutation des Grippevirus. (Noch heimtückischer als die Vogelgrippe, die uns zwei Jahre zuvor das Fürchten lehrte.) Jeder einzelne Todesfall, der mit der Erkrankung zusammenhing, wurde sorgfältig dokumentiert. Können Sie sich an den Rummel erinnern? Schlagzeilen wie »Schweinegrippe – jetzt auch ein Todesfall in Bayern« prägten die Nachrichten. Die Schweinegrippe war ja so gefährlich! Und wie viele Tote waren es am Ende in Deutschland? 30 000? 15 000? Nein: Es waren laut RKI 252 Tote! In einer besonders gefährlichen Grippesaison in einem Land mit 82 Millionen Einwohnern! (400 Menschen ersticken in unserem Land jedes Jahr an Fischgräten!) Irgendwie seltsam, oder?

Dafür hatte die WHO weltweit den höchsten Pandemiestatus ausgerufen. Fachlich gesehen, war das für Experten nicht nachvollziehbar, denn von Anfang an hatte sich abgezeichnet, dass die Schweinegrippe zwar ansteckend war, aber nur in den seltensten Fällen tödlich verlief. Pandemiestufe 6 sollte eigentlich wirklich gefährlichen Seuchen vorbehalten bleiben. Doch das Ganze ergibt einen Sinn, wenn man weiß, dass mindestens fünf der Berater, die auf diese Entscheidung drängten, engste finanzielle Verbindungen zu Impfstoffherstellern haben. Nach monatelangem Zögern hatte die WHO im August 2010 auf den Druck der Öffentlichkeit die Liste mit diesen Informationen über die Berater veröffentlicht.[51]

Die medizinisch unsinnige Höherstufung der Schweinegrippe wird vollends verständlich, wenn man bedenkt, dass in der Folge rund um den Globus nationale Katastrophenpläne in Kraft traten. Regierungen sahen sich verpflichtet, Impfstoffe und Antigrippemittel zu kaufen. Insgesamt für Milliardenbeträge. Die Substanzen wurden zum großen Teil von der Bevölkerung gar nicht abgenommen, denn mittlerweile hatten sich die Medien kritisch diesem Thema gewidmet. Unter anderem wurde über gefährliche Nebenwirkungen durch Substanzen zur Verstärkung der Impfung berichtet. So mussten diese Impfstoffe zwei Jahre später wiederum für zweistellige Millionenbeträge (pro Bundesland!) als Sondermüll vernichtet werden. Ein Debakel für die Gesundheitssysteme der Welt, aber ein ganz besonders fetter Coup für die Hersteller der Präparate. Und ein Paradebeispiel dafür, wie die weiße Mafia ihre »Geschäfte« über höchste Institutionen einfädelt.

Mit Grippeangst geimpft

Es gibt weitere Daten, die fragwürdig erscheinen lassen, ob die Grippeimpfung tatsächlich so eine große Bedeutung hat, wie viele Behörden und »Fachleute« gegenüber der Öffentlichkeit behaupten. Vom Statistischen Bundesamt habe ich mir Zeitreihen schicken lassen, die weiter zurückreichen als die Daten, die die Behörde im Internet zur Verfügung stellt. Die Datenreihen zeigen: Seit 1990 ist die Zahl der im Bundesamt registrierten Toten durch Grippe und Lungenentzündung (Haupttodesursache bei Grippe) praktisch gleich geblieben. Überraschend, wenn man bedenkt, dass sich in dieser Zeit die Zahl der Grippeimpfungen verachtfacht hat! Im selben Zeitraum hat sich die Zahl der Krankenhaustage aufgrund von Grippe und Lungenentzündung sogar um 40 Prozent erhöht! Obwohl die Zahl der Geimpften am Ende um den Faktor acht höher lag als zu Beginn der Zeitreihe. Können Sie sich das erklären? Selbst wenn die Zahlen zu den Toten im Einzelnen wegen teilweise fehlender labordiagnostischer Bestätigung des Grippevirus nicht ganz exakt sein mag: Die krasse Wirkungslosigkeit der starken Erhöhung der Durchimpfungsrate bei den relevanten medizinischen Diagnosen – wie zum Beispiel der Lungenentzündung – zeigt sich hier überdeutlich. Ein Schlag ins Gesicht für die Prediger der Grippeimpfung.

Das schon mehrfach erwähnte Cochrane-Netzwerk hat es sich zur Aufgabe gemacht, Metaanalysen zu medizinischen Behandlungen durchzuführen. Auch zum Thema Grippeimpfung hat Cochrane eine solche Analyse von Studien durchgeführt. Dr. Gerd Antes, Direktor der deutschen Cochrane-Gesellschaft, erläutert das Ergebnis: »Die Studienlage hat gezeigt, dass man 100 Personen impfen muss, damit eine Person einen Nutzen davon hat. Diese Zahl ist allerdings mit großer Vorsicht zu genießen. Auf der einen Seite hat man Studien, die meistens von den Herstellern finanziert und durchgeführt werden, und die haben damit die Tendenz, überoptimistisch zu sein. Und auf der anderen Seite haben wir das Problem, dass die Studien, die nicht das gewünschte Ergebnis bringen, auch tendenziell seltener publiziert werden. Das heißt: Uns fehlen vielleicht relevante Studien.«

Verzerrte Daten zur Wirksamkeit der Impfung

Wir sind der Verzerrung der scheinbar objektiven wissenschaftlichen Datenlage, die von Fachleuten sehr ernst genommen wird, schon begegnet: Die Experten sagen *publication bias* – also »Verzerrung durch die Veröffentlichungspraxis« – bei von der Industrie finanzierten Studien. Hersteller von Pharmazeutika können viele Studien finanzieren und sich dann die besten heraussuchen. Die mit den weniger günstigen Ergebnissen lassen sie unter den Tisch fallen. Bei den Grippestudien ist das ganz besonders leicht. Denn die Grippeimpfstoffe sind jedes Jahr von sehr unterschiedlicher Qualität. Da die Hersteller mit der Produktion Monate vor der Grippewelle anfangen müssen, treffen die Impfstoffe die im Winter tatsächlich zirkulierenden Grippeviren nur zum Teil. Wenn sich die Hersteller bei der Veröffentlichung der Studien auf die Jahre konzentrieren, in denen die Impfstoffe zufällig besonders gut gepasst haben, können sie den Eindruck der durchschnittlichen Wirksamkeit stark verbessern.

Die Metaanalyse von Cochrane, die auf 36 Einzelstudien beruht, bestätigt übrigens auch die Daten, die ich vom Statistischen Bundesamt bekommen habe: Es konnte kein Effekt der Grippeimpfung auf schwere Komplikationen oder Krankenhauseinweisungen gefunden werden.

Und noch eine Kleinigkeit verdient hier eine Erwähnung: Dr. Tom Jefferson, der Hauptautor der Metaanalyse zur Wirksamkeit der Grippeimpfung,[52] Leiter der Cochrane-Gruppe für akute Infektionen des oberen Atmungstraktes in Rom, erklärt, gerade für Menschen im Alter von über 65 Jahren, für die die WHO die Grippeimpfung besonders empfiehlt (die deutsche StIKO empfiehlt die Impfung aus unerfindlichen Gründen schon für Menschen ab 60), fand sich nur eine Studie zur Wirksamkeit. Keine Datengrundlage, auf der sich eine wissenschaftliche Aussage treffen ließe. Unter Fachleuten ist lange bekannt, dass die Immunantwort auf Impfungen im Alter abnimmt. Die ohnehin schwache Wirkung dieser vorbeugenden Maßnahme ist gerade bei der Gruppe, für die sie besonders empfohlen wird, noch schwächer als im Schnitt.

Jetzt haben Sie sicher genug von dem Thema Grippe. Wir kommen später noch auf die ebenfalls weitgehend wirkungslosen Antigrippemittel wie Tamiflu zu sprechen. Mittel, mit denen im Schweinegrippen-Panikjahr 2009 Milliardenumsätze generiert wurden. Noch ein Allerletztes hier zu diesem Thema: Die Impfung gegen die Schweinegrippe, die im Jahr 2009 in Deutschland die schreckliche Zahl von 252 Todesopfer gefordert hatte, ist mittlerweile zum festen Bestandteil der Impfung gegen die normale saisonale Grippe geworden. Na, da sind wir doch beruhigt!

Vorsorge? Überdiagnose!

Vorsorge – das hatten wir schon gesehen – bietet den bestechenden Vorteil, im Gesundheitssystem auch mit Menschen tüchtig Geld verdienen zu können, die vollkommen gesund sind. Vollkommen gesund? Na ja, es könnte natürlich sein, dass die Gesunden nur scheinbar gesund sind, in Wirklichkeit aber eine Krankheit im Frühstadium haben, die noch keine

Symptome zeigt. In diesem Frühstadium – so die Argumentation – lasse sich die Krankheit besser behandeln, wodurch die Chance, wieder wirklich zu gesunden, steige. Das hört sich überzeugend an.

Fast jeder denkt dabei sofort auch an Krebs. Natürlich: Frühstadium, bessere Chancen … Aber gibt es eigentlich belastbare Daten, die das beweisen? Könnte es nicht auch ganz anders sein: Eine Krankheit (auch Krebs) hat die Gefährlichkeit, die sie nun einmal hat. Vielleicht habe ich die gleichen Chancen, sie zu besiegen, auch wenn ich die Krankheit erst an ihren Symptomen erkenne, wenn sie also spürbar geworden ist. Mehr noch: Birgt Vorsorge vielleicht das Risiko, Krankheiten im Frühstadium zu erkennen und zu behandeln, die in meinem Leben nicht über dieses Frühstadium hinausgekommen wären? Besteht das Risiko, an eventuell unnötigen Behandlungen Schaden zu nehmen? Oder einfach nur früher von dieser Krankheit zu wissen, mich länger mit der Behandlung abquälen, dann aber doch sterben zu müssen? Und zwar zum selben Zeitpunkt, an dem ich auch hätte sterben müssen, wenn ich die Krankheit erst deutlich später an ihren Symptomen erkannt hätte? Denkbar, oder? Also, wer überprüft die Effektivität der Vorsorge?

Eine Gruppe des Cochrane-Netzwerks in Kopenhagen, die sich »Cochrane Effective Practice and Organisation of Care Group« nennt, hat das getan. Die Wissenschaftler dort interessieren sich für die Effektivität medizinischer Praxis und die Organisation medizinischer Versorgung. In Zeiten knapper Mittel – also immer – ist dieser Forschungsansatz von immenser Wichtigkeit. Aber es geht gar nicht in erster Linie um Geld.

Im Oktober 2012 hat diese Gruppe eine Metaanalyse zum Thema »Allgemeine Gesundheitschecks« veröffentlicht.[53] Metaanalysen besitzen in der evidenzbasierten Medizin den höchsten wissenschaftlichen Stellenwert, denn sie werten alle seriösen Studien zu einem Thema aus und erreichen so die höchste statistische Beweiskraft.

Allgemeine Gesundheitschecks: mehr Nutzen als Schaden?

»Screenings«, schreiben die Autoren ganz trocken über ihr Thema, also Vorsorgeuntersuchungen, »führen zu weiteren Diagnosen und Behandlungen, die schaden, aber auch nützen können. Deshalb ist es wichtig abzuschätzen, ob allgemeine Gesundheitschecks mehr nützen als schaden.« In einer Vorbemerkung erklären sie, dass sie sich um patientenrelevante Endpunkte kümmern wollten, um Krankheit und Tod, und nicht um Surrogatparameter wie Cholesterinspiegel oder Blutdruck. Wir haben diese relevanten Endpunkte auch schon in der Diskussion um die Chemotherapie kennengelernt. Wichtig: In der Studie ging es um allgemeine Gesundheitschecks, in denen nicht speziell ein Krankheitsrisiko untersucht wurde. Und: Die Studie bezog sich auf Erwachsene bis zum Alter von 68 Jahren.

Die Wissenschaftler um Lasse Krogsbøll suchten nach randomisierten Studien zum Thema Gesundheitscheck. Also nach Studien, in denen zunächst Teilnehmer rekrutiert und dann nach dem Zufallsprinzip in zwei Gruppen eingeteilt worden waren. Das ist wichtig, um gleiche Ausgangsbedingungen für die Gruppen zu schaffen. Die eine Gruppe erhielt die Vorsorgeuntersuchungen, die andere nicht. 14 solcher gut gemachten Studien mit insgesamt 182 880 Probanden konnten die Wissenschaftler finden. Sie differenzierten die Daten in Aussagen zur allgemeinen Sterblichkeit, zur Herz-Kreislauf-Sterblichkeit (Schlaganfall, Herzinfarkt …) und Krebssterblichkeit. Und was glauben Sie nun? Wie groß war der Effekt der Vorsorgeuntersuchung auf die Sterblichkeit?

Neun Studien mit insgesamt 155 899 Teilnehmern stellten Daten zur allgemeinen Sterblichkeit zur Verfügung. Die mittlere Nachbeobachtungsdauer betrug neun Jahre. Im Studienarm mit den Vorsorgeuntersuchungen starben 74 von 1000 Teilnehmern, in dem Arm ohne Untersuchungen starben 75 von 1000 Teilnehmern – im Schnitt. In einigen Studien starben mehr Probanden in der Gruppe mit den Check-ups. Der Unterschied von einem Promille geht im statistischen Rauschen unter. Die Wissenschaftler sagten: Die Studien weisen keinen Unterschied nach.

Acht Studien enthielten Angaben zur Herz-Kreislauf-Sterblichkeit. 152 435 Probanden hatten die Daten geliefert. 37 von 1000 Probanden starben in der Gruppe ohne Vorsorgeuntersuchungen, 38 von 1000 starben mit Vorsorgeuntersuchungen. Wieder sagen die Wissenschaftler: Ein Einfluss der Vorsorgemaßnahmen auf die Sterblichkeit lässt sich mit den Zahlen aus diesen Studien nicht beweisen. In diesem Fall könnte man es sogar so formulieren: »Die Zahlen erwecken den Eindruck, dass Vorsorgeuntersuchungen das Risiko der Herz-Kreislauf-Sterblichkeit leicht erhöhen. Doch die Werte erreichten keine statistische Signifikanz.«

Ebenfalls acht Studien enthielten Daten zur Krebssterblichkeit. An diesen Studien waren insgesamt 139 290 Probanden beteiligt. In der Gruppe ohne Vorsorge starben im Untersuchungszeitraum 21 von 1000 Personen an Krebs. In der Gruppe mit Vorsorge waren es ebenfalls 21 von 1000. Ein klares Ergebnis!

In diesen Studien mit über 180 000 Teilnehmern haben die Screenings versagt. Zumindest wenn wir auf die »harten« Endpunkte schaut: Versterben durch Krebs, Herz-Kreislauf-Erkrankungen oder andere krankheitsbedingte Todesfälle. In Deutschland haben die gesetzlich Versicherten seit 1989 ab dem 35. Geburtstag die Möglichkeit, alle zwei Jahre einen Gesundheitscheck »zu Lasten der Kassen« (was für ein Unsinn: Wir zahlen das!) durchführen zu lassen. Er umfasst eine körperliche Untersuchung und eine Überprüfung von Blut- und Urinwerten. Was passiert hier, wenn das ganze Gewese tatsächlich keinen Einfluss auf unsere Lebenserwartung hat?

Schaden und Nutzen halten sich die Waage

Die Ergebnisse der Cochrane-Studie legen nahe, dass sich positive und negative Effekte der Vorsorgeuntersuchung die Waage halten. In der Vorsorgegruppe sind bei den Probanden sicher massenhaft Abweichungen von der Norm erkannt worden. Die Studien berichten beispielsweise davon, dass Teilnehmer der Vorsorgegruppe lebenslang zu Konsumenten von Medikamenten wurden. Von Blutdrucksenkern etwa. Mag sein, dass einige der Behandelten von dieser Medikation profitierten. Aber in der Kontrollgruppe ohne Vorsorge haben dann offenbar genauso viele davon profitiert, keine Blutdrucksenker zu bekommen. Interessant, oder? Es liegt übrigens nahe, dass es sich hier überwiegend um Menschen mit leichtem Bluthochdruck gehandelt hat. Denn Patienten mit starkem Bluthochdruck werden in der Regel schon außerhalb von Gesundheitschecks auf ihr Problem aufmerksam und werden sinnvollerweise mit Medikamenten behandelt. Wir werden auf das Thema Blutdrucksenker später noch einmal zurückkommen.

Es ist schwer vorstellbar, dass durch die Vorsorgeuntersuchungen nicht auch einige ernsthafte Gesundheitsprobleme bei den 90 000 Probanden in der Vorsorgegruppe erkannt und fachgerecht behandelt worden sind. Bei der hohen Zahl der Studienteilnehmer ist es ebenfalls kaum zu glauben, dass nicht zumindest einige dieser Behandlungen über den durchschnittlichen Beobachtungszeitraum von neun Jahren lebensrettend waren. Warum gibt es dann bei den Überlebenszahlen keinen Vorteil in der Vorsorgegruppe? Der Grund ist ebenso erschütternd wie naheliegend: Vorsorge rettet offenbar in etwa ebenso vielen Fällen Leben, wie sie andererseits zum Tode führt. Sie verursacht sinnlose und gefährliche Operationen. Sie führt zu lebenslangem Konsum von schädlichen Medikamenten. Allgemeine Gesundheitschecks, diese Ausweitung des Medizinbetriebes auf Gesunde, ist nach dieser statistisch extrem fundierten Metaanalyse eine gigantische sinnlose medizinische Aufblähung. Ein riesiges Nullsummenspiel, was den Überlebensvorteil betrifft. Aber natürlich ein Milliardengeschäft, wenn man auf die ärztlichen Untersuchungen, die Diagnosetechnik, die zusätzlich verschriebenen Medikamente und die folgenden Behandlungen schaut. Ein Milliardengeschäft für den medizinisch-industriellen Komplex. Und eine Vernichtung von Milliarden, die wir Krankenversicherte in die Kassen einzahlen.

Es hat auch Kritik an der Metaanalyse der Cochrane-Gruppe gegeben. Einige der eingeschlossenen Studien seien doch schon recht betagt. Heute sei die Diagnostik vor allem bei der weiteren Abklärung von Verdachtsfällen besser. Behandlungsmethoden hätten sich weiterentwickelt. Aber könnte der Effekt nicht sogar umgekehrt sein? Genauere Diagnostik zeigt noch mehr Abweichungen von der Norm und ergibt noch mehr unsinnige medikamentöse Behandlungen mit allen negativen Nebenwirkungen. Oder gar chirurgische Eingriffe, um Krebsgeschwüre zu entfernen, die niemals Probleme gemacht hätten.

Früherkennung von Prostatakrebs

Der amerikanische Arzt und Buchautor Gilbert Welch gibt in seinem Buch *Overdiagnosed: Making People Sick in the Pursuit of Health*[54] (»Überdiagnostiziert – wie das Streben nach Gesundheit Krankheit produziert«) Einblicke in genau diese Zusammenhänge. Gilbert Welch ist Professor am Dartmouth-Institut für Gesundheitspolitik und klinische Praxis. In seinem Buch widmet er sich besonders ausführlich und beispielhaft für weite Teile der Krebsvorsorge dem Thema Früherkennung des Prostatakrebses.

Prostatakrebs ist in Deutschland für etwa zehn Prozent der Krebstode bei Männern verantwortlich. Nach Lungen- und Darmkrebs ist er der drittgefährlichste Krebs. Etwa drei von 100 Männern sterben daran. »Wenn das nicht Grund genug für Maßnahmen zur Krebsfrüherkennung ist, was dann?«, mögen Sie sagen. Aber lassen Sie uns genauer hinsehen. Denn wir wissen ja schon: Früherkennung schadet und nützt. Man muss beides betrachten und gegeneinander abwägen.

Ende der 80er-Jahre des letzten Jahrhunderts änderte sich die Technik der Früherkennung für diesen Krebs dramatisch. Der PSA-Test (**p**rostata**s**pezifisches **A**ntigen) ermöglichte es zum ersten Mal, das Risiko für Prostatakrebs anhand eines Markerstoffes einzuschätzen. Je höher der PSA-Wert, desto höher die Wahrscheinlichkeit, dass ein Tumor in der Prostata vorliegt. Relativ willkürlich einigten sich die Fachleute auf einen PSA-Wert von vier Nanogramm pro Milliliter als Grenzwert, der eine weitere Abklärung nötig macht. Der PSA-Wert vier markiert etwa eine Krebswahrscheinlichkeit von 30 Prozent. Wie gesagt, die Schwelle ist willkürlich gesetzt. Ein Wert zwischen drei und vier weist auf eine 27-prozentige Wahrscheinlichkeit hin. Ein Wert zwischen zwei und drei ergibt immer noch eine beunruhigende Wahrscheinlichkeit von 24 Prozent, ein Träger des entarteten Gewebes zu sein. Auch bei einem PSA-Wert unter eins finden sich noch Tumoren: und zwar bei fast jedem Zehnten der Untersuchten. Diese im Jahr 2004 publizierten Studiendaten mit genauen Zahlen verdanken wir tausend mutigen amerikanischen Männern fortgeschrittenen Alters.[55] Sie waren alle gesund und ohne Anzeichen einer Prostataerkrankung. Alle ließen ihren PSA-

Wert messen und dann die Prozedur über sich ergehen, die zur Abklärung des Verdachtes eigentlich erst ab Werten über vier gemacht wird: die Stanzbiopsie.

Genauer hinschauen

Bei der Stanzbiopsie ist es leider nicht damit getan, *eine* Nadel in die Prostata zu stechen und eine Probe zu nehmen. Da die eventuell vorhandenen Tumoren noch nicht getastet werden können, werden in der Regel sechs Einstiche wohlüberlegt über die ganze Prostata verteilt. Diese Zahl ist genauso willkürlich wie der PSA-Grenzwert. Manche Urologen, die ihren Job besonders gut machen wollen, nehmen zwölf und mehr »Stichproben«. Wie erwartet, finden sie häufiger Tumorgewebe und erzeugen so mehr Krebspatienten als ihre Kollegen, die weniger stechen. Auch das wurde in Studien untersucht.[56] Mit dem Ergebnis: Zwölf Nadeln finden etwa 30 Prozent mehr Krebs als sechs Nadeln. Für welche Variante würden Sie sich entscheiden? Wenn schon, denn schon? Warten Sie vielleicht mit der Antwort noch bis zum Ende des Kapitels.

Es ist aber auch möglich, noch genauer hinzuschauen. Pathologen aus Cleveland taten dies bei 525 Männern unterschiedlichen Alters. Es waren Männer, die bei Verkehrsunfällen ums Leben gekommen waren und deren Vorsteherdrüsen man detailliert mikroskopisch untersuchen konnte.[57] Die Wissenschaftler fanden schon bei fast jedem zehnten Mann zwischen 20 und 29 Jahren Prostatakrebs. In der Gruppe zwischen 50 und 59 Jahren waren es 45 Prozent. Und bei den 70- bis 79-Jährigen hatten vier von fünf Männern Prostatakrebs. Wir erinnern uns: Drei Prozent der Männer sterben an Prostatakrebs. Diese Studien zeigen: Die überwiegende Zahl der Männer stirbt *mit* Prostatakrebs und nicht *an* Prostatakrebs. Der Grund ist ganz einfach: Prostatakrebs ist in den meisten Fällen nicht so aggressiv, dass er seinen »Wirt« das Leben kostet. Wir müssen davon ausgehen, dass die meisten Tumoren so langsam wachsen (oder gar nicht wachsen oder sich von alleine zurückbilden), dass sie ohne das Vorsorgeprogramm gar nicht aufgefallen wären. Was bedeutet das nun für die Früherkennung?

Der PSA-Test verursacht ein Gemetzel

Lassen Sie uns dazu noch einen Sachverhalt klären, der bei der Entscheidung für oder gegen die Früherkennung die wichtigste Rolle spielen sollte: Wie sehr profitiere ich von der Untersuchung? Wie stark sinkt mein Risiko, an Prostatakrebs zu sterben, und was muss ich dafür an Unbill in Kauf nehmen? Getreu dem Motto: Nutzen und Schaden abwägen. Prof. Gilbert Welch verwendet dazu in seinem Buch eine Grafik mit zwei Linien. Die obere Linie zeigt die Anzahl der Krebsdiagnosen pro Jahr in den USA seit 1975. Mit Einführung der PSA-Tests schnellt diese Kurve Anfang der 90er-Jahre steil nach oben. Seither entdeckt man etwa doppelt so viele Krebserkrankungen wie zuvor. In den Spitzenjahren waren es etwa 130 000 Männer mehr, die durch die Früherkennung mit der Bürde der Erkenntnis belastet wurden, dass sie Krebs haben. Eine enorme Zahl! Die meisten ließen sich natürlich operieren. Was hätte der Test sonst für einen Sinn. Das hatte bei fast 50 Prozent der Männer sexuelle Dysfunktionen oder sogar Impotenz zur Folge. Bei etwa 30 Prozent gab es Probleme mit der Harnkontinenz. Wir sprechen hier in beiden Fällen über einige Zehntausend Männer pro Jahr. Wo nicht operiert wurde, wurde bestrahlt. Die Bestrahlung verursacht etwas weniger Probleme mit der Potenz und der Harnkontinenz. Bei 17 Prozent dieser Männer rief die Bestrahlung allerdings Beschwerden im Enddarmbereich bis hin zur Stuhlinkontinenz hervor.[58] Ein bis zwei von tausend Männern starben an der Operation. Wir sehen: Der Schaden durch die Vorsorge war und ist schrecklich. Ein Gemetzel mit über einer Million Opfer seit Einführung des PSA-Tests allein in den USA.

Und der Nutzen? Der lässt sich aus einer zweiten Linie in der Grafik in dem Buch *Overdiagnosed* von Gilbert Welch erschließen. Es ist die Linie der Männer, die seit 1975 Jahr für Jahr an Prostatakrebs gestorben sind. Angesichts der Tatsache, dass seit 1990 die Rate der diagnostizierten Krebsfälle so dramatisch angestiegen ist und so viele Hunderttausend Männer sich der Krebsbehandlung unterzogen haben, würde man einen deutlichen Rückgang der Todesfälle erwarten, oder? Doch der trat nicht ein. Die Kurve verläuft noch über lange Zeit waagerecht! Etwa 30 000 Tote jedes Jahr. Mit oder ohne PSA-Test. Etwa seit dem Jahr 2000 ist die Zahl leicht rückläufig – ein in der Grafik im Vergleich zur angeschwollenen Kurve der Krebsdiagnosen allerdings kaum wahrnehmbarer Rückgang. Auch gibt es leider keinen Beweis, dass wenigstens diese zarte Rückläufigkeit der Krebstode auf die massive Zunahme der Krebsbehandlung, auf das Stechen, Schneiden und Bestrahlen an der Prostata, zurückgeführt werden kann. In anderen Ländern, in denen das Screening nicht so konsequent durchgeführt wurde, ergab sich derselbe Rückgang. Studien weisen darauf hin, dass sich die Effektivität der Eingriffe an der Prostata und der Chemotherapie in diesem Zeitraum gebessert haben. Daher der leichte Rückgang bei den Krebsopfern. Wir könnten uns noch weitere Studien ansehen, doch am Ergebnis würde das prinzipiell nichts ändern. Es gibt große Studien, die sogar einen Anstieg der Krebstoten durch den PSA-Test zeigen.[59] »Im besten Fall«, sagt Welch, »bezahlen wir einen vermiedenen Krebstod mit 50 überflüssig diagnostizierten und verstümmelten Männern.«

PSA-Test: eine profitgetriebene Katastrophe

Prof. Richard Ablin, der den PSA-Test entdeckt hat, hat in der *New York Times* Folgendes geschrieben: »Ich hätte mir nie träumen lassen, dass meine Entdeckung vor 40 Jahren in eine derartige profitgetriebene Katastrophe für das Gesundheitswesen führen würde. Die Medizin sollte sich der Realität stellen und den unangemessenen Einsatz von PSA-Tests stoppen. Das würde Milliarden Dollar sparen und Millionen Männer vor unnötigen und beeinträchtigenden Behandlungen bewahren.«[60]

Interessant, dass Ablin hier von einer »profitgetriebenen Katastrophe« spricht. Am Anfang mögen noch viele Urologen gedacht haben, sie handeln im Sinne ihrer Patienten. Aber die wahrscheinlich ausschließlich fatalen Folgen des PSA-Tests in den USA sind schon lange so offensichtlich, dass es eine Schande ist, dass der Test immer noch allgemein als »Vorsorge« praktiziert wird. Schauen wir noch einmal in Deutschland nach. Wie halten es die deutschen Urologen und Krebsmediziner damit?

Die Deutsche Krebsgesellschaft begrüßt ihre Kunden auf ihrer Website zu diesem Thema folgendermaßen: »Früh erkannt ist besser heilbar. Das gilt auch und vor allem beim Prostatakrebs. Warten Sie also gar nicht erst ab, bis Beschwerden auftreten, sondern nehmen Sie regelmäßig an einer Untersuchung zur Früherkennung des Prostatakarzinoms teil.«[61]

Das empfiehlt die Deutsche Krebsgesellschaft ganz allgemein. »Auch und vor allem beim Prostatakrebs«. Hier wird die Katastrophe mit blumigen Formulierungen weitergetrieben. Der Korrektheit halber müssen wir an dieser Stelle anmerken, dass in Deutschland kein dem amerikanischen Screening entsprechendes Verfahren zur Anwendung kommt. Die deutschen Urologen haben sich in ihren Leitlinien auf eine »risikoadjustierte« Anwendung des PSA-Tests geeinigt. Also kein flächendeckendes Screening, sondern ein individuell angepasstes. Zum Beispiel wenn es in der Familie schon Fälle von Prostatakrebs gab. Allerdings gibt es keine Studie, die bewiesen hätte, dass die deutsche Medizin mit diesem Verfahren erfolgreicher ist bzw. wie groß der Vorteil ist, den ein PSA-Test in Deutschland eventuell erbringt. Warum wird das angesichts der erschütternden Geschichte des PSA-Tests nicht untersucht?

Die Behauptung der Deutschen Krebsgesellschaft, Früherkennung helfe auch und vor allem beim Prostatakrebs, entbehrt der wissenschaftlichen Basis. Ich kann mir diese Ignoranz gegenüber der Datenlage nur ökonomisch begründet vorstellen. Und wer bei der Deutschen Krebsgesellschaft in die »Mitgliedersektion C« schaut, findet dort auch tatsächlich über 30 Firmen – vor allem Pharmaunternehmen –, die mit Krebsmedikamenten Geld verdienen. Könnte es sein, dass diese »fördernden Mitglieder« darauf achten, dass die Informationen der Deutschen Krebsgesellschaft so gesetzt werden, dass es möglichst viel Krebsmedizin und damit möglichst viel zu verdienen gibt? Ob die Patienten davon profitieren oder nicht? Das sind Strukturen, die ich als mafiös empfinde. Nach außen ein Gutmensch-Image zelebrieren. Hinter der Maske aber stecken – so sieht es für mich aus – knallharte Geschäftsinteressen. An anderen Stellen der Website kommt zwar noch die eine oder andere Einschränkung, aber von tausendfach durch den sinnlosen PSA-Test ausgelöster Impotenz bzw. »erektiler Dysfunktion« und weiteren Verstümmelungen findet sich kein Wort.

Da macht die offizielle wissenschaftlich-medizinische »Leitlinie zur Früherkennung und Behandlung von Prostatakrebs«, die als verbindliche Orientierung für die deutsche Ärzteschaft dient, auf den ersten Blick einen besseren Eindruck. Sie enthält zu Beginn auch einen Hinweis auf die verschiedenen Fachgesellschaften, die an der Formulierung der Leitlinie beteiligt waren. Ich finde das eine gute Information, denn so erhält man auch mal eine Ahnung, wer alles an dem PSA-Test und dem nachfolgenden Desaster verdient.

Beteiligte Organisationen

Deutsche Gesellschaft für Urologie (DGU), Berufsverband der Deutschen Urologen (BDU), Berufsverband Deutscher Strahlentherapeuten (BVDST), Deutsche Gesellschaft für Radioonkologie (DEGRO), Deutsche Gesellschaft für Hämatologie und Onkologie (DGHO), Deutsche Gesellschaft für Pathologie (DGP), Deutsche Gesellschaft für Nuklearmedizin (DGN), Deutsche Röntgengesellschaft (DRG), Bundesverband Prostatakrebs Selbsthilfe (BPS), Deutsche Krebsgesellschaft (DKG).

Hätten Sie gedacht, dass das »Geschäftsmodell PSA-Test« auf so breiten Füßen steht? Nach einigen Vorbemerkungen gelangen Leser zu den Empfehlungen. Gleich die erste Empfehlung gibt zentrale Punkte des wissenschaftlichen Standes korrekt wieder. Zum Beispiel: »Die prostatakarzinomspezifische Mortalität wird durch das Screening entweder gesenkt oder nicht signifikant beeinflusst. Ein Einfluss auf die Gesamtüberlebenszeit ist nicht nachgewiesen.«

Das ist korrekt. Da der PSA-Test in Deutschland aber individuell und nicht im Rahmen eines Screenings Anwendung findet, hat diese Erkenntnis keine Auswirkungen auf das weitere Prozedere: Der PSA-Test wird im folgenden Plan wie ein Verfahren abgearbeitet, das als medizinischer Standard gilt. Bei der Stanzbiopsie empfiehlt die Leitlinie die Entnahme von zehn bis zwölf Gewebezylindern (Punkt 3.11). Sehr gründlich. Wir haben gelernt, dass so 30 Prozent mehr Untersuchte zu Krebspatienten werden als mit der Sechs-Nadel-Methode. Auf Seite 57 der 91-seitigen Fassung der Leitlinie taucht dann zum ersten und einzigen Mal das Wort »Impotenz« auf. Und zwar zu einem Zeitpunkt, zu dem der Patient definitiv bereits Krebspatient ist.

(Punkt 8.2) »Im ärztlichen Gespräch soll der Patient über alle in dieser Leitlinie beschriebenen relevanten Therapieoptionen, deren Erfolgsaussichten und deren mögliche Auswirkungen informiert werden. Insbesondere soll auf die Auswirkungen auf sein körperliches Erscheinungsbild, sein Sexualleben (Impotenz), seine Harn- und Stuhlkontrolle (Inkontinenz) und Aspekte des männlichen Selbstverständnisses (Selbstbild) eingegangen werden.«

»Psychosoziale Unterstützung« heißt der Abschnitt der Leitlinie, in dem endlich einigermaßen Tacheles geredet wird. Für mein Empfinden gehören die Zahlen zur Wahrscheinlichkeit von Impotenz sowie Harn- und Stuhlinkontinenz hier explizit dazu. Vorgesehen ist diese Beratung aber wohlgemerkt erst nach dem Ergebnis der Stanzbiopsie, wenn man den Patienten – entschuldigen Sie die Formulierung – schon am Haken hat.

Der Patient am Haken

Es gibt zwar auch schon auf den ersten Seiten der Leitlinie zum PSA-Test eine verwandte Formulierung. Sie lautet: »Die Männer sollen über die Vor- und Nachteile der Früherkennungsmaßnahmen aufgeklärt werden, insbesondere über die Aussagekraft von positiven und negativen Testergebnissen, gegebenenfalls über erforderliche weitere Maßnahmen wie die Biopsie der Prostata sowie die Behandlungsoptionen und deren Risiken.« Hört sich super an, oder? Aber lassen Sie mich diesen langen Satz, in dem theoretisch alle Informationen drinstecken (für alle Eingeweihten), etwas auseinandernehmen. Aufklärung »insbesondere über die Aussagekraft von positiven und negativen Testergebnissen« bedeutet vor allem eines: Abwiegeln. Ich formuliere es mal verständlich: »Ein Wert über vier bedeutet noch nicht, dass Sie Krebs haben. In zwei Drittel der Fälle zeigt die weitere Untersuchung keinen Tumor.«

Und warum gibt es die weitere Aufklärung, die Aufklärung über das, was für die PSA-Testkandidaten später zur schweren Belastung wird, nur »gegebenenfalls«? Was soll das heißen? Das macht diese Aufklärung unwichtig! Aufklärung »gegebenenfalls über erforderliche weitere Maßnahmen wie die Biopsie der Prostata«. Merken Sie, wie belanglos das klingt? Und dann kommt das dicke Ende. Das, wo wirklich der Hammer hängt, wird mit einem pflichtschuldigst aufzählenden »sowie« ans Ende der Aufklärungsempfehlung gehängt: »sowie die Behandlungsoptionen und deren Risiken«.

In meinen Augen ist diese verharmlosende Formulierung am Anfang des drohenden Verhängnisses, nämlich bei der Aufklärung, ob ein PSA-Test gemacht werden soll oder nicht, ein bewusster Steilpass für eine schlampige Aufklärung der Patienten. »Gegebenenfalls« und »sowie« wiegeln ab. Abstrakte Formeln wie »Therapieoptionen und deren Risiken« verunklären, worum es geht. Warum wird in der Leitlinie erst nach der Biopsie Klartext geredet? Inkontinenz und Impotenz drohen in 30 bis 50 Prozent der Fälle. Diese Information gehört an den Anfang der Aufklärung. Nach der Biopsie, im Gespräch mit dem eben frisch diagnostizierten Krebskranken, werden sogar Partnerinnen zur psychosozialen Rehabilitation eingeladen. Angesichts des drohenden Verlustes der sexuellen Funktionsfähigkeit wird plötzlich sogar über das Männerbild gesprochen. Wie fürsorglich! Der Grund ist in meinen Augen ganz klar: Wenn ich dieses Szenario schon beim ersten Beratungsgespräch vor dem PSA-Test klar schildern würde, könnte ich ja die Kundschaft verschrecken! Wie viele Opfer des PSA-Tests mögen denken: »Mein Gott, wenn die mir den ganzen Schlamassel am Anfang richtig erklärt hätten, hätte ich nie …« Das Perfide ist, dass die Scham der Opfer den Tätern in die Karten spielt. Mit Impotenz und Inkontinenz geschlagen, gehören sie nicht zu den Menschen, die mit ihren Problemen in die Öffentlichkeit drängen.

Vom sinnlosen PSA-Test abraten

Die Verantwortlichen für diese Leitlinien werden sagen: »Herr Wittig, können Sie nicht lesen? Steht doch alles drin: Aufklärung über die Behandlungsoptionen und deren Risiken. Wenn der niedergelassene Urologe das nicht tut, ist das nicht unsere Schuld.« Clever! Darf ich mal eine Formulierung vorschlagen, die ich in den Leitlinien zum PSA-Test für angebracht hielte: »Wenn ein Patient ohne bekannte Risikofaktoren einen PSA-Test wünscht, ist er mit dem Hinweis auf die Sinnlosigkeit dieses Tests und dem

Hinweis auf das drohende Gemetzel an seinem Unterleib mit schlimmsten Folgen für seine körperliche und seelische Gesundheit zu informieren. Diesem Patienten ist vom PSA-Test dringend abzuraten.«

Das wäre eine Empfehlung, die erkennbar am Patientenwohl orientiert ist. Aber Sie werden eine solche Empfehlung in den Leitlinien der Deutschen Gesellschaft für Urologie nicht finden. Denn vom PSA-Test abzuraten stellt einen Angriff auf ein bewährtes Geschäftsmodell dar. Um genauere Zahlen zu diesem Geschäftsmodell zu erhalten, wandte ich mich an die Deutsche Gesellschaft für Urologie. Meine Fragen waren folgende:

- Wie viele PSA-Tests werden bei uns pro Jahr durchgeführt? – Was für Kosten entstehen?
- Wie viele der Getesteten führen anschließend eine Stanzbiopsie durch? – Welche Kosten entstehen?
- Wie viele Prostatakrebskranke werden dadurch pro Jahr identifiziert?
- Wie viele Operationen/Bestrahlungen werden in der Folge durchgeführt? – Welche Kosten entstehen?
- Wie viele Fälle von Impotenz/Inkontinenz werden erzeugt?
- Wie hat sich die Statistik der Todesfälle durch Prostatakrebs nach der Einführung des PSA-Tests entwickelt?

Ich hatte nicht damit gerechnet, dass all diese Fragen beantwortet würden. Aber wenigstens ein paar Zahlen zum Gesamtvolumen des »Geschäftsmodells PSA-Test in Deutschland« hatte ich mir erhofft. Einige Tage später erhalte ich einen Rückruf von der Urologischen Fachgesellschaft. Die Dame am Telefon erklärt mir, die Fragen könne man nicht so einfach beantworten. Der Chef persönlich würde sich die Zeit nehmen, mir die Zusammenhänge zu erklären. Die Aussicht auf ein wirklich erhellendes Gespräch, wie sich später herausstellen sollte.

PSA-Test in Deutschland

Zwei Tage später ruft der Präsident der Deutschen Gesellschaft für Urologie, Prof. Stöckle, bei mir an. Er sei nicht zufrieden, wie über den PSA-Test in der Öffentlichkeit gesprochen werde, erklärt er. 50 Operationen, um einen Krebspatienten zu retten, und dafür jede Menge Kollateralschaden – das könne man so nicht stehen lassen. (Wir erinnern uns: In der Leitlinie der Fachgesellschaft steht an erster Stelle die Aussage, dass ein Überlebensvorteil durch das PSA-Screening wissenschaftlich nicht nachgewiesen worden ist.) Also frage ich ihn, wie es mit der großen Studie stehe, die dieses vernichtende Ergebnis für den PSA-Test gezeigt habe. »Diese Studie ist Datenschrott. Die können Sie vergessen«, erklärt er. Vor allem das *follow up* – also die Beobachtungszeit – sei viel zu kurz. Nur neun Jahre!

Lassen Sie mich dazu folgende Bemerkung machen: Wenn ich in einer Studie in der Behandlungsgruppe intensiv nach Prostatakrebs fahnde und die gefundenen Tumoren entferne, und in der Kontrollgruppe suche ich nicht, und ich operiere demzufolge in dieser Kontrollgruppe deutlich seltener, und nach neun Jahren gibt es keinen Unterschied bei der Sterblichkeit zwischen der Kontrollgruppe und der Behandlungsgruppe, dann ist das ein starker Hinweis darauf, dass die entfernten Tumoren nicht besonders gefährlich waren.

Dann kommt der Präsident der deutschen Urologen auf eine finnische Studie zu sprechen und will mir die Ergebnisse als Referenz nahelegen. Ich erinnere mich daran, dass ich von dieser Studie auch in den Leitlinien gelesen hatte, und konfrontiere Prof. Stöckle mit folgender Frage: »In den skandinavischen Ländern ist der Prostatakrebs viel häufiger als in Deutschland. Sie können diese Zahlen doch nicht für unser Land heranziehen.« Der oberste deutsche Urologe stockt kurz und lenkt dann ein. »Das ist richtig. In Deutschland sterben drei Prozent der Männer an Prostatakrebs, in Skandinavien fünf Prozent. Warum, weiß kein Mensch.«

Dazu wieder eine Zwischenbemerkung: Der oberste deutsche Urologe (und die Leitline für deutsche Urologen) zieht eine Patientenklientel für die Argumentation heran, die ein um zwei Drittel größeres Risiko hat, an

Prostatakrebs zu sterben, als die deutschen Männer. Finden Sie, dass das in Ordnung ist? Ich finde das nicht. Denn bei diesem deutlich höheren Risiko kann der PSA-Test in Skandinavien Sinn machen, einen Nutzen bringen. In Deutschland bringt er diesen Nutzen der Studienlage nach nicht.

Zurück zum Telefonat. Das Problem mit Inkontinenz und Impotenz werde vollkommen übertrieben, fährt Prof. Stöckle fort. Gerade für die älteren Männer wäre Sex nicht mehr so wichtig. Wer wolle, der könne sich heute aufblasbare Schwellkörper implantieren lassen. Und dann sagt er: »Damit können Sie hundert Mal am Tag, wenn Sie wollen.«

Damit können Sie hundert Mal am Tag

Was mag diese Prothese kosten? Glauben Sie, dass das eine »Kassenleistung« ist? Ich glaube nicht. Und wie mag man sich mit so einer Intimprothese fühlen? Ist das eine Operation, die Prof. Stöckle auch anbietet? Was verdient er an dieser Phallusprothese, die er mir anpreist wie die geniale Lösung aller Potenzprobleme? Fragen, die mir erst nach dem Telefonat durch den Kopf schießen. Denn ich bin wieder einmal viel zu perplex, wie ein hochrangiger Mediziner auf Stammtischniveau argumentiert und glaubt, damit die Kritik am Geschäftsgebaren seiner Zunft einfach wegwischen zu können.

Und dann kommen wir doch noch zu meinen Fragen. Belastbare Zahlen seien ganz schwer zu bekommen, erklärt Prof. Stöckle. Den PSA-Test gebe es für 30 Euro. (Zwischenbemerkung: Der PSA-Test ist eine IGeL-Leistung, die nicht die Kasse bezahlt, sondern der Patient. Ein starker Hinweis auf die Sinnlosigkeit dieses Tests.) Sicher ist sich Prof. Stöckle bei den Kosten der Operation zur Entfernung des Prostatakrebses, denn die führt er selber durch: 6500 Euro. Und die Bestrahlung? Das wisse er nicht genau, aber die sei deutlich teurer. 8000 Euro oder je nachdem, wer es mache, noch viel mehr. Warum sagt er das?

Ich habe mir die Zahlen vom Spitzenverband der Krankenkassen schicken lassen: Die Bestrahlung kostet nicht 8000, sondern 4500 Euro. Sie ist also nicht deutlich teurer, sondern deutlich billiger als Prof. Stöckles Operation. Wieder einmal bin ich perplex: Ich halte es nicht für denkbar, dass der Präsident der urologischen Fachgesellschaft nicht weiß, was das Verfahren kostet, das in Konkurrenz zu dem Verfahren steht, mit dem er sein Geld verdient. Ich kann es mir nicht anders erklären, als dass er mich benutzen wollte, um das Konkurrenzverfahren als teuer und damit negativ darzustellen. Merken Sie was? Leitlinien, Fachgesellschaften: Instrumente für den Bestandsschutz. Bis hin zum Sichern der ganz persönlichen Pfründe. Das ist alles, nur eines nicht: Orientierung am Wohl der Patienten.

Ich frage Prof. Stöckle, warum er glaubt, dass der Erfinder des PSA-Tests, Prof. Richard Ablin, heute so entsetzt ist von den Folgen seiner Erfindung. Und dazu rät, den Test nicht anzuwenden. Der oberste deutsche Urologe antwortet mir, Ablin sei nur ein Laboratoriumsmediziner. Der könne das gar nicht beurteilen. Der sei ja nie aus seinem Labor herausgekommen. Wie finden Sie das? Ist es nicht unglaublich, wie einfach der PSA-Fan es sich macht? Prof. Stöckle erklärt den Vater des PSA-Tests einfach für inkompetent. Ablin, ein habilitierter Wissenschaftler, sei angeblich nicht imstande, sich innerhalb von 25 Jahren – seit sein Test in der Anwendung ist – ein Bild von den Auswirkungen dieses Tests zu machen? Ich weiß nicht, worüber ich mich mehr ärgern soll: über die Dreistigkeit, die Prof. Stöckle gegenüber seinem Kollegen an den Tag legt, oder die Dreistigkeit, mit der er versucht, mich für dumm zu verkaufen.

Wenn ich als Laie, den Ratschlägen eines Urologen vertrauend, in die PSA-Mühle geraten wäre und in der Folge entsprechende »Kollateralschäden« erlitten hätte, wenn ich dann erführe, dass dieser PSA-Test aus gutem Grund von den Kassen nicht erstattet wird, weil wissenschaftliche Studien nicht zeigen konnten, dass er einen Überlebensvorteil bringt, wie würde ich mich fühlen? Ich würde mich fühlen, als sei ich auf offener Straße überfallen, ausgeraubt und krankenhausreif geschlagen worden.

7. Bad Pharma: tricksen, täuschen, tarnen

Menschenverachtende Datenmanipulation

Arzneimittelstudien – oder allgemeiner – Studien zur Wirksamkeit von medizinischen Interventionen sollten die Grundlage für eine rationale Empfehlung dieser Interventionen sein, sei es eine Medikamentengabe oder eine Operation am offenen Herzen. Studien zur Wirksamkeit medizinischer Interventionen dienen den Patienten und den Medizinern zur Beantwortung der Frage »Wie habe ich die besten Chancen, die Krankheit zu bekämpfen und die Gesundheit wiederherzustellen?«. Die veröffentlichten Ergebnisse dieser Studien lenken mitunter gigantische Finanzströme nicht nur in unserem Gesundheitssystem, sondern rund um den Globus. Ziel dieser Lenkung der Finanzströme muss es sein, das Geld zum größtmöglichen Nutzen für die Patienten einzusetzen. Deshalb ist die Manipulation dieser Studien aus wirtschaftlichen Interessen ein menschenverachtendes, an Zynismus kaum zu überbietendes Vergehen am Gemeinwesen. Im Ernstfall unter der billigenden Inkaufnahme von Zehntausenden Fällen von Körperverletzung weltweit. Dennoch ist die Manipulation dieser Arzneimittelstudien an der Tagesordnung.

Deshalb hat das Thema es verdient, dass wir ihm hier ein eigenes Kapitel widmen. Ich möchte Beispiele für diese Manipulation aufzeigen. In einem späteren Kapitel möchte ich Ihnen auch erklären, was gute und was schlechte Studien sind und wo Sie diese Studien im Internet finden bzw.

welche Quellen seriös sind. Wir Patienten müssen lernen, unsere Ärzte auf diese Studien anzusprechen. Wir müssen mehr wissen. Denn ich fürchte, am Ende sind wir die Einzigen, die mit kritischen Fragen den Druck ausüben können, der nötig ist, damit sich die Verhältnisse in unserem Gesundheitssystem verbessern.

Die scheuen Studien zum Grippemittel Tamiflu

Das Gezerre um das Grippemittel Tamiflu macht deutlich, mit welch harten Bandagen der (Des-)Informationskampf an der Pharmafront häufig ausgetragen wird. Tamiflu ist kein Impfstoff zur Vorbeugung, sondern ein vom Pharmamulti Roche angebotenes Präparat zur Bekämpfung von Grippesymptomen bei Kranken. Das Mittel ist – gelinde gesagt – umstritten: »Der enorme wirtschaftliche Erfolg von Tamiflu steht nach Ansicht vieler Beobachter in einem gewissen Gegensatz zur medizinischen Leistung seines Wirkstoffs«,[62] heißt es fast schon höflich in einem Artikel in *Das Deutsche Ärzteblatt*. Es ist wichtig zu erwähnen, dass dieses Fachmagazin eigentlich nicht zu den herausragenden pharmakritischen Stimmen in unserem Land zählt. Wie kommt das *Deutsche Ärzteblatt* also dazu, an diesem globalen Blockbuster herumzumäkeln? Einem Arzneimittel mit einem weltweiten Umsatz von einer Milliarde US-Dollar – in einem normalen Grippejahr.

Die Einschätzung der Wirksamkeit von Tamiflu beruhte zunächst auf einer Metastudie, der »Kaiserstudie« unter der Leitung von Prof. Laurent Kaiser, dem Chef des zentralen virologischen Labors des Universitätskrankenhauses von Genf. Hört sich doch gut an! Immerhin zehn Einzelstudien zu Tamiflu wurden dafür ausgewertet. Kaiser und seine Mitarbeiter erklärten nach Sichtung der Studien, Tamiflu verkürze die Krankheitsdauer um anderthalb Tage, reduziere die Zahl der Einweisungen in ein Krankenhaus um 59 Prozent und die Zahl der Lungenentzündungen um 55 Prozent.

Wenn wir aber genauer hinschauen, sehen wir, dass die drei Coautoren der Studie alle vom Hersteller des Grippemittels bezahlt wurden, das sie zu bewerten hatten. Vom Schweizer Pharmamulti Roche. Und stellen Sie sich vor: Alle zehn Studien, auf denen die Metastudie beruhte, waren ebenfalls von dieser Firma finanziert worden. Von Roche. Nicht gerade vertrauenerweckend, zumal zahlreiche Studien gezeigt haben, dass herstellerfinanzierte Studien zu einer »überoptimistischen« Darstellung der untersuchten Präparate neigen.

Ist Tamiflu sein Geld wert?

Im Jahr 2009 – im Schweinegrippejahr – wollte es die britische Regierung noch einmal genau wissen. Schließlich ging es um die nationale Bevorratung mit dem Grippemittel. Das ist Bestandteil des Katastrophenplans. Eine Pandemie vom Ausmaß der viel zitierten Spanischen Grippe könnte zum Zusammenbruch der Infrastruktur eines ganzen Landes führen. Wenn man also britische Pfund im dreistelligen Millionenbereich an eine Pharmafirma weiterreicht, will man wissen, ob die Präparate, die man dafür bekommt, auch dazu taugen, die Katastrophe abzuwenden oder zumindest abzumildern. In England jedenfalls wollte man das wissen. In Deutschland ist das zuständige Robert-Koch-Institut auffällig unkritisch.

Die britische Regierung beauftragte die Cochrane-Gruppe um Dr. Tom Jefferson in Rom mit einer Überprüfung der Studiendaten. Es ist dieselbe Gruppe, die in einer Metastudie die statistisch marginale Wirksamkeit der Grippeimpfung festgestellt hatte. Die Gruppe um Dr. Jefferson musste erst einmal konstatieren, dass nur zwei der angeblich zehn Studien zu Tamiflu überhaupt veröffentlicht worden waren. Das ist ungewöhnlich für Studien zu einem Präparat mit Milliardenumsatz. Was lag näher, als die Pharmafirma um die verbleibenden acht Studien zu bitten, die sie ja finanziert hatte. Was jetzt kommt, müsste eigentlich schallendes Gelächter hervorrufen, wenn es nicht so erschreckend wäre: Die Firma sagte, sie könne Jefferson das Material nur aushändigen, wenn er eine Verschwiegenheitsverpflichtung unterzeichne. Die Daten waren offensichtlich nicht für die Öffentlichkeit bestimmt. Nur bezahlen für die Medikamente, das durfte die Öffentlichkeit. Die Daten, die Wirksamkeit von Tamiflu belegen sollten, waren geheim. Was fallen Ihnen für Beschreibungen für dieses Verhalten der Herstellerfirma Roche ein? Lächerlich? Unverschämt? Surreal? Dr. Gert Antes,

Direktor der Deutschen Cochrane-Sektion, formulierte es so: »Wenn man genauer hinschaut, sieht man, dass dort getäuscht, getarnt und getrickst wird. Und das Dramatische daran ist, dass die Datenlage dazu führt, dass Milliarden ausgegeben werden. Großenteils von Steuergeldern. Und dass zur gleichen Zeit die Öffentlichkeit nicht die Möglichkeit hat, diese Daten zu sehen. Das ist – glaube ich – in anderen Fällen ein Fall für den Staatsanwalt.« Dr. Tom Jefferson ließ sich auf diesen Widersinn natürlich nicht ein. Er hatte ja den Auftrag, Licht ins Dunkel zu bringen.

»Ungereimtheiten« rund um die Tamiflu-Studie

Bei dem Versuch, die fehlenden Daten zu recherchieren, kamen seltsame Dinge ans Tageslicht. Ein Wissenschaftler, der angeblich Autor einer der unpublizierten Studien gewesen sein soll, wusste gar nichts von dieser Leistung. Andererseits meldeten sich ehemalige Mitarbeiter einer Agentur für Medizinkommunikation, die als Ghostwriter die Präsentation der Tamiflu-Studie werbetextlich optimieren sollten.[63] Und Jefferson bekam von der Firma Roche nie den vollständigen Satz der Studiendaten. Im schon zitierten Artikel im *Ärzteblatt* heißt es dazu: »Das legt für Jefferson den Verdacht nahe, dass die Daten zu Tamiflu selektiv publiziert wurden, sprich: Positive Ergebnisse werden veröffentlicht, negative aber verschwiegen.«[64]

Wir haben das bereits kennengelernt: Selektives Publizieren der positiven Studien und gleichzeitiges Verschweigen der unpassenden Studienergebnisse stellt ein einfaches und sehr effektives Instrument dar, um die allgemein verfügbare »wissenschaftliche Datenbasis« zur Wirksamkeit von Medikamenten massiv zu verzerren. Die gesamte Gemeinschaft der Wissenschaftler, aber auch Mediziner und Behörden – alle werden getäuscht. Zum Vorteil der Firma, die Geld mit dem Präparat verdient.

Tom Jefferson suchte notgedrungen nach unabhängigen Studien, die nicht vom Hersteller Roche finanziert worden waren. Er fand 20 solcher Studien, die den strengen Anforderungen des Cochrane-Netzwerkes genügten. Seltsam, dass keine davon Eingang in die Metastudie von Prof. Laurent Kaiser gefunden hatte, oder? Diese hatte nur von Roche finanzierte Studien herangezogen. Nach Auswertung der unabhängigen Studien musste Jefferson die »Kaiserstudie« in wesentlichen Teilen widerlegen. Die Krankenhauseinweisungen (das ist für den nationalen Katastrophenplan wichtig) wurden durch Tamiflu nicht erkennbar reduziert und die Zahl der gefürchteten schweren Komplikationen in den unteren Atemwegen wurde durch Tamiflu auch nicht kleiner. Nach den neuesten Ergebnissen der Cochrane-Gruppe liegt die durchschnittliche Verkürzung der Grippe auch nicht bei anderthalb Tagen, sondern bei 21 Stunden. Das bleibt von der Wirkung des Präparats nach der Überprüfung durch unabhängige Wissenschaftler übrig. Die Krankheit dauert einen knappen Tag kürzer. Fein! Bei den Kriterien aber, derentwegen in nationalen Katastrophenplänen weltweit Milliardenbeträge eingeplant sind und auch schon ausgegeben wurden, versagt das Antigrippemittel nach dieser Metaanalyse unabhängiger Studien auf ganzer Linie.

RKI – ein Bundesinstitut hält Roche die Treue

Ich habe auf der sehr umfangreichen Website des Robert-Koch-Instituts (RKI) – des in Deutschland für Infektionskrankheiten zuständigen Instituts – nach Informationen zu Tamiflu gesucht und lediglich Empfehlungen gefunden, die auf den Studien des Pharmariesen Roche beruhen. Die Kaiserstudie gilt hier immer noch als Referenz.[65] Die von der Cochrane-Gruppe widerlegten Informationen vom Tamiflu-Hersteller Roche werden an dieser Stelle nach wie vor runtergebetet: Das Mittel reduziere die Zahl der Krankenhauseinweisungen und die Zahl der Lungenentzündungen jeweils um mehr als 50 Prozent. Irre, was? Eigentlich bezahlen wir das Robert-Koch-Institut mit unseren Steuergeldern, damit wir wissenschaftlich fundierte Ratschläge für den Umgang mit Krankheiten erhalten. Und dieses Institut betätigt sich – anders kann ich die Situation nicht deuten – als Durchreiche für Desinformationen der Pharmaindustrie. Womit hat sich Roche diese Loyalität unseres Bundesinstituts wohl verdient? Aber so ist das eben: Bei Studien zu medizinischen Interventionen muss man sich nicht nur die Ergebnisse ansehen. Mindestens zwei weitere Aspekte sind ebenso wichtig: wer die Studie bezahlt hat und wer eine Studie geflissentlich nicht zur Kenntnis nimmt.

Um zu untermauern, dass die bizarre Geschichte von Tamiflu kein Einzelfall ist, sondern in weiten Teilen exemplarischen Charakter hat, möchte ich einige Ausschnitte aus einer Übersicht zu Forschungsarbeiten zu diesem Thema vorstellen, die im Jahr 2010 im *Deutschen Ärzteblatt* veröffentlicht wurde. Einer der Autoren ist Prof. Wolf-Dieter Ludwig, Vorstand der Arzneimittelkommission der Deutschen Ärzteschaft, den wir im Kapitel über die Chemotherapie schon als Streiter für eine ehrliche Informationskultur an der Pharmafront kennengelernt haben. »Finanzierung von Arzneimittelstudien durch pharmazeutische Unternehmen und die Folgen«[66] lautet der Titel der Arbeit. Es ist eine Art Metaanalyse von wissenschaftlichen Studien, »deren ausdrückliches Ziel es war, klinische Studien, die durch pharmazeutische Unternehmen finanziert worden waren, mit klinischen Studien ohne Finanzierung durch Pharmafirmen zu vergleichen, zum Beispiel hinsichtlich der Ergebnisse oder Schlussfolgerungen«, heißt es in der Einleitung. Insgesamt 57 solcher Studien hatten die Autoren in der medizinischen Datenbank Pubmed im Zeitraum zwischen November 2002 und Dezember 2009 gefunden. Zum Teil handelte es sich dabei schon um Übersichtsarbeiten oder Metaanalysen einzelner Studien, sodass sich diese Literaturübersicht auf eine breite statistische Basis stützen konnte. Das zeigt auch, wie groß die Aufmerksamkeit für dieses Thema – die Verzerrung der wissenschaftlichen Datenbasis durch industriefinanzierte Forschung – innerhalb der wissenschaftlichen Gemeinschaft mittlerweile ist.

Überoptimistische Industriestudien

Von den berücksichtigten Studien widmeten sich 26 der Frage, ob industriefinanzierte Forschungsarbeiten bzw. Studien, deren Autoren in anderen Zusammenhängen Geld von den Herstellern erhalten hatten (Vorträge, Beraterverträge, im Fachjargon: *conflict of interest* – Interessenkonflikt), zu besseren Ergebnissen für die untersuchten Medikamente kamen als die unabhängigen Studien. 23 von den 26 Studien kamen zu dem Ergebnis, dass es sich so verhält. Hält man diese Daten für repräsentativ, dann sind knapp 90 Prozent der industriefinanzierten Studien »überoptimistisch«, was die Wirksamkeit oder das Nebenwirkungsprofil der untersuchten Medikamente anbelangt. Die Zahl deckt sich übrigens mit der Einschätzung, die der Arzt und Apotheker Wolfgang Becker-Brüser, der Herausgeber des pharmakritischen *arznei-telegramms*, mir genannt hatte (vgl. Kap. 3. 1. Wo die weiße Mafia sonst noch fette Beute macht – Manipulierte Studien verharmlosen Nebenwirkungen).

Wenn man sich vergegenwärtigt, dass die Studien zur Wirksamkeit von Arzneimitteln zum überwiegenden Teil industriefinanziert sind, wird klar, dass praktisch unser gesamter Umgang mit pharmazeutischen Produkten von verzerrten Daten gesteuert wird. Die Wirksamkeit unserer Medikamente ist in aller Regel schlechter, als es die »Datenlage« glauben macht. Im Ernstfall geht die Wirkung tatsächlich gegen null, wie die Metaanalyse unabhängiger Studien durch die Cochrane-Gruppe für das Grippemittel Tamiflu gezeigt hat. Das Tolle ist: Wir merken das nicht. Wir haben ja keine Vergleichsmöglichkeiten, wie schlimm die Krankheit verlaufen wäre, wenn wir das Medikament nicht genommen hätten. Was für eine komfortable Situation für die Hersteller!

In aller Regel sind auch die negativen Nebenwirkungen gravierender, als es die »wissenschaftliche Literatur« darstellt. Bei den Cholesterinsenkern, den Statinen, hatte uns Prof. Thomas Münzel schon eine »Technik« erläutert, mit der Nebenwirkungen verharmlost werden: In einer »Eingangsphase« erhalten die Probanden schon vor Beginn der Datenerfassung für die Studie eine gewisse Zeit lang die Medikamente. Diejenigen, die das Medikament nicht vertragen, dürfen nach der »Eingangsphase« nach Hause gehen. Diejenigen, die das Präparat gut vertragen, nehmen an der Studie teil und liefern die Studienergebnisse. Frech, was?

Wo Betrug zur Normalität wird

Die oben zitierte Literaturübersicht zum Thema industriefinanzierte Studien widmet sich auch dem Thema Nebenwirkungen. Sie nennt als Beispiel für die Manipulation der Angaben zu Nebenwirkungen in industriefinanzierter Forschung Studien zu Cortison (genau: inhalativen Corticosteroiden). Eingesetzt werden die Stoffe bei Autoimmunerkrankungen wie Asthma, Neurodermitis oder Rheuma. Hier gab es in den Herstellerstudien nur halb so viele negative Nebenwirkungen wie in unabhängigen Studien.[67] Nur halb so viele! Cortison ist ein Arzneimittel, das bekannt ist für eine Vielzahl unerwünschter Nebenwirkungen: Hautveränderungen, Wassereinlagerungen im Gewebe, Muskelschwund, Osteoporose, Störungen der Sexualhormonproduktion, Impotenz, Wachstumsstörungen bei Kindern, Immunschwäche, Kopfschmerzen, Schlaflosigkeit, Depressionen ... Die Liste ist lang. Cortison hat da keinen guten Ruf. Kein Wunder, dass die Hersteller in den von ihnen finanzierten Studien versuchen, die Nebenwirkungen zu verharmlosen.

Doch wie erhält man Ergebnisse, die das Produkt des Auftraggebers harmloser aussehen lassen, als es wirklich ist? Das ist einfacher, als man denkt. Eine ganz simple Möglichkeit besteht darin, die Dosierung des Medikaments in der Studie geringer anzusetzen, als es in der Therapie später üblich sein wird. Oder man bricht die Studie ab, sobald sich positive Wirkungen einstellen, und blendet so negative Nebenwirkungen, die erst nach einer längeren Medikamenteneinnahme auftreten, einfach aus.

Ich hoffe, wir verlieren bei dieser Flut an bitteren Informationen nicht aus den Augen, worum es hier geht: Wir sprechen nicht über die Beurteilung der Qualität von Strümpfen. Es geht um Arzneimittel, auf die Kranke ihre Hoffnung setzen. Die Bereitschaft, diese oft lebenswichtigen Daten zu manipulieren, ist in der pharmazeutischen Industrie erschreckend hoch. Die fast ausschließlich börsennotierten Unternehmen werden von der Firmenspitze her offensichtlich nur nach Kriterien der Gewinnmaximierung geführt. Die zentrale Frage lautet: An welcher Stelle erhalte ich mit dem geringsten finanziellen Einsatz den größten Effekt bei der Gewinnmaximierung! Die Manipulation von Studien dürfte auf der Liste der passenden Antworten einen Spitzenplatz einnehmen. Ebenso die Beeinflussung der Ärzteschaft durch Informationskampagnen mit gemieteten Meinungsbildnern auf von der Industrie gesponserten Kongressen. Die Entwicklung von neuen Arzneimitteln nimmt vermutlich den letzten Platz auf dieser Liste der Möglichkeiten ein, finanzielle Mittel gewinnbringend einzusetzen. Verstörend ist aber auch die Bereitschaft der Wissenschaft, sich an diesem Betrug zu beteiligen, diese Praxis der Manipulation als Normalität zu akzeptieren.

Welches Ergebnis hätten Sie denn gerne?

Ich habe es selbst erlebt. Nicht direkt in der Pharmabranche, aber doch nicht weit davon entfernt. Es ging um Lebensmittel. Für unser Wissenschaftsmagazin hatte ich den Auftrag, Biogemüse gegen Gemüse aus konventionellem Landbau »antreten« zu lassen. Wie steht es mit den Vitaminen, Spurenelementen, Mineralstoffen, aber auch mit Rückständen von Pestiziden? Um diese und weitere Fragen klären zu lassen, suchte ich mir ein zertifiziertes Institut für Bioanalytik. Ich telefonierte mit dem Geschäftsführer und erklärte ihm mein Anliegen. »Und?«, war dann seine Frage. »Was ›und?‹«, wollte ich wissen. »Na ja, was soll denn rauskommen? Welches Ergebnis hätten Sie denn gerne?« Ich musste ihm tatsächlich erklären, dass wir ganz einfach an einem objektiven Ergebnis interessiert waren. Auch für ihn, den Geschäftsführer eines zertifizierten Instituts für Bioanalytik, war die Lieferung von Ergebnissen, die der Auftraggeber bestellt, die Normalität.

Im Studienwesen ist Betrug die Normalität. Was dagegen getan werden kann und getan werden muss, wo die Politik und der Gesetzgeber gefragt sind, bestehende Strukturen und Verfahren zu ändern, das werden wir uns in einem eigenen Kapitel anschauen. Hier bleibt zunächst festzuhalten, dass sich in der pharmazeutischen Industrie und in der per Drittmittel zugekauften akademischen Welt eine Kultur der Manipulation und Desinformation ausgebreitet hat, die fassungslos macht. Wer zu diesem Sachverhalt vertiefende Information aus erster Hand wünscht, dem empfehle ich das Buch *Nebenwirkung Tod* von John Virapen. Virapen war Geschäftsführer eines großen Pharmunternehmens in Schweden. Er beschreibt sehr anschaulich, mit welcher Kaltschnäuzigkeit wirtschaftliche Ziele der Firma ganz vorne rangierten und das Patientenwohl eigentlich keine Rolle spielte.[68]

8. Noch mehr Überversorgung

Bis zum bitteren Ende

Zum Schluss widmen wir uns noch einmal einem besonders schwierigen Thema: Medizin am Lebensende. Hier wird es unübersichtlich. Natürlicherweise steht es am Lebensende um die Gesundheit nicht mehr zum Besten. Da gibt es jede Menge zu behandeln. Das ist gefährlich! Dazu kommen noch die lebensverlängernden Maßnahmen, allen voran die künstliche Ernährung. Zu diesem Zeitpunkt hat der »terminal Kranke«, wie es bei den Medizinern heißt, das Interesse an dieser lebenserhaltenden Maßnahme offenbar schon verloren. Dazu möchte ich noch einmal aus dem *Deutschen Ärzteblatt* zitieren:

»Die Minderung der Aufnahme von Nahrung und Flüssigkeit ist Teil des natürlichen Sterbeprozesses. Man muss kein Arzt sein, um zu wissen, dass dieser Prozess Wochen oder Monate vor dem Tod mit nachlassendem Appetit, allmählicher Gewichtsabnahme, kleineren Mahlzeiten und Flüssigkeitsmengen, geringerer Aktivität und größerem Schlafbedürfnis einsetzt und fortschreitet, bis der Kranke schließlich in einen präfinalen Dämmerzustand verfällt oder rasch einer Infektion erliegt. Dieses Terminalstadium des Lebens ist weitgehend unabhängig von der Art der zugrunde liegenden Erkrankung: Bei dementen Patienten mag im Endstadium ihrer Erkrankung die Unfähigkeit zu schlucken ganz in den Vordergrund rücken; das Leiden von Patienten mit schwerer Herzinsuffizienz oder Lungenemphysem mag geprägt sein von Kraftlosigkeit oder Widerwillen gegen Speisen, die mit einer Stauung im Bereich der Darmgefäße zusammenhängen; bei

Tumorpatienten mögen sogenannte Anorexine (appetithemmende Stoffe) eine Rolle spielen. Gemeinsam ist dem Verlauf dieser Erkrankungen am Ende immer ein Nachlassen der Nahrungsaufnahme und die Entwicklung einer Dehydratation.« [69]

Lebensverlängerung durch künstliche Ernährung

Aber was, wenn der Mann im weißen Kittel, den die Schwestern mit »Herr Oberarzt« anreden, Ihnen sagt: »Sie wollen doch Ihren Vater nicht verhungern lassen?« Dann wird es Ihnen schwerfallen, sich gegen eine Magensonde zur künstlichen Ernährung auszusprechen – auch wenn Sie wissen, dass Ihr Vater schwerstkrank ist und keiner mehr an eine Heilung oder auch nur an eine Besserung seines Zustands glaubt. Weshalb sein Tod als das unausweichliche Ende des Lebens jetzt die natürliche Folge der Umstände sein müsste. Ich möchte die Mediziner, die – meist in Krankenhäusern – um das Leben der Sterbenden kämpfen, nicht mit Dollarzeichen in den Augen darstellen. Aber in vielen Konstellationen kann man kaum glauben, dass allein der »unbändige Wille zu helfen« der Motor der oft irrationalen medizinischen Betriebsamkeit ist, mit der Mediziner Sterbende umsorgen. Eine Betriebsamkeit, mit der Mediziner den Sterbevorgang in vielen Fällen sinnlos hinauszögern. Eine Betriebsamkeit, mit der Mediziner Sterbende länger sterben lassen.

Wer als Todkranker das Glück hat, in einer Palliativstation aufgenommen zu werden, erlebt einen fundamentalen Wandel der Medizin um sich herum. In der Palliativmedizin versuchen Ärzte nicht mehr, Kranke zu heilen. Sie versuchen nur noch, ihnen zu helfen. Das Wort »palliativ« kommt vom lateinischen *pallium* – der Mantel. Es ist der Mantel, der schützend um den Körper der Todkranken gelegt wird. Keiner vergreift sich mehr an ihnen. Die Kranken müssen hier keine ambitionierte Medikation mehr über sich ergehen lassen, Chemotherapien oder gar chirurgische Eingriffe erdulden. Pharmazeutika kommen hier nur noch zum Einsatz, soweit sie die Situation der Palliativpatienten erleichtern. Vor allem Schmerzmittel, vielleicht noch Massagen oder Bäder. Man versucht hier, den Menschen die letzten Tage oder Wochen vor dem Tod so angenehm wie möglich zu machen.

Palliativmedizin: das Sterben erleichtern

Für einen Beitrag über Palliativmedizin war ich im Klinikum der Rheinisch-Westfälischen Technischen Hochschule, besser bekannt unter dem Kürzel RWTH Aachen. Es ist das hässlichste Krankenhaus, das ich kenne. Von außen sieht es aus, als ob ein größenwahnsinniger Klimatechniker und ein Betonfetischist als Architekten verantwortlich zeichneten. Innen hat man über weite Strecken das Gefühl, in einem um den Faktor zwei bis drei aufgeblasenen U-Boot unterwegs zu sein. Aber ich hatte hier eines der bewegendsten Erlebnisse meines journalistischen Berufslebens.

Meine Drehpartnerin ist die Leiterin der Station, Dr. Linda Bertram. Es ist mein zweiter Dreh auf einer Palliativstation und wieder bin ich tief beeindruckt von der Ruhe und der Selbstverständlichkeit, mit der die Mitarbeiter hier ihre Arbeit verrichten. Die ständige Begegnung mit dem Tod macht die Menschen bescheiden. Ich habe auf diesen Stationen nie eitle, affektierte oder prätentiöse Mediziner getroffen. Hier begegnen sich die Menschen auf Augenhöhe – wohl in dem Bewusstsein, dass das, worum es hier geht, sie alle gleich macht.

Wir treten in einen halb abgedunkelten Raum, in dem eine 80 Jahre alte Dame ihre letzten Tage oder Stunden im Bett verbringt. Noch vor drei Wochen hat sie bei sich zu Hause den Haushalt geführt. Jetzt hat sie Mühe, einfache Sätze zu sprechen. Langsam kommen die Worte über ihre Lippen: »Jedes Leben hat mal ein Ende. Und meins – hab ich das Gefühl, ist bald da.« »Macht Ihnen das Angst?«, fragt Linda Bertram ganz einfach. Die Patientin antwortet, ohne zu zögern: »Nein. Ich habe mein Leben gelebt. Das wär's dann, was soll ich anderes dazu sagen.« Verwandte haben ihr bei den letzten Besuchen Postkarten mit Abbildungen von Heiligen mitgebracht. Sie selbst sei nicht gläubig, erklärt die Patientin. Die Leiterin der Station spricht noch einige Sätze mit ihr und verabschiedet sich warmherzig. Dann nimmt mich Linda Bertram mit auf ihre »heutige Mission«.

»Wir gehen jetzt zu einem Patienten in der Urologie. Der ist schwer krebskrank. Eine Aussicht auf Heilung hat er nicht. Wir haben im Moment auf unserer Station ein Bett frei. Ich will versuchen, ob wir ihn nicht zu uns holen können«, erklärt mir die junge Ärztin auf dem Weg durch die technoid anmutenden Gänge des Klinikums. Die behandelnden Ärzte hätten oft große Schwierigkeiten, ihre Patienten »gehen zu lassen«, sagt sie. Viele könnten nicht akzeptieren, dass ihre Kunst Grenzen hat. Ich denke: Am Ende muss doch immer der Tod stehen und das hat nichts mit einem Versagen der Medizin zu tun. Das ist das natürliche Ende des Lebens, der Fluchtpunkt tödlicher Krankheiten. Sich am Ende immer noch dagegen zu stemmen ist sinnlos. Und anstrengend für Ärzte, Pfleger und vor allem für die Patienten.

Auf Station in der Urologie bittet Linda Bertram den Kameramann und mich, einen Moment vor der Tür zu warten. »Ich frage den Patienten, ob er einverstanden ist, dass Sie mit reinkommen. Aber ich kann mir nicht vorstellen, dass er was dagegen hat.«

In dem Einzelzimmer liegt ein hochbetagter Mann mit dünnem, weißem Haar. Er ist groß und muss einmal stattlich gewirkt haben. Jetzt, wo die Haut über seine Knochen spannt und die Augen tief in den Höhlen sitzen, wirkt er gebrechlich und schwach. Er leidet sehr unter den Nebenwirkungen der Chemotherapie. Linda Bertram fragt den Patienten nach der Übelkeit, die ihm das Essen in den letzten Tagen unmöglich machte. Keine Besserung. Auch die letzte Änderung in der Medikation hat nichts gebracht. Nicht einmal Wasser trinken kann der Patient, ohne dass ihm übel wird. Flüssigkeit bekommt er per Infusion. Das hat zur Folge, dass sein Mund vollkommen ausgetrocknet ist, worunter er besonders leidet. Es kostet mich einige Anstrengung, die stimmlosen Worte zu verstehen, die er mühsam hervorbringt: »Solange dieser Mund so ausgetrocknet und versteint ist – der Mund ist ja regelrecht versteint –, so lange kann ich nichts essen.«

Linda Bertram weist den Bettlägerigen darauf hin, wie wichtig in seinem Fall die Mundpflege ist. Doch der sagt, dass er das entsprechende Gel schon anwende. Da empfiehlt Linda Bertram einen Trick: »Was ganz gut bei dieser Sache Abhilfe schafft: so kleine Eiswürfel lutschen ... Was mögen Sie denn gerne an Säften?« Der Patient überlegt kurz: »Am liebsten Champagner.«

Wer die Medizinerin und den Patienten in diesem Moment zusammen lachen sieht, kann kaum glauben, dass sich die Szene in einem Krankenzim-
mer abspielt, bei einem Tumorpatienten, der keine Aussicht auf Heilung
hat. Der Mann ist in seinem Leben weit herumgekommen. Er war im diplo-
matischen Dienst, hatte – wie man so sagt – ein erfülltes Leben. Jetzt wirkt
er in diesem Zimmer wie der Gefangene einer medizinischen Apparatur,
die sich verselbstständigt hat. Die ihn – auf Teufel komm raus – zu heilen
versucht. Der behandelnde Urologe hatte ihm noch an diesem Vormittag
Mut gemacht. Sogar von Heilung gesprochen! Doch der Patient sieht das
anders, und das sagt er der Ärztin, die an seinem Bett sitzt und aufmerksam zuhört, mit ganz klaren Worten: »Aber ich gehe ja auch von meinem
persönlichen Empfinden aus. Und da merke ich, es kann nicht gelingen. –
Es wäre schön wenn …«, er zögert, blickt der Ärztin hilfesuchend in die
Augen, diese vervollständigen den Satz: »… aber Sie spüren, dass das anders
sein wird.« »Das denke ich«, sagt der Patient und nickt. Er wirkt unmittelbar erleichtert. Seine angestrengten Züge entspannen sich. Endlich ist da
jemand, der mit ihm zusammen anerkennt, dass die Schlacht geschlagen
ist. Der ihm signalisiert: Du kannst jetzt aufhören zu kämpfen. Komm zu
uns unter den Mantel. Wir bergen dich, bis es zu Ende ist. Leider geschieht
das viel zu selten und oft zu spät in unseren Krankenhäusern. Zu oft ringen
heroische Mediziner bis zum bitteren Ende um das Leben von Patienten,
die das längst nicht mehr wollen.

Ehrgeiz, Unsicherheit, Mühe, den Tod zu akzeptieren

In dem Aufsatz »Übertherapie am Lebensende? Gründe für ausbleibende
Therapiebegrenzung in Geriatrie und Intensivmedizin«[70] definieren die
Autoren diese überflüssige Medizin so: »Im qualitativen Sinn nutzlos sind
[…] medizinische Interventionen dann, wenn sie weder zu einer Verlängerung des Lebens noch zu einer Zunahme der Lebensqualität führen und
auch die Qualität des Sterbeprozesses nicht verbessern.« In dem Aufsatz
wird eine Befragung von Ärzten und Pflegepersonal zum Thema Überbehandlung vorgestellt. »Kennen Sie Situationen, in denen Therapieabbruch
oder Therapieverzicht sinnvoll gewesen wäre, aber nicht durchgeführt wurde?«, lautete eine der Fragen. 76 Prozent der Ärzte und 86 Prozent der Pfle-

ger beantworteten die Frage mit Ja. In der chirurgischen Intensivstation erreichte die Ja-Antwort sogar 93 Prozent. Damit ist das Ausmaß der Übertherapie bei »terminal Kranken« noch nicht exakt beziffert. »Kennen Sie Situationen …« lässt eine Abschätzung der Häufigkeit der Situationen nicht zu. Aber gleichwohl wird klar, dass es sich dabei um ein allseits bekanntes Phänomen handelt.

In einer Tabelle zu den Gründen für die »nicht durchgeführte Therapiebegrenzung, obwohl diese aus professioneller Sicht sinnvoll gewesen wäre« wird ganz deutlich: Es sind nicht hauptsächlich die Patienten, die das maximal Machbare fordern. Und es sind auch nicht die Angehörigen, die wesentlich für die sinnlosen Therapien am Lebensende verantwortlich sind. Verantwortlich sind mit weitem Abstand die Ärzte: Meinungsverschiedenheiten zwischen Ärzten; Angst, die Verantwortung zu übernehmen; Ehrgeiz; Unsicherheit; Mühe, den Tod zu akzeptieren, aber auch »unvollständige Informationen über die Kranken« wurden als Gründe genannt, warum Ärzte sich so schwertun, mit der Therapie aufzuhören. In Kapitel 9, »Wem können Sie trauen, was können Sie tun?«, werde ich noch einen Hinweis zur Patientenverfügung geben, mit der Sie sich mittlerweile gegen diese Gefahr absichern können. Erst seit Kurzem werden Ärzten damit tatsächlich die Hände gebunden. Noch bis vor wenigen Jahren konnten sie sich problemlos über die Patientenverfügung hinwegsetzen.

Die ungehorsame Patientin

Ich unterhalte mich regelmäßig mit Kollegen und Bekannten über die Themen, die ich gerade bearbeite. Ihr Feedback hilft mir oft, Gedanken zu sortieren, und manchmal stoße ich auf Geschichten, die unmittelbar in meine aktuellen Projekte Eingang finden. Wie zum Beispiel die Geschichte, die meine Kollegin Karin mir von ihrer Mutter erzählte, der »ungehorsamen« Patientin. Sie hatte Darmkrebs und schon einen langen Leidensweg hinter sich. Mehrere Chemotherapien und Operationen. Sie hatte einen künstlichen Darmausgang, der nicht sonderlich gut funktionierte und entzündet war. Regelmäßige Leckagen verursachten ausgedehnte Verschmutzungen. Eine schmerzhafte, peinliche, traurige Situation. Eine positive Perspektive sah Karins Mutter nicht mehr. Auch das Angebot eines Chirurgen, er könne ihr noch einen »anderen Ausgang« machen, hatte nichts Verlockendes mehr. In Absprache mit ihrem Mann und ihrer Tochter verfasste sie eine Patientenverfügung, in der sie jede weitere kurative Behandlung ablehnte. Die Mediziner sollten die quälenden Heilversuche aufgeben.

Karin erzählt, der Oberarzt habe, nachdem er von der Patientenverfügung ihrer Mutter erfahren habe, einen »feldwebelmäßigen Auftritt« hingelegt. Er habe sich vor ihrer todkranken Mutter aufgebaut und sie angeherrscht, ob sie sich das auch gut überlegt habe. Meine Kollegin hatte in diesem Moment befürchtet, dass ihre Mutter dem Druck nicht würde standhalten können. Dass sie zurück in die Mühlen der Medizin sinken würde und sich weiteren Torturen würde unterziehen müssen. Aber die 80-Jährige hielt an ihrer Entscheidung fest. Wenige Wochen später schied sie aus dem Leben und ließ damit auch ihr Leid hinter sich.

Geschichten wie diese finde ich erschütternd. Warum gibt es so viele Mediziner, die das nicht können: gemeinsam mit ihren Patientinnen und Patienten am Ende den Tod als eine sinnvolle Option in Betracht ziehen. Als Ende des Leidens? Wie können sich Mediziner – wie in diesem Fall – anmaßen, ihre Patientinnen und Patienten derart zu bevormunden? An unheilbar kranken Menschen bis zum letzten Moment herumzudoktern raubt dem Tod die Würde. Weil es das Sterben als etwas anspricht, was mit aller Macht und bis zum Schluss bekämpft werden muss. Wie sehr wird damit diese letzte Episode zu einer bösen gemacht? Zur ärztlichen Kultur muss auch der Respekt vor diesen letzten Schritten im Leben eines Menschen gehören. Der Respekt davor, dass diese letzten Schritte, soweit irgend möglich, in einem selbstbestimmten Raum stattfinden können. Und wann immer möglich, friedlich und nicht im Kampf.

Daten zur Übertherapie am Lebensende

Belastbare quantitative Daten zur Überbehandlung am Ende des Lebens zu erhalten ist bisher nur schwer möglich. Schon die Studien, die unnötige chirurgische Eingriffe im »medizinischen Alltagsgeschäft« enttarnen, sind rar. Nach meiner Recherche hat bisher noch niemand gezielt versucht, die (Über-)Versorgung von »terminal Kranken« wissenschaftlich quantitativ zu bewerten. Schließlich erforderte das eine Studie, in der eine Patientengruppe aufwendig behandelt würde und der zweite Studienarm nur eine »Grundversorgung« bekäme. Welche Patienten, welche Angehörigen würden sich darauf einlassen? Jeder vermutet doch Vorteile durch mehr Medizin.

Außerdem wäre eine Placebokontrolle unmöglich, denn die aufwendige Behandlung unterscheidet sich in jedem Fall erkennbar von der preiswerteren Variante. Mehr Diagnose mit bildgebenden Verfahren wie CT, MR und PET. Mehr Laboruntersuchungen von Blut, Urin oder Gewebeproben. Mehr Besuche von den Medizinern und im Ernstfall auch mehr Operationen. Die Teilnehmer der zwei verschiedenen Studienarme wüssten nach einem Tag, in welchem der Arme sie gelandet sind. Die Erwartungshaltung bei »Hier wird alles Menschenmögliche für mich getan« unterscheidet sich doch deutlich von der Einschätzung »Ich bekomme hier nur Medizin der zweiten Klasse«. Der Placeboeffekt würde kräftig in das Ergebnis der Studie hineinpfuschen. Dennoch gibt es eine große Studie, die uns zeigt, wie sinnvoll Maximalmedizin am Lebensende ist. Wie viel profitiere ich, wenn die Mediziner in meinen letzten Wochen noch den großen Aufriss mit mir veranstalten? Ist das medizinischer Aktionismus ohne Benefit für mich? Oder lebe ich länger und besser, sodass sich der Aufwand lohnt?

Was bringt Maximalmedizin am Lebensende?

Es ist eine große amerikanische Studie,[71] die uns hier tatsächlich wissenschaftlich aussagekräftige Daten liefert. Das Ziel dieser Studie war, die Auswirkungen der regional sehr unterschiedlichen Versorgung von Patienten in den einzelnen Staaten der USA zu untersuchen. Überlebten die Kranken in den Kliniken, wo aufwendig behandelt wurde, häufiger? War der medizinische Zustand dieser »High-End-Patienten« besser? Waren sie zufriedener mit der Behandlung als die Patienten, die eine Grundversorgung bekamen? Diese drei Fragen sollten geklärt werden. Dabei bekamen die Patienten in den fleißigsten Kliniken im Schnitt 60 Prozent mehr Versorgung als ihre Landsleute in den medizinisch weniger aufgerüsteten Häusern. Die Daten wurden über drei Jahre erhoben (1993–1995). 306 Kliniken lieferten die Informationen zu insgesamt etwa 950 000 Patienten.

Bei dieser Studie wurde nicht gezielt die Medizin am Lebensende untersucht. Die drei Krankheitsbilder, um die es ging, waren Herzinfarkt, Hüftfraktur und Darmkrebs. Doch sollte sich bei diesen drei gravierenden Erkrankungen zeigen, dass ein höherer Aufwand im Krankenhaus auch mit einem größeren medizinischen Erfolg und einer größeren Überlebenswahrscheinlichkeit verbunden ist, dann wäre es naheliegend, dass dieser Zusammenhang auch bei der Medizin am Lebensende gilt. Was meinen Sie: Wie groß waren die positiven Auswirkungen des medizinischen Mehraufwands? Immerhin wurden in den Häusern, die die aufwendigste Medizin betrieben, fast doppelt so viele Dollar ausgegeben wie in den Krankenhäusern mit der schlichtesten Medizin.

Das Ergebnis dieser Studie, die aufgrund der hohen Zahl an Patienten eine enorme statistische Aussagekraft hat, stellt der »Wir tun alles was möglich-ist«-Medizin ein vernichtendes Urteil aus. Das Risiko zu versterben nahm bei allen drei Erkrankungen in dem Maße zu, wie der medizinische Aufwand stieg. Ist das nicht fürchterlich entlarvend? Die Mediziner in den »Tophäusern« signalisieren sich und ihren Patienten: Schau mal, was wir hier alles auffahren. Alles für dich. Nirgendwo bekommst du mehr Medizin als bei uns. Und der Effekt ist, dass ihre Patienten mit größerer Wahrscheinlichkeit sterben als in den Häusern mit der Grundversorgung. Die Patientenzufriedenheit übrigens zeigte keine Korrelation mit dem medizinischen Aufwand. Das heißt: Die Basisversorgung ist rational und erreicht schon das maximale Resultat. Mit der Strategie, bloß nichts unversucht zu lassen, schießt die Medizin über ihr Ziel hinaus.

Viel hilft nicht viel – viel hilft weniger

Diese große Studie legt nahe, dass wir eine vollkommen verzerrte Wahrnehmung haben, was den Zusammenhang von medizinischem Aufwand und medizinischem Erfolg anbelangt. Wir glauben, mehr Hightech ist besser. Mehr Diagnoseaufwand wird uns schon die richtigen Informationen geben. Mehr Behandlung wird mehr Erfolg zeitigen. Aber das stimmt nicht. Es ist sogar das Gegenteil der Fall. Ich sehe keinen Grund, warum das ausgerechnet am Lebensende anders sein sollte. Das war ja die Frage, der wir nachgehen wollten: Was bringt Maximalmedizin am Lebensende? »Nichts unversucht lassen« birgt die große Gefahr, sterbenden Menschen in ihren letzten Wochen und Tagen vor allem eines zu bereiten: Stress. Stress, der in dieser Situation besonders bitter und überflüssig ist.

Wissenschaftliche Studien mit möglichst großen Fallzahlen liefern wissenschaftliche Argumente. Das ist vor allem wichtig, wenn man mit Fachleuten streitet. Dann sind die Daten von 950 000 Kranken ein gutes Argument. Wenn man die menschliche Dimension des Themas verdeutlichen möchte, liefert die Schilderung eines einzigen Vorkommnisses (Fallzahl: n = 1) aber oft mehr Informationen. Deshalb möchte ich zum Abschluss dieses Kapitels noch einmal ein solches Beispiel für blindwütige Medizin am Lebensende anführen. Eine Medizin, die in den ausgefahrenen Spuren eingeübter Prozeduren weiterläuft, ohne sich die Situation zu vergegenwärtigen, die in der folgenden Schilderung eher einer Vergewaltigung gleicht als einem Rettungsversuch.

Wie wollen wir sterben? So nicht!

Der Berliner Rettungsmediziner Dr. Michael de Ridder schildert in seinem Buch *Wie wollen wir sterben? Ein ärztliches Plädoyer für eine neue Sterbekultur in Zeiten der Hochleistungsmedizin*[72] diesen Fall: Zufällig ist er hinzugekommen, als Kollegen von der Rettungsmedizin eine 86-jährige Patientin behandelten. Er gibt eine erschreckende Schilderung der Vorgänge.

Die Patientin aus einem Seniorenheim sei ohne Bewusstsein und mit unzureichender Atmung aufgefunden worden. Schon zwei Tage habe sie in ihrer Wohnung so dagelegen. Als de Ridder die Szene betrat, habe die Greisin nackt und reglos, mit ausgebreiteten Armen und gespreizten Beinen auf einem Bett in der Intensivstation gelegen.

De Ridder schildert, wie seine Kollegen die medizinische Infrastruktur zur Messung des Blutdruckes, zur Ableitung des EKGs und zur künstlichen

Harnableitung an der bewusstlosen Greisin installieren. Als die Verkabelung komplett ist, verschlechtert sich der Zustand der 86-Jährigen noch einmal dramatisch: Bei der versuchten Wiederbelebung der Greisin mit Beatmung und Herzmassage habe der leitende Arzt seinen jungen Kollegen angeherrscht, nicht so zaghaft zu massieren. Man müsse das Knacken der Rippen hören.

De Ridder fragte daraufhin seine Kollegen, warum sie das täten. Der Oberarzt sah ihn an wie einen Außerirdischen und erklärte, die Greisin habe einen ausgedehnten Schlaganfall, Ateminsuffizienz und ein Linksherzversagen erlitten. Das seien doch Gründe genug für die Anwendung lebensrettender Maßnahmen. Aber sie sei doch nicht mehr zu retten, wandte de Ridder ein. Da belehrte ihn der Oberarzt, dass dies erst der Fall sei, wenn der Monitor anhaltend eine Nulllinie zeige und die Pupillen lichtstarr seien. Das könne er ja mal in seinem Pathologielehrbuch nachschlagen.

Dann beobachtet de Ridder, wie seine Kollegen noch einmal rettungstechnisch aufrüsten, Medikamente injizieren und den leblosen Körper der 86-Jährigen so lange mit Elektroschocks traktieren, bis Rauch über den versengten roten Malen auf ihrer Brust aufsteigt. An der Nulllinie auf dem Monitor änderte sich dadurch nichts. Dann endlich, nach einem letzten Zucken des Kiefers, habe die Greisin reglos dagelegen. Sie war tot.

18 Arztkontakte pro Jahr

Sind wir Medizinjunkies?

Die Deutschen sind Weltmeister im »Zum Arzt gehen«. 18 Mal pro Jahr haben wir im Schnitt Arztkontakt. Sie können das kaum glauben? Mir fällt das auch schwer, aber so steht es im *GEK Report ambulant-ärztliche Versorgung 2008* der Gmünder Ersatzkasse. Das wollten wir in unserem SWR-Wissenschaftsmagazin *Odysso* zum Thema machen. Für eine Sendung mit dem Arbeitstitel »Land der Gesundheitshysteriker« reise ich nach Berlin zu einem Hausarzt, der unser Gesundheitssystem quasi »von außen« beurteilen kann, weil er 20 Jahre in Norwegen als Hausarzt gearbeitet hat. Dort gehen die Menschen im Schnitt nur viermal pro Jahr zum Arzt. Dennoch – oder vielleicht gerade deshalb – leben die Norweger etwa ein Dreivierteljahr länger als wir Deutschen. Noch eine Vergleichszahl gefällig? Die Norweger haben 2,9 Krankenhausbetten pro tausend Einwohner. Die Deutschen 5,7![73] Das sind fast doppelt so viele. (Im *OECD Health-Report Europe 2010* haben die Deutschen sogar 8,2 Betten pro tausend Einwohner und die Norweger 3,5.) Diese Betten wollen belegt werden. Und die Hausärzte stehen bei uns als fleißige Überweiser am Anfang der Zulieferungskette.

Im Wartezimmer von Dr. Harald Kamps hängt ein Warnschild. Darauf steht: »Vorsicht! Sie verlassen Ihr persönliches Lebensumfeld und betreten das Gesundheitssystem. Das birgt Risiken und Nebenwirkungen. Sprechen Sie darüber mit Ihrem Arzt.« Das ist nicht lustig gemeint! Harald Kamps, ein Mittfünfziger mit sympathischer und ruhiger Ausstrahlung, erinnert sich noch genau, wie das deutsche Gesundheitswesen auf ihn wirkte, als er aus Norwegen hierher zurückkam:

»Was einen überrascht, ist die hohe Temperatur im deutschen Gesundheitswesen. Also, wie hektisch es ist und wie viel passiert. Ich finde es schon ärgerlich, weil die Patienten auch nicht das bekommen, was sie suchen. Sie bekommen zum Teil Steine für Brot.«

»Steine für Brot« – ich kenne dieses Bild nicht. Aber der Hausarzt mit der langjährigen Auslandserfahrung führt sofort aus, was er damit meint.

»Sie bekommen viele Untersuchungen, sie bekommen viele Proben, sie bekommen viele Röntgenaufnahmen, aber sie bekommen nicht die Gespräche, die sie eigentlich vermissen. Das merke ich ja, dass viele Patienten sehr froh sind, wenn man sich die Zeit nimmt und mit ihnen darüber spricht, was sie tatsächlich belastet.«

Beschämend kurzer Patientenkontakt

Durchschnittlich acht Minuten verbringt ein deutscher Patient bei seinem
Besuch in einer deutschen Hausarztpraxis im Zimmer des Arztes. Zu kurz
– sagt Harald Kamps –, als dass sich der Arzt ein vernünftiges Bild von der
Situation verschaffen könnte, in der sich sein Patient befindet. Das Gespräch
mit dem Berliner Hausarzt ist intensiv. Man spürt, dass er das, worüber er
spricht, auch wirklich praktiziert. Sich mit Menschen unterhalten, um in
Erfahrung zu bringen, worunter sie leiden. Das ist etwas anderes, als ein
»Symptom abzuklären«, wie es in einer deutschen Arztpraxis sonst die Regel
ist. Ich erinnere mich an ein persönliches Erlebnis mit meinem Hausarzt.

Ich kam mit Rückenschmerzen zu meinem Arzt. Ein hartnäckiges Ziehen
zwischen den Schulterblättern, das ich seit Wochen nicht mehr losgeworden
war. Ich bin sonst kein Hypochonder, aber damals hatte sich der Gedanke
in meinem Gehirn festgesetzt, ich könnte einen Tumor in der Wirbelsäule
haben. Mein neuer Hausarzt, den ich nach dem Umzug unserer Familie
in einen neuen Wohnort zum ersten Mal besuche, untersucht mich kurz,
kann nichts Auffälliges finden und überweist mich in eine radiologische
Gemeinschaftspraxis nach Mainz. Dort wird eine Computertomografie von
meinem Rücken angefertigt. Als ich in dieser Praxis nach der Aufnahme
aus der Röhre gefahren komme und dann im Aufenthaltsraum sitze und
auf die Bilder warte, beschleicht mich so etwas wie Todesangst. Schließlich
suggeriert die ganze aufwendige Prozedur, dass da etwas Ernstes droht.

Natürlich hatte ich nichts. Aber warum hat mein Hausarzt nicht gefragt,
wie es mir sonst so geht? Die Tatsache, dass ich neu bei ihm war, hätte
ihn leicht auf eine wichtige Spur führen können: Wer als Normalverdiener
gerade eine Immobilie erworben und sich im sechsstelligen Bereich dafür
verschuldet hat, steht – zumindest die ersten Monate – unter erheblichem
Stress. Stress führt zu Verspannungen. Anhaltende Verspannungen führen
zu Schmerzen. Ich war damals noch ein ausgesprochener »Sportmuffel«.
Außerdem arbeite ich die meiste Zeit am PC. Recherchieren, mailen, Texte
schreiben – das mache ich drei bis vier Tage die Woche acht Stunden am
Tag. Praktisch jeder, der das jahrelang macht, leidet immer wieder unter
Rückenschmerzen.

Mein Hausarzt hätte nach einem persönlichen Gespräch mit mir, in dem er sich ein Bild von meiner Situation hätte machen können, sagen müssen: »Herr Wittig, ich kann Sie natürlich, wenn Sie wollen, zur weiteren Abklärung in eine radiologische Fachpraxis überweisen. Aber Sie haben keine Krebsgeschichte in der Familie und Sie haben keinen besonderen Kontakt zu potenziell karzinogenen Substanzen. Sie haben aber Stress und eine typische Schmerzsymptomatik von Menschen, die an Bildschirmarbeitsplätzen arbeiten. Suchen Sie Entspannung. Machen Sie Sport. Und wenn Sie in zwei Monaten noch dieselben Schmerzen haben und dieselbe Angst, dann kommen Sie wieder zu mir, dann werden wir Sie überweisen. Aber jetzt fangen wir nicht gleich an, mit Kanonen nach Spatzen zu schießen. Okay?«

Nicht mit Kanonen nach Spatzen schießen

So macht man es in Norwegen. Dort werden die Besucher einer Hausarztpraxis (Besucher! Nicht etwa die Patienten: Mit dem Etikett »Patient« wird man in Deutschland praktisch schon zu den Kranken sortiert) in neun von zehn Fällen ohne weitere Behandlungsempfehlung wieder nach Hause geschickt. Die Zahlen nannte mir Dr. Harald Kamps. Es gibt viele Informationsbroschüren für die unterschiedlichsten medizinischen Symptomatiken. Die bekommen die Norweger mit nach Hause. Zur Anleitung, wie die Signale des Körpers zu beobachten sind. Schließlich sind diese Signale – wie meine Rückenschmerzen – nur in der absoluten Minderzahl der Fälle Anzeichen einer behandlungsbedürftigen Krankheit.

In Deutschland gibt es interessanterweise kaum Zahlen zur Überweisungsquote der Hausärzte zu den Fachärzten, doch eine Studie aus Baden-Württemberg ergibt: Von 100 Besuchern einer Hausarztpraxis werden 56 zu einem Facharzt überwiesen.[74] Hier belegen wir in Europa den Spitzenplatz.[75] Dabei wird betont, dass die Patienten häufig selbst auf diese Überweisung drängen. Jemand, der – wie Harald Kamps – viele Jahre in einer ganz anderen medizinischen Kultur verbracht hat, erlebt diesen Drang zur Behandlung als geradezu hysterisch: »Deutsche Menschen als Patienten sind dazu ermahnt, hinter jedem Symptom eine Krankheit zu vermuten. Und mit dieser Angst dann auch zum Arzt zu gehen. Und dieses Konzept, dass eigentlich Krankheiten behandelt werden und nicht Personen, ist das, was den Heimkehrer nach Deutschland eigentlich am meisten verstört.«

Wir Deutschen haben – so scheint es – einen besonderen Hang zur medizinischen Behandlung. Wir begeben uns in der Regel ohne triftigen Grund in Gefahr: 18 Arztkontakte pro Jahr! Das ist Hysterie. Das verursacht immense unnötige Kosten und hat unter anderem die Folge, dass Ärzte gar keine Zeit für uns haben können. Die Wartezimmer sind vielfach mit Gesunden verstopft, bei denen der Hausarzt Schwierigkeiten hat, etwas Pathologisches zu finden. Folglich überweist er zum Facharzt. Spätestens hier wird es gefährlich, denn der Facharzt verfügt über raffiniertere Methoden der medizinischen Diagnostik. Vor allem die teuren Apparate für bildgebende Verfahren zeigen sehr schnell »Abweichungen von der Norm«. Das muss so sein, anders lassen sich die Anschaffungskosten für diese Apparate ja auch nicht refinanzieren. Diese Abweichungen von der Norm scheinen nahezulegen: »Da hat sich die Bildgebung doch gelohnt.« Abweichungen von der Norm geben argumentative Schützenhilfe, um die Besucher der Praxis zu Kranken zu machen und ihnen aufwendige Behandlungen aufzuschwatzen.

Vorsicht: Überweisung

Wie unsinnig dieses Verfahren, wie heillos diese Fixierung auf Normen ist, zeigt ein Blick auf die entfesselte Wirbelsäulenchirurgie. In Computertomografien von Personen **ohne** Rückenbeschwerden erkennen Fachleute in 50 bis 80 Prozent der Fälle Abweichungen von der Norm, die sie als behandlungsbedürftig erachten. Ein vergleichbares Ergebnis liefert im Frühjahr 2012 die Auswertung einer Studie der Techniker Krankenkasse. Die Versicherten, die von ihren Orthopäden die Empfehlung für eine Wirbelsäulenoperation bekommen hatten, konnten von unabhängigen (wirtschaftlich nicht involvierten) Fachleuten eine Zweitmeinung einholen. In 85 Prozent der Fälle – so urteilten die unabhängigen Fachleute – war eine Operation nicht nötig.[76] Wenn dieses Ergebnis repräsentativ ist, sind mehr als acht von zehn Wirbelsäulenoperationen reine Geldschneiderei. Da sind sie wieder, die geschäftstüchtigen Orthopäden. Aber wir schweifen ab. Wir wollten doch der Arztsucht der Deutschen nachspüren.

18 Mal pro Jahr! Sind wir Arztjunkies? Provozieren wir nicht selbst durch unsere Aufdringlichkeit die Mediziner zur Überbehandlung? Führen wir sie nicht regelrecht in Versuchung, indem wir freiwillig in ihre Mühle springen?

Nein! Ärzte haben die Aufgabe, uns zu unserem Besten zu beraten und zu behandeln. Nicht zu ihrem Besten. Dazu gehört auch, dass sie sich die Zeit nehmen, uns zu beruhigen und uns als Partner im verantwortungsvollen Umgang mit unserer Gesundheit zu coachen. Nicht immer gleich die Verantwortung mit dem Überweisungsformular an den nächsten Facharzt weiterzuschieben. Das Beispiel aus Norwegen zeigt es: Neun von zehn Gesundheitsbedenken können auf dem »kleinen Dienstweg« zwischen Patient und Hausarzt geklärt werden. Alles andere ist eine Verschwendung von Geld, Grips und Ressourcen. Außerdem spielt die Medizinhörigkeit der Deutschen der weißen Mafia in die Hände. Sich willfährig der medizinischen Überbehandlung auszusetzen zeugt von einem fahrlässigen Umgang mit der eigenen Gesundheit.

Sie sagen jetzt vielleicht: »Ja, aber wenn eben doch mal was Ernstes dabei ist, das dann zu spät entdeckt wird.« So wie wir es im Moment in Deutschland handhaben, ist ganz sicher das Gegenteil der Fall: Diese Übervorsichtigkeit bei uns führt im weiteren Parcours durch den auf Wertschöpfung gepolten Medizinbetrieb zu einer Vielzahl von überflüssigen Diagnosen und Behandlungen, die den Patienten mehr schaden als die eventuell beim Hausarzt nicht erkannte Krankheit. Zumal es nur ganz wenige Krankheiten gibt, die sich in zwei Monaten des Abwartens bis zum erneuten Aufsuchen der Praxis so verschlimmert haben, dass die Behandlung dadurch schwieriger wird.

Antreten beim Gynäkologen

Noch einmal ein Vergleich mit Norwegen, der zeigt, wie der »Lieber einmal zu oft«-Ansatz bei uns mit dafür verantwortlich ist, dass wir so eine absurd hohe Zahl von Arztkontakten haben: In Norwegen tritt Gebärmutterhalskrebs etwa so häufig auf wie in Deutschland. Dennoch bestellen norwegische Frauenärzte ihre Kundinnen nur alle drei Jahre zur Früherkennung von Gebärmutterhalskrebs in ihre Praxis. Ist nichts auffällig, müssen sie sogar nur alle fünf Jahre zur Vorsorge – zum sogenannten Pap-Test – kommen. Deutsche Frauen sollen im Gegensatz dazu jährlich beim Gynäkologen zum Pap-Test antreten. Dabei haben wissenschaftliche Studien längst belegt, dass das ein Fall von Überdiagnose ist, der zur Überbehandlung führt.

Ich möchte dazu aus einer deutschen Studie zitieren, die vom Deutschen Institut für Medizinische Dokumentation und Information – und damit letztlich vom Gesundheitsministerium – in Auftrag gegeben wurde. Ziel war genau das: die Frage nach einem sinnvollen Intervall für die Vorsorgeuntersuchung zur Früherkennung von Gebärmutterkrebs zu beantworten. Ein Team von Wissenschaftlern sichtete die internationale Studienlage zu diesem Thema und kam zu einem klaren Urteil: »Unabhängig von den verschiedenen nationalen Bevölkerungen und Annahmen in zahlreichen Modellrechnungen wird ein Screeningintervall von einem Jahr übereinstimmend als sehr ineffizient betrachtet. Die zwei Hauptgründe für die hohe Ineffizienz sind die hohen Kosten durch die große Anzahl der erforderlichen Screeningtests und die Kosten der Behandlung von entdeckten Dysplasien, die vor dem nächsten Screening verschwunden wären, würde ein längeres Screeningintervall angewendet werden.«[77]

Leitlinien ertragsmaximierend formuliert

Haben Sie das gelesen? Beim einjährigen Untersuchungsintervall werden Dysplasien – Krebsvorstufen – entdeckt und behandelt, die sich von allein wieder zurückgebildet hätten. Wie clever, dass sich die Gynäkologen in Deutschland diese flüchtigen Tumorvorstufen nicht durch die Maschen schlüpfen lassen. Viele Gynäkologen haben von der wissenschaftlichen Studienlage allerdings auch gar keine Ahnung. Sie folgen einfach den Leitlinien ihrer Fachgesellschaft und fahren damit in der Regel finanziell sehr gut. In diesem Fall ist das die Deutsche Gesellschaft für Gynäkologie und Geburtshilfe DGGG. Die DGGG sorgt gut für sich und ihre Mitglieder. Das von der DGGG empfohlene einjährige

Untersuchungsintervall für die Gebärmutterhalskrebs-Früherkennung ist ein schönes Beispiel dafür, wie eine medizinische Fachgesellschaft wissenschaftliche Erkenntnisse ignoriert und ihre Leitlinien lieber ertragsmaximierend formuliert. Und nicht mit Blick auf das Wohl ihrer Patientinnen.

Erschwerend kommt hinzu, dass sich beim einjährigen Untersuchungsintervall über 55 Prozent sogenannte falsch positive Ergebnisse einstellen. Dazu gehören die Dysplasien, Krebsvorstufen, die sich von allein wieder zurückentwickeln. Beim fünfjährigen Intervall sind es nur 15 Prozent. Falsch positiv bedeutet, dass den Frauen erklärt wird, dass sie wahrscheinlich eine Vorstufe des Gebärmutterhalskrebses oder schon eine manifeste Krebskrankheit haben. Obwohl es nicht der Fall ist. Das versetzt nicht nur viele Frauen unnötig in Todesangst, sondern bedeutet auch weitere Untersuchungen zur »Abklärung«, die der Gynäkologe durchführen und abrechnen kann. Ein perfektes System der Ertragsmaximierung durch Überdiagnose. Wir erinnern uns an den PSA-Test zur Früherkennung von Prostatakrebs

In den Empfehlungen und Informationsbroschüren zum Pap-Test können Sie überall Sätze wie diesen lesen: »Den Leitlinien der Deutschen Gesellschaft für Gynäkologie und Geburtshilfe folgend haben die Frauen in Deutschland ein Anrecht auf eine jährliche Zervixkarzinom-Früherkennung als Kassenleistung.« Das hört sich so nobel an. Haben wir es gut hier! So eine gute Versorgung mit Vorsorge. Und es ist sogar eine Kassenleistung. Der Eindruck ist doppelt falsch. Erstens sind hier nicht die Frauen gut versorgt, sondern die Frauenärzte. Und zweitens ist die Kassenleistung ja nichts, was wir umsonst bekommen. Schließlich bezahlen wir jeden Monat Hunderte Euro in die Krankenkassen ein.

Ein letztes Mal der Blick hoch in den Norden Europas. Die norwegischen Gynäkologen stellen ihren Kundinnen das Rezept für die Antibabypille für einen Zeitraum von zwei Jahren aus. In Deutschland müssen die Frauen viermal im Jahr bei ihren Gynäkologen antreten, um ein Rezept abzuholen. Eine medizinisch durch nichts zu begründende Maßnahme. Aber sie bringt vier Arztkontakte pro Jahr. Die Frauen werden schon ab ihrer Jugend darauf konditioniert, dass es normal ist, regelmäßig zum Frauenarzt zu gehen. Und etwas Kleingeld dafür bleibt auch in der Praxis.

Überdiagnose und Überbehandlung

Und noch ein Blick über den großen Teich: In den USA gehören Überdiagnose und Überbehandlung zu den Topthemen, die in großen Zeitungen diskutiert werden. Im englischen Wikipedia sind die Wörter *overutilization* und *overdiagnosis* Einfallstore in breit angelegte Diskussionen über dieses Thema. Dort finden sich zahlreiche Studien und Schätzungen. So zum Beispiel, dass in Amerika 30 Prozent der medizinischen Prozeduren und Medikationen überflüssig sind. Das deutsche Wikipedia kennt die Stichworte »Überbehandlung« oder »Überdiagnose« gar nicht. Das zeigt, wie wenig dieses Problem hier bisher wahrgenommen wird.

Wir sind immer noch bei den irrsinnigen 18 Arztkontakten pro Jahr in Deutschland. Am Beispiel der Gynäkologie haben wir gesehen, wie man seine »Kundschaft« bei der Stange hält. Allein hier könnten wir für viele Frauen drei »Regeltermine« pro Jahr einfach streichen. Aber schon beim Hausarzt werden zahlreiche überflüssige Arztkontakte erzeugt – weil die Fachgesellschaften Normwerte definieren, die buchstäblich Millionen Gesunde zu Kranken machen.

Der beliebteste Hebel sind hier die Blutwerte: Blutdruck, Blutzucker, Blutfett. Über Letzteres, das Cholesterin, haben wir schon in einem eigenen Kapitel verhandelt. 2,5 Millionen gesunde Deutsche müssen hier angeblich medikamentös eingestellt werden. Natürlich muss der Cholesterinspiegel auch regelmäßig vom Arzt überprüft werden.

Und wie praktisch: Die Cholesterinsenker haben Nebenwirkungen. Sie verursachen häufig Muskelschmerzen. Außerdem können Statine zu Funktionsstörungen der Leber und der Nieren führen. Viele Ärzte kennen diese Nebenwirkung der Statine nicht und kommen daher nicht auf die Idee, diese bei ansonsten Gesunden überflüssigen Cholesterinsenker einfach abzusetzen. So ließen sich die neu hinzugekommenen

Beschwerden ihrer Patienten einfach und ursächlich beseitigen. Die Nebenwirkungen der Statine führen zu weiteren medizinischen Untersuchungen und Behandlungen. Arztkontakte verursachen Arztkontakte. Wenn wir sehen, dass sich die Norweger mit einem Viertel der Arztkontakte zufriedengeben und dennoch länger leben als die Deutschen, bekommen wir einen Eindruck davon, wie irrsinnig unsere medizinische Kultur heiß gelaufen ist. Unser Gesundheitssystem produziert Kranke am laufenden Band. Ein aus dem Ruder gelaufenes medizinisches Perpetuum mobile.

Nonsenskrankheit milder Bluthochdruck

Noch so ein Blutwert, der sich trefflich eignet, Kranke zu generieren: der sogenannte milde Bluthochdruck. Im August 2012 veröffentlicht die Cochrane-Gesellschaft online eine Metastudie zu diesem Thema. Milder Hochdruck bedeutet Werte zwischen 140 und 159 mmHg systolisch und/oder 90 bis 99 mmHg diastolisch. Die Wissenschaftler des industrieunabhängigen Cochrane-Netzwerkes durchforsteten die medizinischen Datenbanken der letzten 60 Jahre nach sauber durchgeführten Studien, in denen diese »Patienten« mit »mildem Bluthochdruck« in zwei Gruppen aufgeteilt wurden. Die eine Gruppe erhielt einen Blutdrucksenker, die andere Gruppe ein Placebo oder keine Medikamente. Die Forscher fanden nur elf Studien, die die strengen Kriterien erfüllten. Immerhin waren daran insgesamt fast 9000 Studienteilnehmer beteiligt. Die Studien liefen mindestens vier Jahre. Zielkriterien waren die Gesamtmortalität und Herz-Kreislauf-Erkrankungen wie Schlaganfall oder Herzinfarkt.[78]

Und was war das Ergebnis? Die Wissenschaftler erklärten, mit diesen besten verfügbaren Studien ließen sich keine Vorteile durch eine medikamentöse Senkung des milden Bluthochdrucks nachweisen. Außerdem wiesen sie darauf hin, dass neun Prozent der Studienteilnehmer die Behandlung wegen gravierender Nebenwirkungen der Blutdrucksenker abgebrochen haben. Genau wie die Cholesterinsenker haben nämlich auch die Blutdrucksenker unerwünschte Einflüsse auf den Körper und so ist es wahrscheinlich, dass es Patienten bei mildem Hochdruck mit einer medikamentösen Behandlung schlechter geht als ohne.

Vielleicht noch ein paar Worte zur Relevanz dieses Themas. Die im Laufe der Jahrzehnte immer weiter nach unten korrigierten Normwerte haben – ähnlich wie beim Cholesterin – Millionen Deutsche zu Bluthochdruckkranken gemacht. Beinahe jeder zweite Deutsche leidet nach diesen Grenzwerten an Bluthochdruck! Bluthochdruck ist der häufigste Grund für eine Beratung in einer allgemeinmedizinischen Praxis und die meisten der angeblichen Bluthochdruckpatienten sind Menschen mit mildem Bluthochdruck. Aber auch die müssen natürlich regelmäßig bei ihrem Arzt erscheinen, denn sie haben ja angeblich einen Risikofaktor. Und den muss man immer wieder überprüfen. Das generiert tüchtig viele Arztkontakte. Für die Behandlung des Hochdrucks geben wir in Deutschland etwa 10 Milliarden Euro im Jahr aus. Vorsichtig geschätzt, ein Drittel davon sinnlos für »Patienten«, die keine sind.

Das Milliarden-Euro-Spiel mit den Grenzwerten

Der amerikanische Arzt und Autor Gilbert Welch hat in seinem Buch *Overdiagnosed* [79] aufgelistet, wie viele neue Patienten die jeweils letzten Grenzwertabsenkungen bei Hochdruck und Cholesterin in den USA erzeugt haben. Neue Patienten für die Ärzte und vor allem massenhaft neue Kundschaft für die Pharmaindustrie: Die Senkung des oberen Normwertes für Bluthochdruck von 160/100 (der nach der aktuellen Cochrane-Studie nicht zu hoch lag) auf 140/90 ließ die Patientenzahl um 35 Prozent oder um 13 490 000 neue Bluthochdruckpatienten ansteigen. Das hat sich gelohnt! Es wird aber beim Cholesterin noch einmal deutlich getoppt: Die Senkung des alten oberen Normwerts von 240 mg/dl auf 200 hat die Patientenzahl um sagenhafte 86 Prozent und um absolute 42 647 000 neue Kunden für Statine & Co. erhöht. Das sind die Zahlen aus den USA. Aber auch bei uns geht es um Millionen von neuen Patienten.

Die entsprechenden medizinischen Fachgesellschaften in Deutschland vollziehen solche Zahlenspiele, die oft in den Vereinigten Staaten vorexerziert werden, nur zu gerne nach – und »korrigieren« die Grenzwerte in ihren Leitlinien nach unten. Das ist ja auch zu verlockend: Wenn ich mit solch einem Geniestreich über Nacht Millionen neue Patienten in meinem Verantwortungsbereich habe, wächst meine Wichtigkeit erheblich. Und das verkauft man den Ärzten und »Patienten« dann als besonders verantwortungsvoll. Als die beste mögliche Vorsorge. Das ist monströs. Und das ist mafiös.

9. Wem können Sie trauen, was können Sie tun?

Informationen zu Wirkstoffen und Pharmazeutika

Unter anderem im Kapitel über Vitamine haben wir gesehen, mit wie viel Hingabe hier falsche Informationen auf breiter Front »unters Volk« gestreut werden. Die Marketingbudgets der Pharmaindustrie sind gigantisch. Wo also kann man sicher sein, »saubere« Informationen zu bekommen? Zum Glück gibt es einige Quellen, denen Sie vertrauen können. Aber zuerst möchte ich ein paar Institutionen nennen, von denen Sie in der Regel keine objektiven Angaben zu medizinischen Sachverhalten beziehen können.

Patientenverbände sind meistens von den Herstellern der entsprechenden Medikamente unterwandert. Wäre das nicht so, würden die Marketingabteilungen dieser Firmen einen richtig schlechten Job machen. So billig kommen sie sonst nicht an ihre Zielgruppe heran. Und es erscheint auch noch so generös: finanzielle Unterstützung von der großen Pharmafirma fürs Büro oder den Server, mit dem Patienteninformationen online gestellt werden. Und natürlich wird die »fachliche Expertise« auch gleich kostenlos angeboten. Na klar: Wo gibt es mehr spezifischen Sachverstand als beim Hersteller der Medikamente, die ich nehmen muss? Ein klasse Paket! Da kann der arme Betroffenenverband kaum widerstehen. Objektive Informationen oder gar eine kritische Haltung gegenüber den Produkten der Sponsoren werden Sie hier nicht erwarten dürfen.

Sich Informationen aus den zahlreichen Gesundheitsportalen im Internet zu holen ist ebenso keine gute Idee: Praktisch alle diese Portale sind werbefinanziert oder sogar direkte Marketingplattformen der Hersteller. Viele dieser Seiten sind aufwendig gemacht und bieten streckenweise auch hochwertige Informationen. Aber Sie werden dort keine Aussagen finden, die sich gegen die Interessen der Hersteller richten. Logischerweise müssen aber die Informationen, die Sie vor einer Überbehandlung schützen, den Herstellerinteressen entgegenstehen. Denn deren Interesse ist es, ihren Gewinn zu maximieren. Und das deckt sich nicht mit Ihren Interessen.

Auch Gesundheitsforen, in denen Betroffene über ihre Erfahrungen berichten, sind ein gefährliches Pflaster. Mit Glück treffen Sie auf hervorragend informierte Leidensgenossen, die die Literatur kennen und ihre eigene Situation zutreffend beurteilen können. Möglicherweise haben die auch für Sie eine Menge guter Ratschläge bereit. Aber wie sollen Sie die »Guten« von den »Bösen« unterscheiden? Längst gibt es spezielle Agenturen, die sich im Auftrag der Hersteller in diese Foren einklinken, um dort Verwirrung zu stiften oder »virales Marketing« zu betreiben.

Gute Informationen: *arznei-telegramm*

Gute Informationen bekommen Sie nur von unabhängiger Seite. Beispielsweise vom *arznei-telegramm* (abgekürzt a-t)[80]. »Seit über 40 Jahren informiert der Informationsdienst arznei-telegramm© Ärzte, Apotheker und andere Heilberufe über Nutzen und Risiken von Arzneimitteln – neutral und unabhängig, ohne Werbung und ausschließlich durch Abonnements finanziert«, heißt es auf der Begrüßungsseite im Internet. Wolfgang Becker Brüser, Arzt, Apotheker und Herausgeber des Informationsdienstes, ist ein Überzeugungstäter, der für seine langjährige pharmakritische Arbeit im Jahr 2011 mit dem Bundesverdienstkreuz ausgezeichnet wurde. Mehrmals war ich mit meinem Berliner Kameramann Alex bei ihm, um fundierte Statements zu wirkungsarmen, wirkungslosen oder nebenwirkungsreichen Pharmazeutika einzuholen. Er und seine Mitarbeiter sind darauf spezialisiert, Studien zu Medikamenten akribisch zu sezieren und die versteckten Manipulationen zu enttarnen. Auch Stellungnahmen zu Gesundheitsthemen von Industrie und Behörden werden hier kritisch bewertet. Für Nichtabonnenten findet sich gleich links auf der Startseite eine »a-t-Volltextsuche« im Archiv. Allerdings sind in diesem kostenlosen Angebot die letzten zwei Jahre gesperrt. Die Texte sind für Laien auch nicht immer leicht zu lesen.

Gute Pillen – Schlechte Pillen

Das *arznei-telegramm* ist personell verschwistert mit der Verbraucherzeitschrift *Gute Pillen – Schlechte Pillen* (GP-SP).[81] Das Redaktionsteam besteht aus Ärzten, Apothekern und Gesundheitswissenschaftlern, die seit vielen Jahren die Entwicklungen auf dem Arzneimittelmarkt kritisch begleiten. Auch hier können Nichtabonnenten abgesehen von den Artikeln der letzten zwei Jahre kostenlos im Archiv recherchieren. Ebenfalls kostenlos gibt es auf der Website Rubriken wie »Werbung – Aufgepasst!«. *Gute Pillen – Schlechte Pillen* richtet sich gezielt an ein breites Laienpublikum.

Institut für Qualität und Wirtschaftlichkeit im Gesundheitswesen

Ein hervorragendes Informationsangebot hat auch das IQWIG auf seiner Website im Internet[82] – das Institut für Qualität und Wirtschaftlichkeit im Gesundheitswesen. Es ist ein vom Bund finanziertes wissenschaftliches Institut, das Prüfaufträge zu medizinischen Interventionen durchführt. Die Prüfaufträge werden vom Bundesgesundheitsministerium oder vom Gemeinsamen Bundesausschuss (G-BA) erteilt. Das Institut erstellt unabhängige, evidenzbasierte (beweisgestützte) Gutachten beispielsweise zu:

- Arzneimitteln
- nichtmedikamentösen Behandlungsmethoden (z. B. Operationsmethoden)
- Verfahren der Diagnose und Früherkennung (Screening)
- Behandlungsleitlinien und Disease-Management-Programmen (DMP)

Wenn Sie in die IQWIG-Suchmaschine beispielsweise den Begriff »Chemotherapie« eingeben, bekommen Sie 32 Treffer. Auch diese Texte sind allerdings nicht für Laien geschrieben. Sie müssen schon etwas Übung im Fachchinesisch haben. Da heißt es beispielsweise: »Für die Bewertung des patientenrelevanten Nutzens sollten im Rahmen einer systematischen Übersicht (randomisierte) kontrollierte Studien (RCTs) mit patientenrelevanten Endpunkten (z. B. verringerte Mortalität / Morbidität) berücksichtigt werden.« Das IQWIG bietet auf seiner Startseite ein hervorragendes Glossar, in dem die Fachausdrücke erläutert werden.

Wer darauf keine Lust hat, kann auch im populären »Ableger« der IQWIG-Site, gesundheitsinformation.de, surfen. Unter dem Motto »unabhängige, objektive und geprüfte Information für alle« gibt es hier eine verständliche Einführung in die evidenzbasierte Medizin und jede Menge Detailinformationen zu Krankheiten und Behandlungen.[83]

Schwierig wird es, wenn die Krankheit oder die Behandlung/die Medizin, für die Sie sich interessieren, seltener ist. Da werden Sie in den oben genannten Angeboten nicht unbedingt fündig. Im Ernstfall kommen Sie um die Recherche in einer medizinischen Datenbank nicht herum. Und das bedeutet Fachausdrücke und Englisch. Wissenschaftliche Studien richten sich nämlich an die ganze Fachwelt. Aber lassen Sie sich davon nicht abschrecken. In der angloamerikanischen Wissenschaftskultur hat eine verständliche Sprache eine große Tradition. Die Wissenschaftler dort haben nichts dagegen, dass ihre Texte auch »vom Volk« verstanden werden. Mit einem robusten Schulenglisch und eventuell dem Online-Wörterbuch LEO in einem parallelen Fenster werden Sie sich das, was Sie wirklich interessiert, schon erschließen können. Ich benutze zwei Datenbanken: die Datenbank des verdienstvollen Cochrane-Netzwerks: die Cochrane Library.[84] Und die etwas komfortablere Trip Database.[85] Schauen Sie sich – wenn vorhanden – die Reviews oder die Metaanalysen durch. Die haben die breiteste statistische Datenbasis.

Patientenverfügung

Zum Thema Patientenverfügung gibt es die hervorragende Website patientenverfuegung.de. Sie wird unter anderem betreut durch Dr. Michael de Ridder, den wir schon im Kapitel 8, Abschnitt »Wie wollen wir sterben? So nicht!«, kennengelernt haben, und den Münchner Patientenrechtsanwalt Wolfgang Putz, den ich für eine Mitarbeit bei zwei meiner Fernsehproduktionen gewinnen konnte. Beide sind Überzeugungstäter und garantieren eine patientenorientierte Information.

Vorsicht: Operation!

Im Kontakt mit Medizinern sollten Sie immer dann misstrauisch werden, wenn diese mit einem »geschäftstüchtigen« Gebaren auftreten, etwa mit der Behauptung »Das müssen wir so schnell wie möglich operieren«. Eine Ausnahme bildet natürlich die Notfallmedizin. Wenn Sie vom Balkon gefallen sind und innere Verletzungen haben oder gerade knapp einen Verkehrsunfall überlebt haben, ist es wahrscheinlich, dass Sie schnellstmöglich operiert werden müssen. Sonst gibt es aber praktisch keine Situation, in der es nicht möglich und sinnvoll ist, eine Zweitmeinung einzuholen. Das ist vor allem ratsam, weil der Zweitgutachter nicht der Chirurg ist, der die Operation durchführt. Er hat also keinen Vorteil von der Empfehlung einer Operation. Das hilft ihm, sachlich zu bleiben. Die Krankenkassen raten mittlerweile auch dazu, eine Zweitmeinung einzuholen, und bezahlen das auch. Aus gutem Grund.

Mediendoktor

Zu guter Letzt möchte ich Ihnen den Medien-Doktor[86] im Internet ans Herz legen. Er ist hervorgegangen aus einer Initiative des Lehrstuhls für Wissenschaftsjournalismus an der TU Dortmund. Auf der Seite mediendoktor.de begutachtet ein Team von erfahrenen Wissenschaftsjournalisten nach festgelegten Kriterien Zeitungsartikel, in denen neue medizinische Verfahren oder Medikamente vorgestellt werden. Neben Verständlichkeit und Relevanz geht es vor allem um die Frage, ob der wissenschaftliche Hintergrund korrekt dargestellt wird und die Risiken angemessen thematisiert werden. Die Lektüre der Originaltexte und ihrer Bewertungen schärft die Wahrnehmung für die Qualität der entsprechenden Berichterstattung in den Medien.

10. Was getan werden müsste

Unser Gesundheitssystem zeigt in weiten Bereichen unkontrollierte Wucherungen, sinnlose Aufblähungen der Medizin. Immer mehr Patienten werden ohne medizinische Indikation behandelt und nehmen dadurch Schaden. In den letzten 20 Jahren ist unser »Gesundheitssystem« kostenmäßig um über 80 Prozent gewachsen. Unsere Wirtschaftskraft ist in dieser Zeit nicht einmal halb so weit angestiegen. 1990 haben wir sieben Prozent unseres Bruttoinlandsproduktes für das Gesundheitssystem ausgegeben, 2010 waren es 11,6 Prozent. Tendenz weiter steigend.

Diese Wucherungen sind strukturell angelegt. Die häufig fehlende Gewaltenteilung zwischen Diagnose und Behandlung ist eines dieser Strukturprobleme. Ein anderes ist die Nähe der medizinischen Selbstverwaltung zur Industrie.

Der karzinomatöse Wachstumsprozess der Medizin verschärft sich noch durch den Rückgang dessen, was man die hypokratische Integrität der Medizin nennen könnte. Im Eid des Hippokrates – eines griechischen Arztes, der um 400 vor Christus gewirkt hat – ist es explizit formuliert: Mediziner sollen ihre Patienten nach bestem Wissen und nur zu deren Nutzen behandeln. Beides war offensichtlich auch vor zweieinhalb Jahrtausenden nicht selbstverständlich, sonst wäre es nicht zum Gegenstand des Eides gemacht worden. Mediziner waren bis zum Beginn der wissenschaftlich fundierten Medizin, den man – großzügig – vor etwa 200 Jahren ansetzen kann, ein mit Skepsis und Argwohn betrachteter Berufsstand. Ob man tatsächlich von den Anwendungen der Ärzte profitierte, war schwer zu beurteilen. Wie sollte man Scharlatane und Quacksalber von aufrichtig an der Gesundheit interessierten Ärzten unterscheiden?

Der erste placebokontrollierte Versuch, mit dem Franz Anton Mesmers Methode des Mesmerisierens als Unfug enttarnt wurde, fand 1784 statt. Mesmer hatte vorgegeben, seine Patienten mit einer Form des »Magnetisierens« heilen zu können. Seine Enttarnung war die Morgendämmerung eines systematisch kritischen Umgangs mit den Versprechungen der Medizin.

Einen positiven Deckungsbeitrag zur Gesundheit liefern Ärzte erst seit etwa 100 Jahren. Zuvor haben sie mehr Schaden angerichtet, als dass sie den Patienten geholfen hätten. Vor allem die Unkenntnis der Mikrobiologie und der Hygiene machte Ärzte bis weit ins 19. Jahrhundert hinein millionenfach zu Todesengeln. Weil sie die Keime von einem Operationssaal in den anderen oder von der Leichensektion in den Kreißsaal trugen.

Die Phase der »Götter in Weiß«, in der Mediziner nahezu uneingeschränkten hohen Respekt in der Bevölkerung genossen, erstreckte sich nur über einige Jahrzehnte des 20. Jahrhunderts, als in der Medizin tatsächlich spektakuläre Erfolge gefeiert wurden. Herzchirurgie, Organverpflanzungen – vor allem Chirurgen drangen in Sphären vor, die man lange Zeit für unerreichbar gehalten hatte.

Misstrauen macht sich breit

Heute macht sich wieder Misstrauen in der Bevölkerung breit. Das ist bitter. Denn ein unbelastetes Vertrauensverhältnis der Patienten und Patientinnen zu ihren Ärztinnen und Ärzten ist eine wichtige Voraussetzung für das Gelingen der meisten Therapien. Leider ist dieses Misstrauen berechtigt. Zahnärzte bohren und verschließen Löcher, wo keine Karies war. Gynäkologen entfernen Gebärmütter oder Eierstöcke ohne medizinischen Grund. Interventionelle Radiologen und Kardiologen setzen Stents in unsere Herzkranzgefäße, ohne dass wir davon gesundheitlich profitieren. Orthopäden schneiden, bohren, fräsen, meißeln und schrauben an unseren Sehnen, unserem Knorpel und unseren Knochen in einem Ausmaß, welches das medizinisch Sinnvolle bei Weitem überschreitet. Vorsorglich und therapeutisch werden wir mit Produkten der pharmazeutischen Industrie vollgestopft, die in unabhängigen Studien mit relevanten »Endpunkten« (zum Beispiel »Überleben«)

oft keinen Nutzen zeigen. Dafür verschwenden wir jährlich Milliardenbeträge und Zehntausende verlieren dadurch jedes Jahr ihre Gesundheit oder sogar ihr Leben. Die Medizin entwickelt sich fort von ihrer Rolle als Gesundheitsdienstleister und hin zu einem allein profitorientierten Wirtschaftszweig.

Der medizinisch-industrielle Komplex setzt auf Wachstum, ist mächtig und international vernetzt. Seine Lobbystrukturen sind stark und manipulieren die politisch gesetzten Rahmenbedingungen in unserem Gesundheitssystem grundlegend. Ein trauriges Beispiel dafür sind die Anfang 2011 in Kraft getretenen neuen Vorgaben für den Gemeinsamen Bundesausschuss zum Ausschluss von bereits zugelassenen Medikamenten von der Erstattungspflicht durch die Krankenkassen. Der Gemeinsame Bundesausschuss (G-BA) ist ein Gremium aus Ärzten, Patienten- und Kassenvertretern, die festlegen, welche Medikamente von den Krankenkassen erstattet werden. Damit entscheiden sie als letzte Instanz darüber, ob ein Medikament für den Hersteller wirklich zu einem finanziellen Erfolg wird, denn erst die Kassenzulassung bedeutet Zugang zum Massenmarkt. Bis 2011 konnte der G-BA von den Herstellern auch für bereits zugelassene Medikamente den Beweis eines Nutzens der Medikamente fordern – das wurde geändert.

Acht Vorschläge zur Eindämmung des medizinischen Wildwuchses

1. Den Gemeinsamen Bundesausschuss (G-BA) wieder stärken

Dazu muss man sich vergegenwärtigen, dass Medikamente bis vor Kurzem für eine pharmazeutische Zulassung zunächst nur einen Wirkungsnachweis erbringen mussten. Das beweist noch lange nicht, dass das Medikament den Patienten auch einen Nutzen bietet. Beispiel Cholesterinsenker: Sie wirken. Sie senken den Cholesterinspiegel im Blut. Nur einen Nutzen haben ansonsten Gesunde von dem Präparat nicht. Sie werden dadurch nicht gesünder und leben auch nicht länger. Auch das Schmerzmittel und Antirheumatikum Vioxx wirkte. Es hatte zuletzt einen Jahresumsatz von 2,5 Milliarden Dollar. Trotzdem kann man nicht sagen, dass die Patienten unter dem Strich einen Nutzen von dem Medikament hatten, denn Hunderte – andere Zahlen sagen Tausende – von ihnen starben durch Vioxx an einem Herzinfarkt oder Schlaganfall.[87] Das Medikament wurde Ende 2004 vom Markt genommen.

Sie sehen: Medikamente können, obwohl sie wirksam sind, dennoch nutzlos oder sogar gefährlich sein. Deshalb konnte der G-BA im Verdachtsfall einen Nutzenbeweis auch für schon zugelassene Medikamente von den Herstellern fordern. Und jetzt? Jetzt soll absurderweise der G-BA einen Nachweis der »Unzweckhaftigkeit« erbringen, wenn das Medikament von einer Kassenzulassung ausgeschlossen werden soll. Diese Beweislastumkehr bürdet der Kontrollbehörde eine Arbeit auf, die sie kaum leisten kann. Ein wirklich fetter Coup der Pharmalobby. Das Kontrollorgan G-BA wurde damit schwer beschädigt. Diese Regelung muss rückgängig gemacht werden.

2. Gewaltenteilung: Entflechtung von Diagnose und Therapie

Der zweite wichtige Schritt ist eine weitgehende Entflechtung von Diagnose und Therapie. Zumindest bei den Therapien, die dem Therapeuten einen erheblichen finanziellen Gewinn bieten. Bei allen Operationen etwa. Es ist einfach zu verlockend: Wenn ich mir meine Patienten selbst auf den OP-Tisch diagnostizieren kann, werde ich das immer häufiger tun, als wenn ich an der Therapie nichts verdiene. Das widerwärtige Ende des Spektrums der medizinischen Selbstüberweisung markiert der gesetzeswidrige und empörende Fall des Gynäkologen, der seine Patientin belog, ihr Zyste und Dysplasie attestierte und ihr die gesunde Gebärmutter herausschneiden wollte (siehe Kapitel 1, Abschnitt »Gynäkologen: ganz vorne mit dabei«).

Das andere Ende des Spektrums dieser lukrativen Selbstüberweisungen befindet sich irgendwo im unscharfen Bereich der Ermessenssache. Wird die Patientin mit der Gebärmuttersenkung von Beckenbodengymnastik und der Hormonsalbe so viel profitieren, dass sie ihre Kontinenzprobleme in den Griff bekommt? Oder ist die Gebärmutterentfernung zu empfehlen? Schneide ich meinem Schmerzpatienten ein Stück von seiner Bandscheide

ab, damit er möglichst schnell wieder zurück ins Büro kann, oder sage ich:
»Auszeit!«, dazu Schmerzmittel, Krankengymnastik und Hinführung zu
einem gewissenhaften Umgang mit der eigenen Rückengesundheit (Sport)?

Ermessenssache! Das Schlimme ist, dass der Mediziner mit der Entscheidung für eine aufwendigere Behandlung ökonomisch für seinen Betrieb und
für sich immer die richtige Entscheidung trifft. Es ist ganz klar: Wenn ich
vom Direktor meiner Klinik gehalten bin, die Zahl der Operationen zu erhöhen, weil sich das für die Klinik (und für mich: Sonderbonus) rechnet, werde
ich mich bei den Ermessensfällen häufiger für eine Operation entscheiden.
Und wenn ich ein niedergelassener Facharzt bin, der seine Patienten selbst
in einer Belegklinik um die Ecke operieren kann, dann haben die 1500 Euro
»Extragewinn« durch einen Eingriff schon eine erhebliche Anziehungskraft.
Wir erinnern uns: 80 Prozent der Rückenoperationen, die Patienten von ihren Orthopäden empfohlen wurden, hielten die unabhängigen Orthopäden,
die als Zweitgutachter in der Studie der Techniker Krankenkasse urteilten,
für überflüssig. Wie viele davon mögen Selbstüberweisungen gewesen sein?

Die Gewaltenteilung ist aus gutem Grund eines der wichtigsten Prinzipien
der Demokratie. Insgesamt hat hier die Medizin erheblichen Nachholbe-
darf. Dabei gibt es die Entflechtung in Ansätzen schon: Es gibt Kliniken, die
sich ausschließlich auf Diagnostik spezialisiert haben. Es sollte auch zu einer Professionalisierung der Diagnostik beitragen, wenn Technik und Per-
sonal speziell darauf ausgerichtet sind. Die Zahl der Operationen würde auf
das nötige Maß zurückgehen. (Sie erinnern sich: Norwegen hat nur halb
so viele Krankenhausbetten wie Deutschland.) Natürlich muss in diesem
geteilten System verhindert werden, dass die Kliniken für Diagnostik von
den auf die Therapie spezialisierten Kliniken für Überweisungen bezahlt
werden. So wie heute schon Hausärzte von Kliniken Geld für Überweisungen bekommen: die berüchtigte »Kopfpauschale«.

3. Leitlinien müssen unabhängig erstellt werden

Auch beim nächsten Vorschlag zur Eindämmung des medizinischen Wild-
wuchses geht es um Gewaltenteilung. Es geht um die Wissenschaftlichen

Medizinischen Fachgesellschaften und die Leitlinien, die von diesen Fachgesellschaften verfasst werden. In diesen Leitlinien wird definiert, was eine behandlungsbedürftige Krankheit ist und wie sie zu behandeln ist. Es werden Grenzwerte definiert, die darüber entscheiden, ob ich zwei oder fünf Millionen Deutsche zu meinen Patienten zählen darf.

Hier geht es um Milliardenumsätze. Die Wissenschaftlichen Medizinischen Fachgesellschaften sind die Vertreter eines Berufsstandes. Sie definieren die Leitlinien so, dass es den Mitgliedern des Berufsstandes gut geht. Das brauchen wir aber nicht. Stattdessen brauchen wir Leitlinien, die das Wohl der Patienten als Ziel haben.

Leitlinien müssen von unabhängigen medizinischen Sachverständigen erstellt werden. Sachverständige, die nicht von den Mitgliedern der Fachgesellschaft aus ihrem ehrenvollen Amt geschmissen werden, wenn sie die Leitlinien nach den neuesten medizinischen Erkenntnissen überarbeiten. Sachverständige, denen es egal sein kann, wenn durch die Anpassung der Leitlinien an den aktuellen wissenschaftlichen Stand eine Butter-und-Brot-Operation beispielsweise bei den Orthopäden wegfällt und 70 000 Knieoperationen pro Jahr weniger durchgeführt werden müssen. Das mag für die Orthopäden bitter sein. Da heißt es Kapazitäten abbauen. In anderen Bereichen gibt es so etwas aber auch. Man nennt es Strukturwandel. Schreibmaschinenhersteller mussten Werke schließen, als Computer und Drucker den Markt der Schreibmaschinen übernahmen. Arbeiter mussten sich andere Jobs suchen. Da sehe ich nicht, warum ausgerechnet Orthopäden ein ewig verbrieftes Recht haben sollten, Knieknorpel zu glätten. Oder was meinen Sie?

Erschwerend kommt hinzu, dass die Cracks der jeweiligen medizinischen Fachgesellschaften naturgemäß enge Kontakte zur Industrie haben. Über Forschungsaufträge, die Drittmittel und Ansehen bringen, bugsiert die Industrie jene Mediziner nach vorne, die ihr und ihren Produkten gewogen sind. Die Industrie setzt diese Sympathisanten auch auf die Rednerlisten der medizinischen Fachkongresse, die von ihr finanziert werden. Mit Preisen und Auszeichnungen werden die Karrieren dieser industriefreundlichen Mediziner befördert. Und ebendiese Mediziner befinden sich bevorzugt in den Chefetagen der Fachgesellschaften und/oder arbeiten die Leitlinien aus. Auch das bürgt nicht dafür, dass die Leitlinien objektiv und maximal auf das Wohl der Patienten ausgerichtet sind. Die angeblich Wissenschaftlichen Medizinischen Fachgesellschaften sind kein taugliches Gremium, um die medizinischen Disziplinen mit Leitlinien zu versorgen, die sich am aktuellen wissenschaftlichen Erkenntnisstand und am Patientenwohl orientieren. Leitlinien müssen von unabhängigen Fachleuten formuliert werden.

4. DRG-System reformieren

Extremen Handlungsbedarf gibt es auch beim DRG-System, nach dem Krankenhäuser ihre Leistungen gegenüber der Kasse abrechnen (Kap. 2.2). Sicher gab es einige wohlmeinende Fachleute, die sich an der Einführung dieses Systems in dem Glauben beteiligt haben, Sachlichkeit und Transparenz würden damit im deutschen Krankenhauswesen Einzug halten. Doch im Wesentlichen halte ich das DRG-System für einen Coup der weißen Mafia. Schon ein Blick auf das Ausland, in dem das DRG-System teilweise seit über 20 Jahren praktiziert wird, hätte zeigen können, dass dieses vor allem eines produziert: Überbehandlung. Wenn nur noch streng nach Leistung abgerechnet werden darf, wenn ich ausschließlich für die Aufwendung medizinischer Leistungen bezahlt werde, dann werde ich als Krankenhaus so viele und so aufwendige Leistungen erbringen, bis ich am Ende auf meinen Schnitt komme. Da aber nicht plötzlich mehr Patienten da sind als vorher und die Patienten auch nicht plötzlich kränker sind als vorher, werde ich mehr Gesunde behandeln, und ich werde die Kranken aufwendiger behandeln, als es medizinisch nötig ist. Frei nach dem Motto »Ihr bezahlt nur für Leistung? Dann bekommt ihr sie«.

Als Schüler und Student habe ich in Ferienjobs in der Industrie gearbeitet. Auch am Fließband. Im Akkord. Sie kennen das. Da wird pro Stück bezahlt. Das hat zur Folge, dass sich die ganze Mannschaft besonders anstrengt und mehr als die üblichen 100 Prozent schafft. 130 bis 135 Prozent. Das waren damals unsere typischen Zielmarken und in der Industrie macht das auch Sinn. In der Medizin – im Krankenhaus – ist die Bezahlung streng nach

»Stückzahl« Irrsinn. Stellen Sie sich vor: Sie werden in Ihrem Krankenhaus auch auf 135 Prozent behandelt. Das ist grotesk!

Wir müssen eine andere Art der Krankenhausfinanzierung finden. Aber vor allem müssen wir Kapazitäten abbauen. (Man denke an Norwegen!) Wenn weniger Krankenhäuser da sind, haben die Krankenhäuser auch genügend echte Kranke. Beziehungsweise: genügend Kranke, die auch tatsächlich so krank sind, dass sie in einem Krankenhaus behandelt werden müssen. In den Krankenhäusern ist man dann nicht »gezwungen«, 135-Prozent-Medizin zu leisten, um am Ende des Jahres eine schwarze Null zu schreiben. Vielleicht gibt es dann die Möglichkeit, feste Sätze für Krankenhäuser zu definieren, die sich nach ihrem Einzugsgebiet und ihrem Angebot richten. Dann ist klar: Es gibt nicht mehr Geld, wenn mehr behandelt wird. Das müsste für Ruhe sorgen, denn der Anreiz zur Überbehandlung fiele weg.

5. Forschung zur Effektivität etablierter Behandlungsmodelle

Noch ein weiteres Feld möchte ich anführen, auf dem wir dringend eine grundlegende Veränderung unserer medizinischen Kultur brauchen: Studien zu etablierten Verfahren. Wer wäre vor der Studie von Bruce Moseley darauf gekommen, das so plausible Prinzip der Knorpelglättung im Knie zur Schmerzbehandlung infrage zu stellen? Solche Studien gibt es viel zu selten. Weil sie etablierte Geschäftsmodelle infrage stellen. Heute laufen junge Mediziner und Medizinerinnen Gefahr, sich ihre Karrieren zu verbauen, wenn sie solche Studien betreiben wollten. Das medizinische Establishment toleriert eine Überprüfung »bewährter« Verfahren nicht. Es könnte sich ja herausstellen, dass jahrzehntelang falsch behandelt wurde. Wie peinlich. Und womit beschäftigen wir unsere Mediziner jetzt?

Viel schlimmer ist es jedoch, mit falschen Behandlungen unbeirrt fortzufahren. Nur ein Bruchteil der chirurgischen Interventionen ist bisher durch wissenschaftliche Untersuchungen überprüft worden. Das muss sich ändern.

6. Unabhängige Studien fördern

Die Untersuchung etwa von Medikamentenstudien, die im Auftrag der Hersteller durchgeführt wurden, zeigt, dass diese in der Regel überoptimistisch sind. Das heißt, dass die Medikamente in diesen Studien bessere Noten bei der Wirksamkeit und im Nebenwirkungsprofil bekommen als in unabhängigen Studien. Man braucht nicht viel Fantasie, um sich vorzustellen, woran das liegt. Vom selektiven Publizieren – nur Studien mit positivem Ausgang werden veröffentlicht – über Gefälligkeitsmanipulationen durch Studienleiter, die auch in Zukunft diese lukrativen Aufträge von der Industrie haben möchten, bis hin zu klaren Vorgaben durch den Auftraggeber, wie die Ergebnisse auszusehen haben, ist alles am Markt vertreten. Das sind keine Kavaliersdelikte. Schließlich verzerrt diese Manipulation die wissenschaftliche Datenbasis, aufgrund deren weltweit über den Einsatz von Pharmazeutika entschieden wird.

Da dies nachweislich der Fall ist, muss die Politik hier andere Rahmenbedingungen schaffen. Wie wäre es mit der Verpflichtung, dass die pharmazeutische Industrie 20 Prozent ihres Marketingbudgets in einen Fonds einzahlt, aus dem unabhängige Studien finanziert werden? Unabhängige Kontrollinstanzen wie das Cochrane-Netzwerk müssten mit der Überprüfung dieser Studien betraut werden. Eine hundertprozentige Gewährleistung von Objektivität im Studiengeschäft wird sicher niemals erreicht werden. Die weiße Mafia wird Mittel und Wege suchen, auch in einem solchen System die Daten zu ihren Gunsten zu manipulieren. Aber zumindest wäre ihrem Desinformationsgeschäft nicht dermaßen Tür und Tor geöffnet, wie es derzeit der Fall ist.

7. Verpflichtende Studienregister einführen

Ein Schritt in diese Richtung wäre auch schon getan, wenn es uns in Europa endlich gelänge, verpflichtende, öffentlich einsehbare Register für klinische Studien einzurichten. Jede medizinische Studie müsste dort vor ihrem Beginn registriert werden. Studiendesign und »Endpunkte« – also Zielgrößen – müssten exakt erläutert werden. Und jede dieser Studien sollte zeitnah nach ihrem Abschluss veröffentlicht werden. Das wäre eine effektive Maßnahme im Kampf gegen selektives Publizieren und das nachträgliche Ändern von Zielgrößen oder Studiendesigns – und ein großer Fortschritt auf dem Weg zu einer sauberen Datenbasis für eine realistische Bewertung der Wirksamkeit von Pharmazeutika.

8. Breite gesellschaftliche Diskussion anstoßen

Im Vorwort hatte ich angekündigt, dass ich am Ende dieses Buches um Ihre Mithilfe bitten würde. Viele der Kritikpunkte, die ich in diesem Buch formuliert habe, und sicher auch viele der Vorschläge zur Verbesserung der Situation sind in diesem Buch nicht zum ersten Mal vorgetragen worden. Und doch hat sich an der Situation nichts entscheidend geändert. Es liegt daran, dass das Thema Überbehandlung abgesehen von kleinen Strohfeuern bisher noch kein politisches Thema geworden ist. Wir müssen unseren Politikerinnen und Politikern klarmachen, dass wir dieses Thema auf der politischen Tagesordnung haben wollen. Deshalb habe ich im Anschluss einige E-Mail-Adressen aufgelistet, an die Sie schreiben können. Es sind die Adressen der Pressestellen von Ministerien und Parteien. An die E-Mail-Adresse der Bundeskanzlerin oder des Gesundheitsministers kommt man leider nicht so leicht heran. Sie können Ihre Empörung natürlich frei formulieren. Aber Sie können auch ganz dezidiert auf entscheidende Missstände hinweisen, die dem Machtzuwachs der weißen Mafia Vorschub leisten. Einer Mafia, die unsere Gesundheitskassen plündert und unsere Gesundheit bedroht. Sehen Sie sich einfach die Zwischenüberschriften dieses letzten Kapitels durch. Hier ging es darum, was getan werden kann, um die Missstände zu entschärfen.

cvd@bpa.bund.de, hotline@cvd.bundesregierung.de, pressestelle@bmg.bund.de

Zeigen Sie den Parteien, dass Sie von ihnen Maßnahmen gegen die weiße Mafia erwarten.

eva.wuellner@cdu.de, pressestelle@spd.de, presse@fdp.de, info@gruene.de, alexander.fischer@die-linke.de, presse@piratenpartei.de

Das ist die Bundesebene. Aber auch auf Landesebene müssen die Parteien verstehen, dass das Thema Überdiagnose und Überbehandlung politische Maßnahmen erfordert.

Posten Sie das Thema auf den Facebook-Seiten Ihrer Landtagsabgeordneten. Twittern und bloggen Sie dazu. Organisieren Sie Lesungen, diskutieren Sie mit Ihren Freunden und Bekannten. Wir brauchen eine auf breiter Front geführte gesellschaftliche Debatte, wenn wir den Lobbystrukturen der weißen Mafia etwas entgegenhalten wollen. Wir brauchen die Medizinwende.

Schlussbemerkung

Vier Millionen Menschen arbeiten in Deutschland im Wirtschaftssektor Gesundheit. Ich kann dieses Buch nicht abschließen, ohne darauf hinzuweisen, dass wir den engagierten Ärztinnen und Ärzten und den Pflegerinnen und Pflegern viel verdanken. Viele dieser Menschen, die an der Basis im Gesundheitssystem arbeiten, opfern sich täglich in ihrem beruflichen Umfeld für ihre Patienten auf. Sie gehören nicht zur weißen Mafia. Viele von ihnen erbringen aus Idealismus und aus Mitgefühl für Patienten Leistungen, ohne die unser Gesundheitssystem vollends zu einer Profitmaschinerie verkommen würde.

Gerade um diese Arbeit zu erleichtern und, wo nötig, besser zu entlohnen, um im Pflegesektor mehr Stellen finanzieren zu können, um mehr Raum für die sprechende Medizin zu schaffen, müssen wir die mafiösen Verhältnisse im Sektor Gesundheit zurückdrängen. Für mehr Menschlichkeit, gegen immer mehr Apparate und Pharmazie und für eine bessere Medizin.

Auf Ihre Gesundheit – Frank Wittig

Dank

Im Laufe der langjährigen Beschäftigung mit dem Problem der Medikalisierung der Gesellschaft haben mir viele Mediziner und Medizinerinnen sehr geholfen. Zum einen, weil sie mir gegenüber ihre Kritik an medizinischen Exzessen oder beispielsweise am Vitaminmärchen zum Ausdruck brachten und mir halfen, meine Position in diesem verminten Gebiet zu finden. Zum anderen, weil sie mit ihrer Kritik vor die Kamera getreten sind und so meine Berichterstattung in weiten Teilen erst möglich gemacht haben. Die Wichtigsten waren (und sind):

Dr. Gerd Antes, Dr. Edith Bauer, Wolfgang Becker-Brüser, Prof. Eva-Maria Bitzer, Dr. Barbara Ehret-Wagener, Prof. Dirk Jäger, Prof. David Gems, Dr. Christian Gluud, Prof. Gerd Glaeske, Prof. Eberhard Greiser, Prof. Jürgen Harms, Dr. Torsten Hoppe-Tichy, Dr. Harald Kamps, Dr. Christian Kasperk, Prof. Hans Dieter Klimm, Prof. Karl Lauterbach, Prof. Wolf-Dieter Ludwig, Prof. Thomas Münzel, Prof. Edmund Neubauer, Prof. Hans Pässler, Dr. Ernest Pichelbauer, Prof. Gerhard Rechkemmer, Prof. Michael Ristow, Dr. Lukas Rößeler, Prof. Wolfgang Rutsch, Prof. Peter Sawicki, Dr. Angela Spelsberg, Prof. Petra Thürmann, Prof. Bernhard Watzl, Prof. Jürgen Windeler.

Bei ihnen möchte ich mich an dieser Stelle ganz herzlich bedanken.

Mein Dank gilt auch dem riva Verlag, der mich einlud, dieses Buch zu schreiben.

Und dem Südwestrundfunk, in dessen Wissenschaftsredaktion ich seit vielen Jahren Raum für kritischen Medizinjournalismus finde.

Sachdienliche Hinweise zur Ermittlung gegen die weiße Mafia nehme ich auch weiterhin gerne entgegen.

Anmerkungen

1 Moseley, J.B.; O'Malley, K.; Petersen, N.J., et al.: »A controlled trial of arthroscopic surgery for osteoarthritis of the knee. Arthroscopic surgery was not effective for relieving pain or improving function in osteoarthritis of the knee«, in: *The New England Journal of Medicine*, 347, 2002, S. 81–88.

2 Kirkley, A., et al.: »A randomized trial of arthroscopic surgery for osteoarthritis of the knee«, in: *The New England Journal of Medicine*, 361 (20), Nov. 2009., http://www.ncbi.nlm.nih.gov/pubmed/18784099.

3 AWMF Online: *Leitlinien für Gonarthrose*, http://www.awmf.org/leitlinien/detail/ anmeldung/1/ll/033-004.html.

4 Bundesverband der Frauengesundheitszentren in Deutschland e.V.
Goetheallee 9
37073 Göttingen
Tel: 0551 – 48 45 30
www.frauengesundheitszentren.de.

5 Ingelsson, Erik; Lundholm, Cecilia; Johansson, Anna L.V., und Daniel Altman: »Hysterectomy and risk of cardiovascular disease: a population-based cohort study«, in: *European Heart Journal*, März 2011, 32(6):745-50. Epub 24. Dez. 2010, http://eurheartj.oxfordjournals.org/content/early/2010/12/24/eurheartj.ehq477. full.pdf.

6 Altman, Daniel D.; Granath, F.; Cnattingius, S.; Falconer, C.: »Hysterectomy and risk of stress-urinary-incontinence surgery: nationwide cohort study«, in: *The Lancet*, 370, 2007, 1494–1499, http://dx.doi.org/10.1016/S0140-6736(07)61635-3.

7   Schindele, Eva: *Pfusch an der Frau – krankmachende Normen, überflüssige Operationen, lukrative Geschäfte*, Fischer 1996.

8   *Aqua Qualitätsreport 2011*, S. 139.

9   Parker, W.H.; Broder, M.S.; Liu, Z.; Shoupe, D.; Farquhar, C.; Berek, J.S.: »Ovarian conservation at the time of hysterectomy for benign disease«, in: *Clinical Obstetrics and Gynecology*, 50, 2007, S. 354–361.

10   *Archives of Internal Medicine*, Bd. 172, 2012, S. 312, oder: Bartens, Werner: »Pillen statt Gefäßstütze«, http://www.sueddeutsche.de/gesundheit/koronare-herzkrankheit-pillen-statt-gefaessstuetze-1.1294942.

11   Vgl. Metaanalyse *Stents bei stabiler Angina pectoris ohne Vorteile*, https://www.aerzteblatt.de/nachrichten/49282.

12   Joner, M., et al: »Pathology of drug-eluting stents in humans: delayed healing and late thrombotic risk«, in: *Journal of the American College of Cardiology*, 48(1), 2006, S. 193–202.

13   Scheller, B.; Levenson, B.; Joner, M.; Zahn, R.; Klauss, V.; Naber, C.; Schächinger, V.; Elsässer, A.: Medikamente freisetzende Koronarstents und mit Medikamenten beschichtete Ballonkatheter – Positionspapier der DGK, http://leitlinien.dgk.org/images/pdf/leitlinien_volltext/2011-08_scheller.pdf.

14   Bartens, Werner: »Pillen statt Gefäßstütze«, http://www.sueddeutsche.de/gesundheit/koronare-herzkrankheit-pillen-statt-gefaessstuetze-1.1294942.

15   Forum Gesundheitspolitik, http://www.forum-gesundheitspolitik.de/impressum/index.htm.

16   Forum Gesundheitspolitik: »Befreiung vom Einfluss der Industrie – Forderungen an Medizinische Fachgesellschaften«, http://forum-gesundheitspolitik.de/artikel/artikel.pl?artikel=1525.

17 Deutsche Hochdruckliga e.V. DHL: »Fördernde Mitglieder«, http://www.hoch-druckliga.de/kuratorium.html.

18 Deuschl, Prof. Dr. med. Günther; Jessen, Dr. med. Frank; Kopp, Prof. Dr. med. Ina; Maier, Prof. Dr. med. Wolfgang; Spottke, Dr. med. Annika: *Methodenreport und Evidenztabellen zur S3-Leitlinie »Demenzen«*, http://www.awmf.org/uploads/tx_sz-leitlinien/038-013_S3_Demenzen_methodenreport_11-2009_11-2011.pdf.

19 Gesundheit Blogger: »Interessenkonflikte: Kollektive Amnesie bei Demenz-Leitlinie«, http://gesundheit.blogger.de/stories/1714551.

20 Frank, Dr. med. Gunter: *Schlechte Medizin*. Ein Wutbuch, Knaus 2012, S. 142.

21 Gemeinsam mit Ingrid Korosec: *Gesunde Zukunft – Österreichs Gesundheitsversorgung Neu: Diskussionsgrundlage zu neuen Strategien im Gesundheitswesen*, Edition Steinbauer 2007.

22 Blech, Jörg: »Unnötige Rückenoperationen: ›Die Medizin verführt die Patienten‹«, http://www.spiegel.de/wissenschaft/medizin/unnoetige-rueckenoperationen-die-medizin-verfuehrt-die-patienten-a-789403.html.

23 Kölbel, Prof. Dr. Ralf, Fakultät für Rechtswissenschaft, Lehrstuhl für Kriminologie, Universität Bielefeld: *Gutachten für den AOK Bundesverband: »Die Prüfung der Abrechnungen von Krankenhausleistungen in der Gesetzlichen Krankenversicherung. Eine Bewertung aus kriminologischer Perspektive«*, 2010, Kapitel 3.2.

24 Ebenda.

25 Gosfield, Alice C.: *Medicare and Medicaid Fraud and Abuse*, 2008, S. 27 ff.

26 Vgl. Lorence/Spink: »Regional variation in medical systems data: Influences on upcoding«, in: *Journal of Medical Systems* 26, 2002, S. 369 ff.

27 »Das Ende der Schweigepflicht«, http://www.zeit.de/2012/21/Klinik-Gesundheitsreform/seite-3.

28 Ebenda.

29 In dieser Autopsiestudie fand man keinen Zusammenhang zwischen der Ausprä-
    gung sklerotischer Plaques und dem Cholesterinspiegel im Blut.

30 Braun, Dr. Bernard: »Hohe Cholesterinwerte und über 60? Neue Studie plä-
    diert für Entdramatisierung«, http://www.bvpraevention.de/cms/index.
    asp?inst=bvpg&snr=8724.

31 Frank, Dr. med. Gunter: *Schlechte Medizin. Ein Wutbuch*, Knaus 2012, S. 86 f.

32 Ray, K.; Sehasai, S., et al.: »Statins and all-cause mortality in high-risk primary
    prevention: a meta-analysis of 11 randomized controlled trials«, in: *Archives of
    Internal Medicine*, 170, 2010, S. 1024–1031.

33 Bjelacovic, G.: »Mortality in randomized trials of antioxidant supplements for
    primary and secondary prevention: systematic review and meta-analysis«, in:
    JAMA. 28. Februar 2007, 297(8): S. 842–857, http://www.ncbi.nlm.nih.gov/pub-
    med/17327526.

34 Zum Beispiel: Heberer, M.: »Vitaminpräparate steigern Diabetes-Risiko«, in:
    Informationsdienst Wissenschaft, 11. Mai 2009, http://idw-online.de/pages/de/
    news313433.

35 Hasford, Prof. Dr. Joerg: *Vitamine & Co. in Studien und Metaanalysen – Wissen-
    schaftliche Daten kritisch lesen und richtig interpretieren*, »Teil 3: Auswertung der
    Metanalyse«, https://preventnetwork.com/Fachliteratur/Studienhinweise/Studi-
    en_richtig_lesen/studien_richtig_lesen_01.php.

36 *Stuttgarter Zeitung*, 19.9.2003.

37 *Nutri Facts: Vitamine und Co. verstehen*: »Über Nutri Facts«, http://www.nutri-
    facts.org/ger/metanavigation/ueber-nutri-facts.

38 Müller, Thomas: »Vitaminpillen fördern Schlaganfall«, http://www.aerztezeitung. de/medizin/krankheiten/herzkreislauf/schlaganfall/article/683672/vitaminpillen-foerdern-schlaganfall.html.

39 Eine Sammlung von Berichten zum Thema Selbstmordneigung und Antidepressiva: http://www.adfd.org/wissen/Kritische_Medienberichte_%C3%BCber_ SSRI#Kontraste.

40 »Kopfgeld im Gesundheitssystem: Jede vierte Klinik zahlt Fangprämien für Patienten«, *FOCUS Online*, http://www.focus.de/finanzen/versicherungen/krankenversicherung/schmiergeld-im-gesundheitssystem-jede-4-klinik-zahlt-fangpraemien-fuer-patienten_aid_756238.html.

41 Von Hirschhausen, Dr. med. Eckart: *Die Leber wächst mit ihren Aufgaben. Komisches aus der Medizin*, 41. Auflage, rororo Verlag 2008.

42 Kreuzbandrekonstruktion, http://www.ncbi.nlm.nih.gov/pubmed/20660401.

43 Vorsicht Operation, http://www.vorsicht-operation.de/spezialisten/alle-anzeigen.

44 Diese und die folgenden Daten stammen aus dem Aufsatz »How Much Is Live Worth: Cetuximab, Non-Small Cell Lung Cancer, and the $440 Billion Question«, in: *Journal of the National Cancer Institute*, 101, 15. August 2009.

45 »Ten years of marketing approvals of anti-cancer drugs in Europe«, in: *British Journal of Cancer*, 2005, 93, S. 5004–5009.

46 Ludwig, Prof. Wolf-Dieter: »Klinische Studien in der Onkologie – Defizite und Lösungsvorschläge«, in: *Zeitschrift für Evidenz, Fortbildung und Qualität im Gesundheitswesen*. DOI: 10.1016/j.zefq.2011.01.006.

47 Schwabe, Ulrich (Hg.); Paffrath, Dieter (Hg.): *Arzneiverordnungs-Report 2010: Aktuelle Daten, Kosten, Trends und Kommentare*, Springer 2011, S. 667 ff.

48 Berndt, Christina: »Experten mit den falschen Freunden«, http://www.sueddeut-sche.de/wissen/staendige-impfkommission-experten-mit-den-falschen-freun-den-1.271784.

49 Arbeitsgemeinschaft Influenza: »Was ist die AGI?«, http://influenza.rki.de/Arbeits-gemeinschaft.aspx.

50 Robert-Koch-Institut: *Epidemiologisches Bulletin*, 14.3.2011, http://www.gpk.de/downloadp/STIKO_2011_Bulletin10_110314_Schaetzung_der_Influenza_beding-ten_Todesfaelle.pdf.

51 World Health Organization: »List of Members of, and Advisor to, the International Health Regulations (2005) Emergency Committee concerning Influenza Pandemic (H1N1)«, 2009, http://www.who.int/ihr/emerg_comm_members_2009/en/index.html.

52 Jefferson, T.; Di Pietrantonj, C.; Rivetti, A.; Bawazeer, G.A.; Al-Ansary, L.A.; Ferro-ni, E.: »Vaccines for preventing influenza in healthy adults«, in: *Cochrane Database of Systematic Reviews*, 2010, 7., Art. No.: CD001269, DOI: 10.1002/14651858. CD001269.pub4.

53 Krogsbøll, L.T.; Jørgensen, K.J.; Grønhøj, Larsen C.; Gøtzsche, P.C.: »General health checks in adults for reducing morbidity and mortality from disease«, in: *Cochrane Database of Systematic Reviews*, 2012, 10, Art. No.: CD009009, DOI: 10.1002/14651858.CD009009.pub2.

54 Welch, Gilbert. *Overdiagnosed: Making People Sick in the Pursuit of Health*, Beacon Press 2011.

55 Thompson, I. M., et al.: »Prevalence of prostate cancer among men with a prostate-specific antigen level < or =4.0 ng per milliliter«, in: *New England Journal of Medicine*, 27. Mai 2004, 350(22): S. 2239–2246, http://www.ncbi.nlm.nih.gov/pub-med/15163773.

56 Welch, Gilbert: *Overdiagnosed*, a. a. O., S. 49 f.

57   Sakr, W. A., et al.: »Age and racial distribution of prostatic intraepithelial neoplasia«, in: *European Urology*, 1996, 30(2), S. 138–144.

58   Vgl. Welch, Gilbert: *Overdiagnosed*, a. a. O., S. 58.

59   Andriole, G.L., et al.: »Mortality Results from a Randomized-Prostate Cancer Screening Trial«, in: *New England Journal of Medicine*, 360 (2009) 1310–1319.

60   Ablin, Richard. Der Autor ist Professor für Immunbiologie und Pathologie an der University of Arizona und hat vor 40 Jahren PSA entdeckt. 2010, *The New York Times*, zitiert nach: *Süddeutsche Zeitung*, »Der große Prostata-Irrtum«, 12. März 2010, S. 16.

61   Deutsche Krebsgesellschaft: »Prostatakrebs – Früherkennung, Vorsorge«, http://www.krebsgesellschaft.de/pat_ka_prostatakrebs_frueherkennung,108273.html.

62   *Ärzteblatt*: »Cochrane: Neuer Wirbel um Tamiflu«, http://www.aerzteblatt.de/nachrichten/48804/Cochrane-Neuer-Wirbel-um-Tamiflu.

63   Vgl. *arznei-telegramm*. a-t 2010, 41: 4, S. 13: »Zweifel an den Daten zu Oseltamivir (Tamiflu)«.

64   *Ärzteblatt*: »Cochrane: Neuer Wirbel um Tamiflu«, http://www.aerzteblatt.de/nachrichten/48804/Cochrane-Neuer-Wirbel-um-Tamiflu.

65   Buchholz, Udo; Haas, Walter; Kurth, Reinhard: »Antivirale Arzneimittel – keine Wunderwaffe, aber ein wichtiger Baustein der Pandemieplanung«, http://edoc.rki.de/oa/articles/rek5ZXGTXMLx/PDF/21LjP6X5B2EDc.pdf.

66   »Finanzierung von Arzneimittelstudien durch pharmazeutische Unternehmen und die Folgen – Teil 1: Qualitative systematische Literaturübersicht zum Einfluss auf Studienergebnisse, -protokoll und -qualität«, in: *Deutsches Ärzteblatt International*, 2010, 107(16), S. 279–285.

67   Ebenda.

68 Virapen, John: *Nebenwirkung Tod – Korruption in der Pharma-Industrie – Ein Ex-Manager packt aus.* Mazaruni Publishing 2008.

69 De Ridder, Dr. Michael: »Medizin am Lebensende: Sondenernährung steigert nur selten die Lebensqualität«, in: *Deutsches Ärzteblatt,* 2008, 105(9): A-449/ B-402/ C-396.

70 Albisser Schleger, H., et al.: »Übertherapie am Lebensende? Gründe für ausbleibende Therapiebegrenzung in Geriatrie und Intensivmedizin«, in: *Zeitschrift für Palliativmedizin,* 2008, 9, S. 67–75.

71 »The implications of regional variations in Medicare spending. Part 2: health outcomes and satisfaction«, in: *Annals of Internal Medicine,* 18. Feb. 2003, 138(4): S. 288–298, http://www.ncbi.nlm.nih.gov/pubmed/12585826?dopt=Abstract.

72 De Ridder, Dr. Michael: *Wie wollen wir sterben? Ein ärztliches Plädoyer für eine neue Sterbekultur in Zeiten der Hochleistungsmedizin,* DVA 2010.

73 Karsch-Völk, Marlies; Kamps, Harald; Schneider, Antonius: »Vergleich des deutschen mit dem norwegischen Primärarztsystem aus ärztlicher Sicht«, in: *Zeitschrift für Allgemeinmedizin,* http://www.online-zfa.de/article/vergleich-des-deutschen-mit-dem-norwegischen-primaerarztsystem-aus-aerztlicher-sicht/originalarbeit-original-papers/2010/12/1228.

74 Gröber-Grätz, Dagmar; Gulich, Markus: »Überweisungsverhalten von Ärzten: Fachärzte überweisen häufiger«, in: *Deutsches Ärzteblatt,* 2010, 107(37): A-1742/ B-1540/ C-1520, https://www.aerzteblatt.de/archiv/78387/Ueberweisungsverhalten von Aerzten Fachaerzte-ueberweisen-haeufiger.

75 Bösner, Stefan; Träger, Susanne; Hirsch, Oliver, et al.: »Vom Hausarzt zum Facharzt – aktuelle Daten zu Überweisungsverhalten und -motiven«, in: *Zeitschrift für Allgemeinmedizin,* http://www.online-zfa.de/article/vom-hausarzt-zum-facharzt/originalarbeit-original-papers/2011/09/1475.

76 Techniker Krankenkasse Presse-Center: »Rücken-OPs: Immer mehr Patienten legen sich unters Messer – 85 Prozent der Eingriffe unnötig«, http://www.tk.de/tk/pressemitteilungen/gesundheit-und-service/447540.

77 Frank, W., Konta, B., Peters-Engl, C.: *PAP-Test zum Screening auf Zervixkarzinom*, Informationssystem Health Technology Assessment (HTA) in der Bundesrepublik Deutschland, 2005, S. 30 f.

78 Cundiff, D. K.; Diao, D.; Gueyffier, F.; Wright, J. M.: »Benefits of antihypertensive drugs for mild hypertension are unclear«, Cochrane Summaries, 2012, http://summaries.cochrane.org/CD006742/benefits-of-antihypertensive-drugs-for-mild-hypertension-are-unclear.

79 Welch, Gilbert: *Overdiagnosed*, a. a. O., S. 15 ff.

80 http://www.arznei-telegramm.de.

81 http://gutepillen-schlechtepillen.de/pages/index.php.

82 https://www.iqwig.de.

83 http://www.gesundheitsinformation.de/startseite.2.de.html.

84 http://www.cochrane.de/de/zugang-zur-cochrane-library.

85 http://www.tripdatabase.com/.

86 http://www.medien-doktor.de.

87 Nesi, Tom: *Poison pills: The untold story of the VIOXX drug scandal*, St. Martin's Press 2008.

Wie die Mächtigen Steuern hinterziehen

256 Seiten
Preis: 19,99 €
ISBN 978-3-86883-105-4

Frank Wehrheim
Michael Gösele

Inside Steuerfahndung

Ein Steuerfahnder verrät erstmals die Methoden und Geheimnisse der Behörde

Neben BND und BKA gibt es eine weitere staatliche Institution in der Bundesrepublik, die hauptsächlich im Verborgenen operiert, deren weitreichende Befugnisse aber meistens unterschätzt werden – die Steuerfahndung. Wie arbeitet sie? Wie groß ist ihre Macht wirklich? Dieses Buch wurde von einem absoluten Insider geschrieben und bietet einen Blick hinter die Kulissen einer Institution, über die die meisten Menschen fast nichts wissen, die aber allen ein latent unangenehmes Gefühl bereitet.

Frank Wehrheim und die bundesweit gefürchtete Steuerfahndungsabteilung des Frankfurter Finanzamtes haben für den Staat im Laufe der Jahre mehr als eine Milliarde Euro hinterzogener Steuergelder eingetrieben. Wehrheim war maßgeblich beteiligt an der Aufdeckung eines der größten Steuerskandale Deutschlands.

Jetzt packen Polizisten aus

Auch als **E-Book** erhältlich

240 Seiten
Preis: 19,99 €
ISBN 978-3-86883-191-7

Stefan Schubert

Inside Polizei

Die unbekannte Seite des Polizeialltags

- Der Einsatz eines Spezialeinsatzkommandos endet in einem Skandal ...

- Zwei Polizisten berichten aus nächster Nähe über die Katastrophe der Loveparade in Duisburg ...

- Im Rotlichtmilieu treffen Hells Angels, Mafia und Polizei aufeinander ...

- Angehörige einer Polizeihundertschaft schildern den Großeinsatz bei einem Castor-Transport aus ihrer Sicht ...

- Polizisten erleben Gewalt nicht nur im Dienst ...

Bestsellerautor Stefan Schubert, selbst viele Jahre lang Polizist, gewährt Außenstehenden authentische und schonungslose Einblicke in eine abgeschottete Polizeiwelt. Kein anderes Buch kam der dunklen Seite des Polizeialltags je so nahe.